¡Brillante! Fabian Schwartz deslumbra con su escritura jovial y precisa que rara vez se ve en la literatura de negocios de alto nivel. El mejor libro sobre agilidad hasta el momento.

— **Joe Justice**, CEO de Wikispeed, creador de "Extreme Manufacturing" y "Scrum@hardware"

Habiendo vivido la fallida planeación central del estado totalitario de Berlín Oriental cuando era apenas un niño, y luego apegándose a la gran planeación en el desarrollo por medio de su trabajo, Fabian pensaba que no había otra forma seria de gerenciar. Hasta que descubrió el éxito con Scrum.

Trabajar con los principios básicos de Scrum llevó a Fabian a encontrar que el trabajo en equipo y la resolución de problemas eran el camino para mejores resultados y una mejor vida. Aún así, Fabian también encontró que seguir a Scrum de forma dogmática no es una receta para el éxito. Él agregó su propia interpretación de Scrum y está disfrutando incluso de mejores resultados. Si usted quiere encontrar su propio éxito, la experiencia e historia de Fabian sirven como inspiración y una base práctica.

— **James W Grenning**, Co autor del Manifiesto Ágil, Inventor de Planning Póker.

Usted aprenderá de sus propias experiencias cuando ponga en práctica el camino de Scrum. Pero usted no tiene que ir solo. El libro de Fabian describe su sabiduría en las prácticas de Scrum, dándole una buena compañía para su propio viaje. ¡Disfrútelo!

— **Kiro Harada**, Grupo Scrum Pattern, CEO Attractor Inc.

Contando su historia de niño cuando cae el muro de Berlín y un mundo inimaginable aparece, Fabian Schwartz atrae al lector y le muestra todo lo que el mundo de Scrum puede revelar. Acompañe la historia fascinante de un escéptico de Scrum que se convirtió en un entusiasta. Aprenda que usted también puede superar su saludable escepticismo y aprender a trabajar de una manera aún más ágil, ¡Hay esperanza!

Fabian nos ayudó con la implementación de Scrum desde el inicio. Su enfoque práctico ha garantizado que el esfuerzo retorne un valor inmenso. Por medio suyo, Scrum se ha convertido en una herramienta muy valiosa para nuestra organización. Hemos implementado la disciplina en todos los departamentos de la compañía y ahora estamos enfocados y alineados estratégicamente. Gracias a Fabian y a Scrum, la comunicación es efectiva y el trabajo en equipo es la norma en nuestra empresa. No ha sido fácil debido a que es un cambio cultural, pero nos ha funcionado.

Nuestra propia experiencia prueba que Scrum funciona y Fabian es el estratega que lo trajo a nuestra organización. Su libro, *Scrum: Las estrategias del juego; Es póker, no ajedrez*, es lectura obligatoria para cualquier persona interesada en sumergirse en el marco de trabajo Scrum y para quien quiera ver su lado práctico. Estamos agradecidos con Fabian por su continua contribución a nuestra empresa y su experiencia con Scrum. Esperamos que encuentren su trabajo tan valioso como nosotros lo hemos hecho.

SCRUM
LAS ESTRATEGIAS
DEL JUEGO

SCRUM

LAS ESTRATEGIAS **DEL JUEGO**

PRÓLOGO
DR. JEFF SUTHERLAND

FABIAN **SCHWARTZ**

Diseñador de portada: **Lucas Vargas**

Servicios editoriales y de diseño.
www.roundtablecompanies.com

Editor: **James Cook**
Diseñadora de diagramación: **Christy Bui**

ISBN de tapa dura: 978-958-52689-3-7
ISBN el libro en rústica: 978-958-52689-4-4
ISBN digital: 978-958-52689-5-1

Primera edición: Abril 2020
10 9 8 7 6 5 4 3 2

Para mis padres Doris y Hartmut quienes me enseñaron que la integridad vale más que cualquier cantidad de dinero.

Para mi hermano Tobias a quien admiro profundamente por la manera como actúa mientras los demás están todavía decidiendo.

Para mis hijos Alejandro y Juan Andrés: recuerden siempre que los amaré por el resto de mi vida. Los encamino en el mundo con mi amor y la profunda convicción de las cosas increíbles que pueden lograr. Espero que tengan idéntica fe en ustedes mismos durante todas sus vidas. Tomen riesgos maravillosos, manténganse seguros y vivan su vida a plenitud. Sin importar qué tan lejos viajen, yo siempre estaré aquí para darles la bienvenida a casa. Con amor, su padre.

Contenido

Prefacio

Al inicio de los años 90, cuando junto a otros líderes estaba desarrollando el marco de trabajo conocido en la actualidad como Scrum, nos dimos cuenta de que su ligereza y agilidad tenía el potencial de aumentar el valor de maneras sorprendentes. El título de mi primer Libro, *Scrum: The Art of Doing Twice the Work in Half the Time*, lo decía todo. Cuando Scrum es implementado de la manera correcta puede acelerar el desempeño de una empresa, dándoles a los Developers mayor libertad y sentido de pertenencia para que logren más en menos tiempo, trabajando más motivados y a un paso fácilmente sostenible. Scrum posee su magia al permitir a las compañías y equipos que logren grandes hazañas con poco esfuerzo.

La clave está en implementarlo de la manera correcta. Scrum no tiene que ver con la manera usual de hacer negocios, sino que se basa en valores, percepción e incluso en intuición. Scrum hace que los analistas de datos se pongan incómodos y también intriga a los devotos de las artes marciales. El modelo requiere un cambio de mentalidad que puede hacer la transición un poco complicada. Cuando trabajo con equipos Scrum encuentro que implementan mal un tercio de los componentes y además fallan absolutamente en implementar otro tercio.

Fabián Schwartz es uno de los entrenadores con más conocimiento de Scrum con los que he trabajado durante estos años. Él posee un conocimiento enciclopédico en gerencia de proyectos del siglo XXI y lo puede aplicar en casi cualquier situación. Ya que él mismo al principio era escéptico sobre Scrum, tiene una habilidad natural para ayudar a quienes tengan dificultad para adoptarlo. Pero particularmente él es un aprendiz que disfruta navegando en la complejidad y encontrando soluciones innovadoras a los problemas. Su motivación es contagiosa, su experiencia es muy amplia y no solamente puede explicar Scrum, sino que también muestra cómo ponerlo en acción.

Ha sido emocionante ver a Fabián traer Scrum al mercado colombiano y en Suramérica no existe alguien mejor para instruir a aquellos líderes que se encuentran en la etapa *shu* de implementación. En la etapa *shu* la mayoría de los equipos entienden las partes del marco de trabajo, pero necesitan práctica ensamblándolas, poniéndolas a trabajar y haciendo buen uso de todos los componentes. Luego Sprint por Sprint, Scrum gana impulso hacia el alto desempeño, las utilidades e incluso el placer.

Scrum a escala (Scrum at Scale) está diseñado para llevar los equipos Scrum base y escalarlo para que pueda ser usado por decenas o hasta cientos de equipos, con un crecimiento proporcional de la productividad. Scrum at Scale está diseñado para ser usado en todas las áreas de una empresa, entre ellas y en todos sus dominios. Todo esto mejora significativamente el valor de su organización.

Este libro trae una nueva voz a la conversación de Scrum discutiendo principios Lean y los patrones, así como los fundamentos de Scrum. El texto le habla a las partes interesadas de todas las industrias y ofrece la base para un cambio enfocado en la productividad que funciona en todos los sectores.

No es suficiente con tener conocimiento acerca de Scrum, se debe saber cómo jugar Scrum y ganar. Usted debe vivir sus valores, jugar bajo sus reglas, trabajar con la estructura para cortar las capas de la burocracia, permitir que su equipo experimente la libertad creativa, aprender en cada Sprint y finalmente entregar gran valor a su cliente. *Scrum: Las estrategias del juego; Es póker, no ajedrez*, es el manual que usted quiere tener a su lado para aprovechar este marco de trabajo que ha estado duplicando el valor para todo tipo de organizaciones y quienes trabajan en ellas.

— **Jeff Sutherland**, autor de *Scrum: The Art of Doing Twice the Work in Half the Time*
https://www.scruminc.com/
Octubre 2019

Prólogo

Usted no puede pretender enfrentar los desafíos del presente con herramientas del pasado y esperar ser exitoso en futuros negocios.
–Anónimo[1]

Algunas personas comparan los negocios con un juego de ajedrez: es complejo, con muchas fichas que mover, y cada uno de los movimientos cambia el juego por completo, ofreciendo nuevas oportunidades y en algunos casos causando la pérdida de otras para siempre. En teoría, un jugador de ajedrez puede calcular cualquier escenario posible antes de cada jugada. A veces puede llegar a pensar la siguiente jugada durante horas, analizando la situación, descomponiendo los problemas complejos, considerando diferentes escenarios y finalmente solo mover un peón una casilla.

Mientras cursaba mi maestría en administración de negocios (MBA), y por supuesto a lo largo de mi carrera en gerencia de proyectos, aprendí a pensar como un jugador de ajedrez. Las grandes empresas enseñan a sus líderes a analizar situaciones, descomponer problemas complejos, planear para las diferentes eventualidades y después seleccionar la mejor solución y ejecutarla. Siempre creí que tendría la capacidad de prever cada paso si consultaba con los expertos en la materia.

Mis diagramas de Gantt se veían como obras de arte, mostraban todas las áreas, cada una con sus propias metas, para luego confluir en un solo y apacible flujo: mi cascada. He trabajado en proyectos cuya etapa de planeación tardó dos años antes de que nosotros abriéramos la represa y que el trabajo real comenzara.

Desafortunadamente, en los negocios usted no puede ver todas las piezas expuestas en un tablero y las jugadas son ilimitadas. Todo lo que usted hace está basado en lo que asumió al inicio, pero en el momento de presentar el proyecto, una nueva reina pudo haber tomado una posición dominante en el tablero de ajedrez y eliminado a gran parte de los jugadores.

---

1   Alan J. Stolzer, Carl D. Halford, y John J. Goglia, *Safety Management Systems in Aviation* (Burlington, VT: Ashgate, 2008), 219.

Según Peter Senge, fundador de la Sociedad para Aprendizaje Organizacional (*Society for Organizational Learning*) y profesor en el Instituto Tecnológico de Massachusetts (*MIT's Sloan School of Management*), los problemas del presente son la consecuencia de las decisiones del pasado y las decisiones en los negocios se parecen más a una apuesta que a un juego de ajedrez. En el mundo real existen reinas rebeldes, asuntos de los que dependíamos pueden desaparecer de un momento a otro y caminos que nunca hemos soñado se vuelven confusos en el panorama.

El modelo tradicional de administración de proyectos funcionó muy bien durante la Primera Revolución Industrial, la era de la máquina a vapor; también fue perfecto para la época de la segunda revolución, cuando los diagramas de Gantt fueron inventados y se empezaron a montar líneas de producción para toda clase de maquinaria. Durante la tercera revolución, que es la era de la robótica, fue esencial. Pero cualquier persona que haya iniciado un proyecto a mediados de los años noventa, lo terminó en una era completamente diferente, una era que solo unos pocos anticiparon.

Las decisiones tomadas a partir de supuestos son difíciles de rastrear con el tiempo. Pueden pasar muchos años antes de ver algún resultado, lo que hace casi imposible rastrear este resultado hasta la decisión que lo originó. En cuanto más tiempo transcurra entre la decisión tomada y los resultados producidos, será más difícil saber cuál fue la decisión que produjo estos resultados. Por esta razón, minimizar el tiempo que pasa entre la toma de decisiones y el impacto que éstas tienen debe ser un objetivo principal de cualquier organización. Reducir al mínimo ese lapso dará como resultado predicciones y suposiciones futuras más acertadas, así como una retroalimentación inmediata a los miembros del equipo para que puedan mejorar.

El diagrama de Gantt fue desarrollado en el año 1910 y en la actualidad es el método preferido en las compañías para ilustrar el desarrollo de proyectos. La idea es transformar un problema grande en problemas más pequeños para resolverlos por separado y así generar una solución al problema grande. Este enfoque lleva a la optimización localizada, cada una de las unidades (persona o equipo) permanece enfocada en una pequeña parte del problema, pero nunca tiene una visión general, ni entiende su conexión con el resto del proyecto. Sin embargo los gerentes quieren un plan exacto que sea preciso y predecible. La creación de este diagrama puede tomar meses de esfuerzo, requerir un alto nivel de atención al detalle y no es flexible con los entornos cambiantes.

Como la vida no es predecible, estos diagramas rara vez se mantienen válidos. El juego de ajedrez no funciona bien en el ambiente cambiante de hoy en día, ahora estamos jugando póker. La Cuarta Revolución Industrial, el *Internet of Things* (IoT) y la digitalización nos arrastran a cambiar a la velocidad de la luz. Obtuvimos acceso a un universo lleno de información que bien hubiera podido ser la Torre de Babel de la historia moderna si *Google* no estuviera para facilitar y guiar este acceso. El desarrollo de *Google Maps* le permitió a *Uber* transformar la manera como vemos el transporte compartido y Amazon está usando las innovaciones en Inteligencia Artificial para transformar rápidamente la experiencia del cliente en pedidos y entregas. El cambio ya no es lineal, es exponencial y el mundo puede cambiar por completo en un abrir y cerrar de ojos.

Las cosas están cambiando tanto y tan rápidamente que necesitamos un ciclo de retroalimentación más corto para mantenernos al día. La manera a la que nos acostumbramos a hacer negocios ya no funciona. Nuestras suposiciones están basadas en experiencias y datos del pasado, pero lo que ha funcionado en el pasado raramente es válido en el futuro, especialmente cuando el panorama cambia tan rápidamente. Aun cuando estas suposiciones sean ciertas, las circunstancias en las que nos basamos para llegar a ellas pueden haber cambiado cuando vayamos a entregar el resultado. Trabajamos en proyectos complejos en ambientes complejos; la única certeza que tenemos es que habrá muchos obstáculos, muchos cambios y un constante flujo de información nueva para absorber y reaccionar de acuerdo con ella.

Ya no podemos confiar en el modelo tradicional para obtener los resultados esperados. Equipos inmensos, divididos por especialidades y apegándose a los estándares burocráticos antiguos, no consiguen reaccionar a los desarrollos rápidos y a los cambios repentinos. Se necesitaba un enfoque elástico y flexible y por esto nace Scrum.

¿Fui visionario y adopté Scrum en su etapa inicial? ¿Leí la guía de Scrum de Jeff Sutherland y me di cuenta de que era el enfoque que iba a revolucionar la industria de desarrollo de software? No, desafortunadamente. Hasta ese momento yo había tenido un buen desempeño en tres continentes con las habilidades que ya tenía, así que ¿por qué cambiar esto? Entonces llegó el fracaso total. Después de un año planeando diagramas de Gantt y organizando un gran proyecto, no funcionó ni uno solo del centenar de resultados esperados. Y al borde de una catástrofe financiera me acordé de esa cosa que llamaban Scrum y decidí probarlo antes de quebrarme.

Con Scrum, el proyecto inmediatamente tuvo un giro completo al adquirir la habilidad de hacer entregas más completas y más rápidamente. El cliente estaba recibiendo exactamente lo que necesitaba y mi equipo estaba trabajando con un nuevo tipo de energía y dinamismo. Se sentía como un milagro o al menos como una Escalera Real.

Compensé mi escepticismo inicial consagrando mi tiempo completamente al mundo de Scrum, certificándome, enseñándolo, trabajando con Joe Justice para escribir *Scrum in Hardware Guide* que lleva Scrum más allá del software y además ayudando a Jeff Sutherland a desarrollar la Guía de Scrum a Escala (Scrum@Scale). Hasta ahora he usado *Scrum* en casi todas las industrias, desde ventas al por menor hasta petróleo y minería. He visto que aunque Scrum funciona y produce maravillas en los resultados financieros, estas maravillas se basan en los valores compartidos en el entorno laboral. Un equipo de nueve personas libre de burocracias y complicados diagramas de *Gantt*, con coraje, compromiso, respeto, apertura y foco, está motivado para generar más valor con un esfuerzo menor. *Scrum* hace que los proyectos sean más excitantes, creativos y satisfactorios al final y esto naturalmente lleva a más éxito. Las personas se sienten mejor cuando tienen más autonomía, trabajan más duro y están más orgullosos de sus resultados. No tienen que estar adivinando lo que les traerá el futuro sino que esperan encontrar impedimentos y trabajar para superarlos. Todas las personas trabajamos mejor en un ambiente de confianza y estabilidad sicológica, donde los errores son esperados y solucionados rápidamente, donde el equipo trabaja junto y se apoyan unos a otros casi como en una familia, y pueden responder con confianza ante los imprevistos.

Durante los últimos diez años, he trabajado con equipos de Australia, Norte y Sur América, que estaban aprendiendo a implementar Scrum y he visto una y otra vez los resultados que la técnica es capaz de producir. Una compañía de gas con la que trabajé registraba un tiempo promedio de 19 días para perforar un pozo y lo más rápido que habían llegado a perforar era en 10 días. Hasta que implementaron Scrum y su tiempo promedio de perforación bajó a 6 días, con el mismo número de personas, sin infraestructura compleja y, probablemente lo más importante, con un equipo completamente motivado, cómodo y ágil.

Claro que, en todos los grandes cambios de pensamiento existe un retraso entre asimilar los conceptos básicos y llegar a procesar la nueva forma de pensar casi que subconscientemente. El concepto japonés de artes marciales Shu-Ha-Ri muestra todas las etapas de aprendizaje, desde principiantes hasta llegar a ese nivel de maestría subconsciente. Este libro está dirigido a aquellas personas que se encuentran en el estado Shu, es decir, aquellos que han visto que Scrum es un enfoque ligero, de alta capacidad de respuesta que se adapta a los cambios que enfrentamos, y a quienes quieran implementarlo en sus modelos de negocio. Si está listo para hacer negocios de forma más ágil, rápida e incluso a disfrutarlos más, tome asiento y barajemos las cartas.

–Fabian Schwartz, MBA

CAPÍTULO UNO

Una nueva realidad: el Gantt se estrella contra el ventilador

Los negocios son una combinación de guerra y deporte.
—André Maurois[1]

Dos veces en mi vida descubrí una realidad alternativa, un mundo nuevo, diferente y más excitante que aquel en el que yo vivía. La primera vez fue cuando tenía 10 años. Yo crecí en Berlín Oriental, donde el estado era el dueño y operante de todo: este decidía cuántos huevos y leche se necesitaban. El gobierno planeaba todo con varios años de anticipación y nosotros vivíamos de acuerdo con el plan, aunque generalmente estaba errado. Si al gobierno se le acababa el pan, nos las arreglábamos sin pan. Yo asumí que así era como todo el mundo vivía. En los límites de la ciudad había un muro que había estado allí toda mi vida. Atravesar este muro era para mi tan imposible como poder volar y nunca me cuestioné esos límites.

En 1989 este muro se vino abajo, y crucé con mi familia a un mundo lleno de color que yo nunca hubiera imaginado que vería. Los avisos luminosos y las vitrinas de las tiendas eran deslumbrantes. Los diferentes empaques en el supermercado, que estaban diseñados para gritar "elígeme, elígeme", me mareaban con sus colores y variedad. Mi padre me compró un pequeño juguete coleccionable de Batman, un recuerdo de una experiencia emocionante.

La segunda vez que tuve está sensación de atravesar el arco iris fue en el año 2014. Claro que ya era un adulto, vivía en Bogotá, tenía un *MBA* y muchos años de experiencia en gerencia de proyectos. Yo estaba trabajando con un

---

1   Roger LeRoy Miller, *Business Law Today, Comprehensive: Text and Cases: Diverse, Ethical, Online, and Global Environment* (Stamford, CT: Cengage Learning, 2015), 810.

cliente y lideraba una parte de un proyecto de 70 millones de dólares, para reemplazar casi todas las herramientas de software de *backend* de una multinacional de telecomunicaciones con base en Ecuador. Llevábamos un año trabajando en el proyecto, avanzando por niveles de planeación muy detallada (*stringent advanced planning*), páginas de diagramas de Gantt y diferentes proyecciones hechas por expertos en cada uno de los campos. Adquirimos un gran nivel de entendimiento y esperábamos que produjera los resultados que queríamos. El último mes fue muy estresante, como es normal en estos momentos, largas noches, reuniones infructuosas, correos electrónicos ansiosos y definitivamente demasiado café. Pero entregamos a tiempo (doscientos casos de prueba que serían la base de la infraestructura del software interno de la compañía) y nos sentamos a esperar los resultados.

Ninguno de los casos de prueba funcionó. Ni siquiera uno de los doscientos. En aquel momento nos sentimos como el Titanic, perfectamente diseñado, puesto en altamar solo para chocar y hundirse. Por supuesto que el cliente se rehusó a pagar y se nos vinieron las multas, cartas de abogados y llamadas telefónicas acaloradas. Tuvimos que despedir a más de la mitad de nuestro personal y, sin embargo, debíamos producir el resultado que habíamos prometido a pesar de que nos encontrábamos a unos meses de la quiebra.

En este punto, no podíamos simplemente hacer un cambio pequeño al nivel operativo. Convocamos una reunión de emergencia, y fue ahí, en una sala llena de rostros ansiosos, que me acordé de Scrum.

Yo había probado esa técnica sin estar muy convencido, en el año 2007, cuando un grupo de emprendedores me pidieron ayuda para crear una plataforma de un servicio de transporte compartido, una idea nueva en Alemania en aquel momento. Ellos querían usar Scrum. Había pasado años inmerso en el mundo de la planeación organizacional con diagramas metódicos y cuidadosamente diseñados, y además invertidos miles de dólares en mis certificaciones. Scrum parecía como un método del Salvaje Oeste, tal vez adecuado para un proyecto tan pequeño. Después de todo me pagarían solamente con acciones. Por un golpe de suerte Scrum funcionó y en tres meses el proyecto estaba andando (mucho más fácil de lo que yo esperaba).

Ahora me pregunto: ¿será que no fue solamente suerte? ¿Será que Scrum sería un mejor enfoque también en este caso? Este pensamiento me dejaba con nauseas, pues no estábamos hablando de una pequeña compañía nueva, sino de un gran proyecto en una compañía multinacional y yo no soy de los que sale disparando en cualquier dirección como en el Salvaje Oeste. Soy muy organizado, algunos dirían que inflexible. Había invertido mucho en la gerencia tradicional de proyectos, no solamente en tiempo y dinero, sino también a nivel emocional. Yo solo veía dos formas de gerenciar un proyecto: mi manera o la forma equivocada. De hecho, alguna vez tuve una discusión acalorada con un proveedor porque había cambiado lo estimado para el proyecto. Mi pensamiento era tan rígido que le insistí que él debía cambiar su problema para ajustarse a mi plan.

Estaba jugando ajedrez en un mundo que cambia constantemente, planeando mis jugadas, mis estrategias, llevando el destino de cada pieza en mi cabeza. Desafortunadamente mi tablero había quedado destruido. Sentía que estaba a punto de sumergir a toda la compañía en el caos, pero esto era mejor que aceptar la bancarrota sin luchar. Scrum trabaja con un equipo muy pequeño, no más de nueve personas, y ese era más o menos el personal que nos había quedado. Scrum avanza a un paso a la vez, de manera que si algo andaba mal, lo sabríamos inmediatamente y podríamos solucionar los bugs antes de continuar con el siguiente paso.

Honestamente, Scrum era mi única esperanza. Esta compañía era en ese momento mi único cliente, entonces mi destino dependía completamente del suyo. Tenía que tragarme esa píldora amarga y ensayarlo si quería evitar la quiebra de mi empresa.

Una cosa que aprendí sobre Scrum fue que no puedes probarlo a regañadientes. No podríamos simplemente incursionar en Scrum; teníamos que adoptarlo completamente. Pero cuando miré alrededor de la habitación, vi que el pesimismo se disipaba. Mi equipo se sintió aliviado de tener un plan, incluso emocionado, y listo para la aventura.

Entonces, salimos del estado de ansiedad y tomamos la acción. Jeff Sutherland, co fundador de Scrum, acababa de publicar *Scrum: The Art of Doing Twice the Work in Half the Time* y lo leímos de principio a fin. Invertimos en un entrenamiento de Scrum para mí y el gerente de operaciones de la compañía. Luego entrené al resto de mi equipo, y con este modesto marco de referencia, nos dirigimos al cliente y lo convencimos de unirse a nosotros en el uso de Scrum.

Al día siguiente conformamos nuestro equipo Scrum, definimos quién sería nuestro *Product Owner* ("el visionario" encargado de definir y mantener funcionando el *Product Backlog* y de mantener las necesidades del cliente como la mayor prioridad), el *Scrum Master* ("el líder sirviente" responsable de asegurar que nuestro trabajo se rija al marco Scrum). Yo asumí el trabajo de Scrum Master. Mientras tanto, el *Product Owner* estaba ocupado construyendo el *Product Backlog* (lista del trabajo por hacer), definiendo qué hacer durante nuestro primer Sprint de dos semanas y qué se consideraría como terminado (*done*). El cliente nos dio una lista de prioridades y nosotros las llevamos a cabo una a una. El gerente que tomó la capacitación conmigo se volvió una pieza clave de nuestro equipo y esta fue la primera señal de que Scrum estaba funcionando: habíamos cambiado la estructura tradicional y simplemente habíamos hecho lo que era mejor para el proyecto.

No todo fue perfecto, cometimos muchos errores mientras nos alejábamos de nuestra ideología tradicional. En términos de póker, manipulamos a nuestro oponente cuando debimos retirarnos e igualamos la apuesta cuando debimos haberla doblado. Fuimos capaces de identificar las causas de los problemas del proyecto inicial y uno a uno los resolvimos.

Cuando trabajábamos con el enfoque cascada, cada persona estaba enfocada en una tarea individual excluyendo las demás. Estaban más preocupados por avanzar en su lista de quehaceres que en lograr que el proyecto en sí funcionara. Estábamos trabajando en nichos virtuales, cada grupo ignorante del progreso de los otros e inconscientes de cómo sus acciones o falta de ellas afectaban las otras partes del proyecto. Esto no era culpa de ellos, simplemente estaban trabajando en el marco que habíamos construido.

1.1. Cascada vs. Ágil

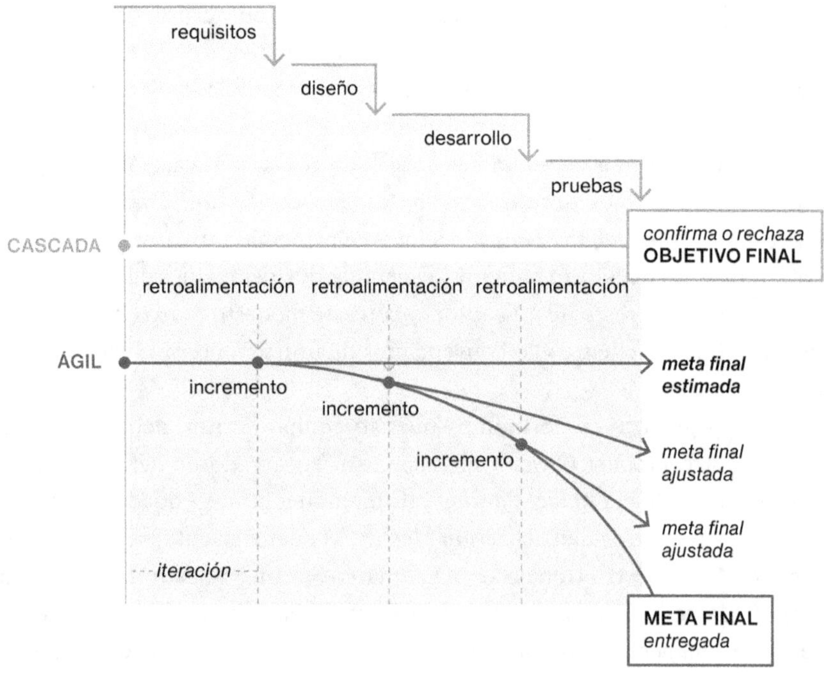

Por ejemplo, teníamos a Cecilia (los nombres del personal aparecen cambiados para proteger su identidad) trabajando en una herramienta para monitorear el progreso de todas las demás herramientas. Mientras tanto, Carlos trabajaba en la integración de estas herramientas, incluyendo la de Cecilia; y los dos estaban pidiendo más tiempo. Apenas nos cambiamos a Scrum, los muros se cayeron y vimos que, aunque el código de Cecilia generaría algunas variables que estaban correctas, también generaría muchas excepciones. Ella no tenía forma de saber que esas excepciones interferirían con la integración en la herramienta de Carlos. Ahora que teníamos transparencia entre los dos proyectos, eran evidentes tanto el problema como su solución.

Después otro problema apareció: muchos miembros del equipo estaban esperando que sus problemas se resolvieran con el software que nosotros estábamos usando. Antes de usar Scrum, un desarrollador enviaba un requerimiento de soporte y se dedicaba a otro asunto mientras esperaba a que el problema se resolviera. Nosotros éramos un cliente pequeño para la compañía de soporte y se demoraban dos semanas en responder a cada requerimiento. Éramos ignorantes de las ramificaciones de esto, hasta que estaban completamente expuestas en nuestro tablero y aparecían diariamente en nuestro Scrum. Íbamos a pasarnos de nuestra nueva fecha límite gracias a los interminables retrasos de software Giant.

Afortunadamente, con un contacto no oficial que teníamos en nuestro equipo, definimos un plan. Puede ser que nosotros fuéramos pequeños para Software Giant, pero nuestro cliente tenía que cumplir un contrato multimillonario. Nuestro contacto involucró a uno de los vicepresidentes, y lo siguiente que supimos fue que Giant tenía un nuevo equipo asignado para resolver nuestros inconvenientes.

Los problemas no estaban limitados solo a factores externos. Nuestro equipo en Ecuador tenía acceso intermitente a internet y con frecuencia no podía colaborar con nuestro equipo en Colombia. Como el proveedor de internet era nuestro cliente, uno pensaría que sería fácil de solucionar, pero no. Una y otra vez tuvimos que pasar por toda la cadena de comando y niveles burocráticos solo para que nos conectaran de nuevo. Finalmente, decidí invitar a uno de los altos mandos a un almuerzo para "actualizarlo" sobre nuestro proyecto y a partir de este momento tuvimos acceso permanente a internet. Una vez más, si no fuera porque Scrum estaba mostrándonos que este impedimento se estaba convirtiendo en una prioridad principal, hubiéramos desperdiciado semanas en tratar de solucionarlo de otro modo.

A medida que resolvíamos cada problema, nos sentíamos más seguros de resolver el siguiente. Ahora estábamos entregando sin falta productos (casos de prueba) al cliente cada dos semanas. Evaluábamos, obteníamos retroalimentación del cliente y bien la incluíamos en la próxima iteración o removíamos el ítem del *Backlog*. Con el sistema anterior, la retroalimentación del cliente solo era posible al final del proceso. Solo piensen en esto: en un plazo de un año, con el marco de referencia tradicional, solamente tuvimos una retroalimentación, mientras que ahora le pedíamos opinión al cliente más de veinte veces por año y mejoramos la comunicación, el entendimiento y teníamos menos presión para que todo saliera perfecto. El enfoque era aprender y mejorar, no en tener listo un proyecto para un gran momento de todo o nada.

El entorno en nuestra oficina cambió: Se sentía una energía emocionante a medida que el equipo empujaba hacia adelante Sprint a Sprint. Obviamente, aún existían riesgos, pero eran más pequeños y los íbamos enfrentando y resolviendo juntos. Empezamos a divertirnos.

Este cambio no fue fácil. El fracaso en algún Sprint era inevitable, pero lo que antes conduciría a culpas y acusarnos los unos a los otros, ahora era aceptado como parte del proceso. Si por ejemplo, encontrábamos un "código espagueti" (código muy complejo y largo), simplemente trabajamos juntos para mejorarlo. Trabajando lado a lado incentivamos una nueva camaradería, un sentido de seguridad que le permitió al equipo florecer unido. La innovación vino con facilidad: cuando alguien tenía una idea descabellada, el equipo votaba si lo intentaba o no. Algunas sugerencias bastantes excéntricas al final funcionaron a la perfección; otras no tanto, pero nos ayudaron a aprender. Sí, aún teníamos problemas personales, retos que no habíamos previsto, pero estábamos avanzando a cada día, superando obstáculos, encontrando soluciones y usando la información de cada Sprint para el siguiente.

En su mejor expresión, Scrum funciona como un grupo bien organizado de células madre. Equipos de personas trabajan cohesionados, paso a paso, hacia una meta común. Las decisiones ya no eran tomadas por unos pocos de manera aislada, sino de manera ágil y orgánica por el personal directamente implicado. Se desarrolla un tipo de conciencia colectiva que permite decisiones más rápidas y mejores resultados. Estos resultados tienen una retroalimentación casi inmediata, el equipo puede responder adecuadamente y se acorta el ciclo drásticamente.

En conclusión, Scrum es como los negocios, son personas comunes que trabajan de forma colaborativa y no son "súper estrellas". En este proyecto de telecomunicaciones habíamos perdido algunos de nuestros mejores colaboradores y los que quedaron tuvieron que intervenir y tomar el relevo. Un buen Scrum requiere personas fuertes, con conocimiento, que tengan dominio pleno de su área, pero que también posean un conocimiento amplio de lo que hacen los otros integrantes del equipo. Nosotros las llamamos personas estilo T: ellas encajan juntas perfectamente y cada una es capaz de hacer bien su trabajo al igual que algunas tareas comunes.

1.2. Personas estilo T

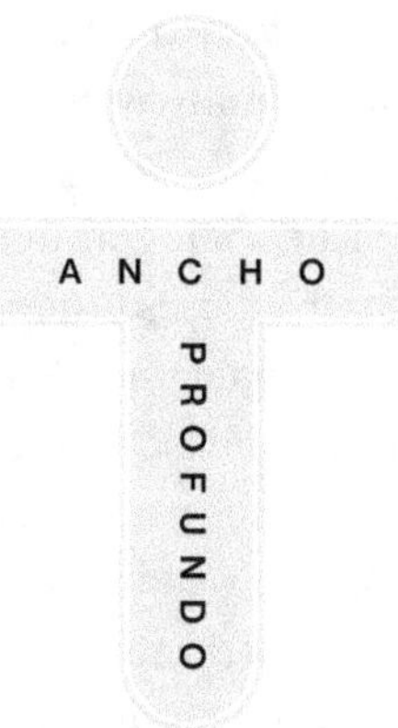

Los equipos pequeños de personas estilo T son capaces de definir las mejores acciones dentro de los límites predeterminados sin tener que gastar su tiempo y energía presentando sus ideas a los altos mandos. Este tipo de colaboración requiere seguridad sicológica, que le permita a cada uno de los miembros del equipo comprometerse completamente con la meta. Seguridad sicológica "se define como una creencia común de que el equipo está seguro para tomar riesgos de manera interpersonal"[2]. En otras palabras, están seguros de que pueden asumir riesgos que en otras situaciones podrían poner en riesgo su carrera.

En ese momento nos preguntamos si nuestro último esfuerzo funcionaba. Cada dos semanas debía viajar a Ecuador para probar cada herramienta y reunirme con el cliente. Esto técnicamente no es un buen Scrum porque las pruebas deberían ser parte del Sprint, pero este fue un criterio adicional de aceptación del usuario que el cliente realizó fuera de nuestros Sprints. Casi cada dos semanas, tuvimos casos de prueba más exitosos. Y nos dimos cuenta de que no todo lo que el cliente había solicitado era lo que necesitaba y ese fue, sin duda, el valor agregado de un ciclo de retroalimentación rápido y de ofrecer un producto completamente funcional en cada iteración.

---

2   Amy Edmondson, "Psychological Safety and Learning Behavior in Work Teams," *Administrative Science Quarterly* 44, no. 2 (June 1999), 350–383, http://www.jstor.org/stable/2666999.

Fue como una revelación, yo había sido un predicador de la iglesia de Planeación Tradicional de proyectos, pero mis ojos estaban viendo una nueva luz. Todos los diagramas codificados por colores que hay en el mundo no pueden reemplazar a los resultados reales.

Nuestro equipo trabajaba en sintonía con el equipo de pruebas del cliente. Apenas terminábamos un caso de prueba, hacíamos nuestras pruebas e inmediatamente se lo enviábamos a ellos para que lo evaluaran en su plataforma. Si funcionaba, perfecto; si ellos tenían un problema, trabajábamos en el problema hasta que lo solucionáramos.

Nos alejábamos del precipicio, y a lograr lo que en algún momento pensé que era imposible. En solo cuatro meses (una tercera parte del tiempo y con menos de la mitad de personas) habíamos logrado cumplir con el cien por ciento de funcionalidad, salvado nuestro negocio y no menos importante, lo pasamos de maravilla. Conocimos y apreciamos mejor a nuestros colegas, teníamos un sentido real de grupo y cada día íbamos a trabajar convencidos de que lo que estábamos haciendo era realmente importante.

Esta era la segunda vez en mi vida que me había enfrentado a lo desconocido y encontrado un mundo completamente diferente que operaba bajo principios que jamás podría haber imaginado si no los hubiera experimentado de primera mano. En temas laborales, estaba acostumbrado a plantear mi trabajo como un juego de ajedrez, donde mi primera jugada era estudiar intensamente a mi oponente para tratar de anticipar todos sus movimientos y luego planear todas mis jugadas con base en ese análisis. Pero la vida no es un tablero de ajedrez. Usted puede planear una estrategia y posiblemente calcular las siguientes tres o cuatro jugadas, pero jamás va a poder visualizar todas las posibilidades para llegar al jaque mate. Cuando llegue al final del juego, el tablero pudo haberse inclinado y sus movimientos normales puede que se hayan vuelto obsoletos.

Ahora estaba aprendiendo a jugar póker, a reunir los jugadores, establecer reglas y repartir las cartas. Cada mano viene con sus propias sorpresas. Nadie es capaz de adivinar dónde está cada carta, pero los jugadores son capaces de responder a cada situación que se les presente. Cuando se juega bien, un campeón de póker puede volverse invencible.

Debí haberme dado cuenta antes de que Scrum no funciona por casualidad, sino que es un marco de trabajo confiable. Un poco de suerte entra en juego a veces en algún proyecto, pero según los estudios del Grupo Standish, "Los resultados en todos los proyectos muestran que los proyectos ágiles tienen casi cuatro veces la tasa de éxito que los proyectos en cascada, y los proyectos en cascada tienen tres veces la tasa de fracaso que los proyectos ágiles"[3]. Yo había trabajado en proyectos de diferente naturaleza, la mayoría tradicionales, otros pocos usando Scrum, y visto que los de Scrum obtenían mejores resultados. Aunque tenía la evidencia, seguía pensado que era solo cuestión de suerte. Como jugar en las máquinas traga níquel de Las Vegas; puede que usted gane durante un rato, pero eventualmente la casa gana -al final la casa siempre gana-.

Claro está que a nivel Scrum, aquellos que se habían atrevido a usarlo no estaban probando suerte, estaban jugando póker. Ningún jugador de póker se sienta en la mesa de los campeones en Las Vegas solo porque tiene suerte. Existe todo un método detrás de su aparente locura; estrategias, táctica y un enfoque sistemático que le permiten al jugador reaccionar rápidamente ante cualquier cambio e imprevisto.

Albert Einstein dijo que "no podemos resolver nuestros problemas con la misma forma de pensar que usábamos cuando los creamos". Las personas tienden a cambiar por una de las siguientes razones: o son muy buenos en lo que hacen y siempre buscan mejorar, o simplemente se dan cuenta de que si las cosas no cambian perecerán. Nosotros corrimos con suerte al vernos forzados a probar Scrum, pero tal vez usted no tenga la misma suerte. Tal vez su empresa esté funcionando sin ningún altibajo, moviéndose entre la pesada burocracia, sin el riesgo de nuevos desarrollos, o que tenga un personal altamente motivado que esté sacando adelante los proyectos complejos como si estuviera haciendo panes. En este caso será más difícil tomar la decisión, pero usted podría estar perdiendo la oportunidad de aprender un nuevo marco de trabajo que a nosotros nos llenó de energía, nos dio autonomía, cortó la burocracia, fomentó la innovación, nos permitió reaccionar rápidamente al cambio y entregar proyectos exitosos y a tiempo.

AVANZANDO

En este capítulo quería mostrarle que yo no fui fácil de convertir, porque si usted está leyendo este libro también debe tener sus propias dudas. Mis ojos se abrieron, y aunque todavía pienso que el modelo en cascada es útil en algunas situaciones, ahora estoy convencido que Scrum es la solución muchos de los problemas organizacionales.

En las próximas páginas miraremos más de cerca los diferentes aspectos de Scrum; sus valores, la estructura de sus equipos, y el rol que cada uno de

---

3   The Standish Group, *CHAOS Report 2015*. Yarmouth, MA, 2015.

sus miembros juega. Cómo los equipos Scrum priorizan el trabajo en los Sprints y cuándo se considera exitoso un Sprint. En los próximos capítulos profundizaremos en la terminología y el enfoque. Veremos las buenas prácticas de Scrum y cómo implementarlo en su organización en particular usando un enfoque ligero basado en valores.

Quiero prepararlo para este camino que está iniciando. Implementar Scrum puede ser frustrante, especialmente si no tiene un guía con conocimiento a su lado, pero se puede lograr, e incluso las personas más tradicionalistas y tercas (como yo) pueden migrar a esta nueva manera de pensar. Lo que le servirá de ahora en adelante es el optimismo, la flexibilidad y la agilidad.

Yo no pude ver lo que me esperaba al pasar el muro de Berlín ni cómo mis habilidades de gerencia de proyectos tradicionales me fallarían en Ecuador. Yo fui (a veces en contra de mi voluntad) capaz de abrir mi mente a mundos nuevos en los cuales ingresé y desarrollé la flexibilidad y agilidad que necesitaba para ser exitoso e incluso expandir la aplicación del marco de trabajo. Mis colegas y yo estábamos felices trabajando juntos, resolviendo cada desafío a medida que nos dirigíamos hacía nuestra meta. Tuve la oportunidad de manifestar esta felicidad cuando pude llevar Scrum más allá del software, a la planificación de proyectos y a una gran variedad de industrias.

Scrum libera a las organizaciones para que puedan producir más en menos tiempo. Pero ese no es su único enfoque. No es solo una recolección de métodos y técnicas sino un sistema, un marco de trabajo y una cultura. Scrum cuando es implementado de la manera correcta puede brindarle mejores resultados en menor tiempo, en un ambiente enérgico, colaborativo y que incrementa la motivación y satisfacción de todas las partes involucradas. Además, hace que el trabajo sea más satisfactorio para todos.

Puede que no sepamos cuáles cartas nos dará la baraja de la vida, pero estamos seguros de que Scrum ofrece las herramientas para estar preparados y transformar la próxima sorpresa en éxito.

CAPÍTULO DOS

El lenguaje del juego

*Los negocios son un juego, que se juega con apuestas
fantásticas y en el que compites con expertos. Si quieres
ganar, tienes que aprender a ser un maestro del juego.*
–Sidney Sheldon[4]

Dado que Scrum fue presentado por primera vez por desarrolladores de software, la mayoría de su lenguaje suena como que se usa para software. Este es un desafío importante y creo que es la razón por la cual muchas industrias todavía no han adoptado el agilismo y Scrum y por esto desaprovechan la oportunidad de agregar un gran valor a su organización.

La terminología tiende a ser muy orientada a la tecnología. Estoy trabajando para cambiar esta percepción. Me sorprende que en muchos casos el problema para usar Scrum que tienen las compañías que no pertenecen a la industria de la tecnología no es más que un asunto del lenguaje. Por ejemplo, Scrum se refiere a "Developers", pero ¿qué pasa si su compañía no desarrolla software? ¿Qué se hace si en cambio su compañía perfora para extraer petróleo y gas? Aunque no lo crea, existen muchos proyectos que no son de tecnología ni de software que funcionan muy bien con Scrum, tal como lo verán a continuación.

DÓNDE SCRUM FUNCIONA MEJOR

Existen algunas personas que son tan pasionales y fanáticas de Scrum, como yo lo era por los métodos tradicionales de gerencia de proyectos. Aunque me convertí desde que presencié los cambios casi milagrosos en muchas situaciones, no estoy seguro de que siempre sea la mejor práctica. Sin embargo, les diré

---

4   Johnnie L. Roberts, *The Big Book of Business Quotations: Over 1,400 of the Smartest Things Ever Said About Making Money* (New York, NY: Skyhorse Publishing, 2016).

que en la mayoría de los casos sí lo es. Yo creo que existen un par de modelos que lo ayudarán a determinar si Scrum es el mejor enfoque para usted.

David Snowden creó el modelo Cynefin (se pronuncia KUH-nev-in y es una palabra que viene del galés) que es utilizado para identificar la complejidad de los problemas y ayuda a las organizaciones a encontrar soluciones y tomar decisiones. Aunque el modelo y su aplicación son muy elaborados, explicaré brevemente los cuatro sistemas que lo componen.

2.1. Modelo Cynefin

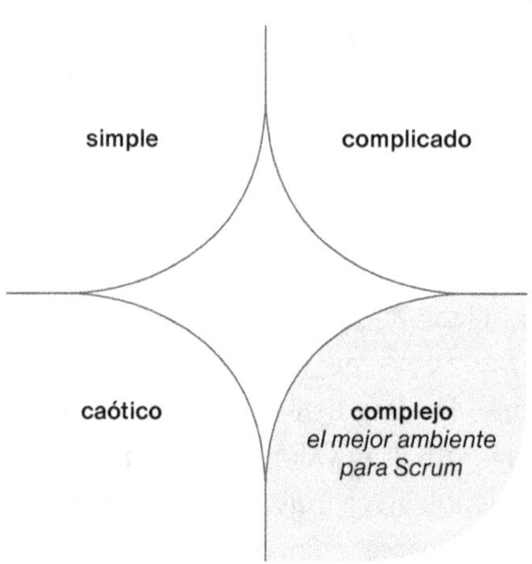

Como puede ver en el ejemplo de arriba, existen cuatro sistemas: simple, complicado, complejo y caótico. Snowden propone que el modelo que usted debe usar dependa del sistema en el que su organización o proyecto se encuentren. Si su proyecto es tan sencillo como pintar su casa, usted se encuentra en el sistema simple, cuyo marco de toma de decisiones es sentir, categorizar y responder. Usted *siente* que su casa necesita pintura, luego *categoriza* los pasos que debe seguir (preparar la superficie, seleccionar el color y el tipo de pintura y cubrir el piso) y después *responde* siguiendo los pasos.

Pero no todas las organizaciones y proyectos son así de simples. Si usted piensa que se encuentra en el cuadrante del sistema simple, lo invito a que reconsidere su posición ya que cuando se consideran todos los factores, pocas organizaciones están en este cuadrante. Usted puede revisar su día a día y concluir que está en un sistema caótico. Yo lo dudo, porque a pesar de que su día de trabajo sea frenético y estresante esto no significa que todo el sistema está en el caos.

Nosotros consideramos que Scrum funciona mejor en sistemas complejos, aunque también puede funcionar bien en sistemas caóticos (como lo experimenté en la empresa de telecomunicaciones ecuatoriana). Pero primero debo definir qué es un sistema complejo.

Considere por un momento qué pasaría si introduce una especie nueva en un ecosistema. En esta situación, las causas y efectos rara vez son evidentes y, frecuentemente, solo serán obvios en retrospectiva. Cuando las variables son desconocidas, la iteración rápida es necesaria para elaborar hipótesis y probar diferentes soluciones. Como resultado de esto, Snowden dice que el proceso de toma de decisiones en un sistema complejo es sondear, sentir y responder y así es exactamente como Scrum funciona en Sprints e incrementos.

Como se puede evidenciar en el diagrama, los productos complejos, proyectos u organizaciones manejan un alto nivel de incertidumbre. La incertidumbre está relacionada con el tiempo, problemas, soluciones y cambios externos como la demanda del mercado, los cambios en tecnologías existentes, el alcance del cliente e incluso disrupciones económicas o políticas. Por ejemplo, la construcción de un puente de ocho kilómetros debería suspenderse si se creara un vehículo volador que funcione con agua, en vez de combustible, y el costo de fabricación sea menos que 100 dólares.

Sin embargo, la utilidad de Scrum no está limitada a sistemas complejos. Mi primera experiencia (como escéptico) fue con un proyecto sencillo: el desarrollo de una plataforma para un emprendimiento de transporte compartido. No era necesariamente simple, pero tampoco era un proyecto de millones de dólares con muchas partes implicadas.

2.2. Incertidumbre vs. costo del cambio

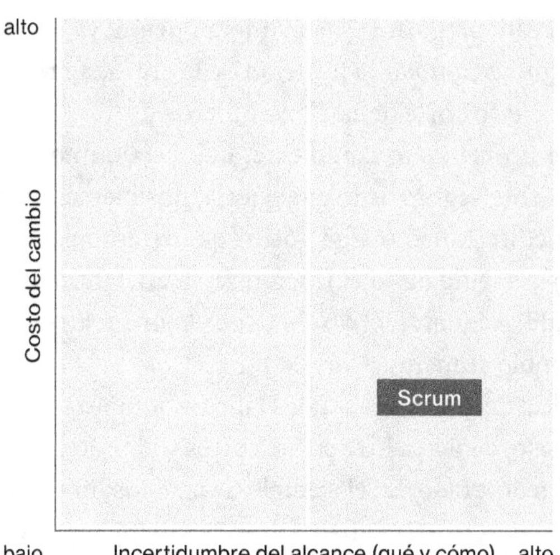

2.3. Incertidumbre y costo del cambio en un proyecto

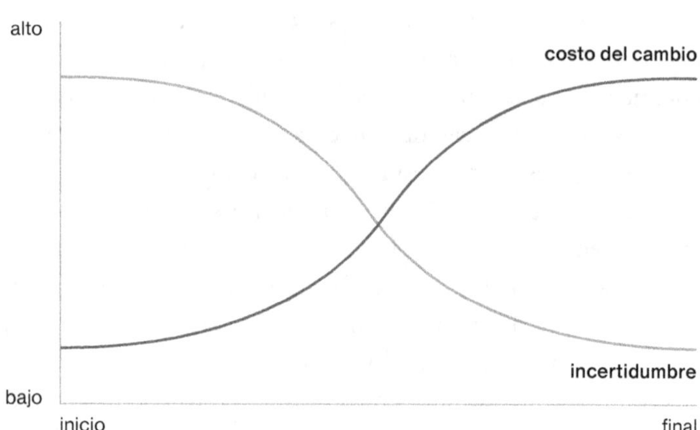

La gráfica anterior representa las etapas de muchos proyectos y los ciclos de vida de productos. Si usted estuviera construyendo una mansión, en las primeras etapas del proyecto recolectaría ideas, diseños y conceptos en la aplicación *Pinterest* o en una carpeta tradicional. Luego procedería a contratar un arquitecto para que le presente algunos modelos. De allí escogería el que más se ajuste a sus gustos y procederían a preparar los planos, contratar personal de obra y finalmente, asumiendo que ya tiene el terreno donde va a construir, inicia su obra. ¿Cuándo cree usted que sería el momento preciso para cambiar de opinión acerca de algún detalle? ¿Antes de conversar con el arquitecto, o después de que la última capa de pintura fue aplicada? La respuesta lógica a esta pregunta es la primera opción, ya que decidir al final del proyecto que quiere cambiar la posición de la entrada principal del este al sur de la propiedad, le costaría demasiado dinero.

Al inicio de un proyecto como este, la incertidumbre era alta. Usted no estaba exactamente seguro de lo que quería, posiblemente un toque moderno en un estilo mediterráneo o algo gótico que se complemente con una torre. Con el tiempo, a medida que el trabajo se va adelantando, la incertidumbre se va reduciendo gradualmente (solo debe elegir moldes y detalles) y el costo relativo del cambio aumenta.

Scrum es ideal en proyectos donde la incertidumbre es alta y el costo relativo del cambio es bajo, debido a los Sprints cortos y al proceso de adaptación/retroalimentación incorporado. En el ejemplo de la mansión es posible tener diferentes modelos para crear un *tour* virtual de varios diseños a un costo relativamente bajo. Además, cuando hablamos de proyectos civiles como la construcción de túneles subterráneos, se pueden construir modelos por computador para probar los diferentes escenarios de forma más económica que si lo hiciéramos directamente sobre el terreno. Scrum está diseñado para estos entornos ágiles.

Pero, ¿por qué afirmamos que Scrum es más adecuado para trabajar en sistemas complejos con incertidumbre alta y costo del cambio relativamente bajo? Tal como lo ha mostrado Snowden con el modelo *Cynefin*, la mejor manera de avanzar en un sistema complejo es sondear, sentir y responder y esta es precisamente la forma como se trabaja con un producto o proyecto usando Scrum. Usted *sondea* (plantea una solución hipotética), *siente* (trabaja hasta completar un producto viable basado en la hipótesis) y *responde* (prueba, entrega y ajusta el producto basado en la retroalimentación del cliente). Si funciona, usted puede avanzar a la siguiente fase (Sprint), y en caso de que no funcione debe iterar basado en la retroalimentación que recibió. Lo anterior se explicará más en detalle cuando expongamos el proceso del Sprint completo y su implementación. Por ahora, es hora de familiarizarse o reencontrarse con el lenguaje del juego.

TERMINOLOGÍA DEL JUEGO

Es posible que usted ya se encuentre familiarizado con el lenguaje de Scrum, quizás estudió la Guía Scrum o probablemente estuvo leyendo otras fuentes acerca del tema. Sin embargo, existen algunos términos que se han desarrollado fuera de las prácticas del Scrum verdadero. Yo quiero aclarar no solamente los términos que en mi opinión son esenciales para un buen Scrum, sino también desmitificar algunos de ellos mediante el uso de un lenguaje simple. Cuando se aprende un idioma nuevo, una palabra es solamente eso, una palabra, hasta que tenga algo contra que compararla: yo podría repetirle "table" mil veces y eso no

A lo largo de este libro, utilizamos analogías como el ajedrez y el póker para facilitar la comprensión de algunos de los conceptos. Es posible que estas analogías no siempre reflejen una comparación literal perfectamente correcta.

tiene por qué darle a entender lo que significa. Pero si en lugar de eso le señalo la mesa mientras digo la palabra, usted va a entender perfectamente.

No pretendo inventar nueva terminología ni agregar nada a la sopa de confusión que algunos nuevos "expertos" en Scrum están creando. En lugar de eso, quiero revisar los términos existentes de la manera más simple posible y mostrar brevemente cómo estarían relacionados con diferentes industrias.

Si estuviéramos jugando póker deberíamos establecer algunas reglas básicas: los jugadores no pueden mostrar las cartas, espiar las manos de los demás jugadores, ni retirar sus apuestas, ya que el juego sería caótico.

TRES PILARES

Scrum está basado en tres pilares: transparencia, inspección y adaptación. Una organización puede vivir o morir dependiendo de qué tan bien sean implementados dichos pilares. Esto puede sonar un poco grandioso, pero he trabajado como consultor de Scrum para docenas de organizaciones que quisieron implementar Scrum. Sin el auspiciador correcto (más adelante explicaré este tema), muchas unidades de negocio intentaron crear sistemas híbridos que es como intentar practicar dos religiones al mismo tiempo. Cualquiera que quiera implementar Scrum sin honrar estos tres principios es casi seguro que tendrá muchas dificultades y probablemente fallará.

- **Transparencia:** puede ser que usted esté familiarizado con este término en su vida cotidiana, cuando por ejemplo las noticias hablan de la transparencia en el ámbito político. El significado en este contexto es el mismo. Transparencia en Scrum significa que todos pueden ver el trabajo que está siendo realizado. Muchas organizaciones han optado por situar el Sprint Backlog en un tablero donde sea visible para todos; adicionalmente, todos deben estar al tanto de la terminología y la definición de "terminado" (*done*) que veremos más adelante. Pero la mejor parte es cuando su trabajo está finalizado, muestra su resultado y ese Incremento se le entrega al cliente para que lo inspeccione. En otras palabras, la transparencia asegura que todo el equipo vea lo qué está pasando, dónde hay progreso, e inmediatamente puede ver cualquier impedimento que necesite solucionar.

- **Inspección:** gracias a la transparencia todo es visible y puede ser inspeccionado por los miembros del equipo, el *Product Owner* (Dueño de Producto), el cliente o cualquiera de las partes interesadas. Este concepto puede explicarse mejor desde la perspectiva de un artista encargado de pintar un paisaje del río Rin. Sin embargo, en este ejemplo, el comisionista que encargó la pintura pidió verla de vez en cuando para asegurarse de que el progreso sea de su agrado. El cliente querrá cerciorarse de que todo sea como él o ella lo han dispuesto: la luz, las sombras, el brillo del sol sobre el bote . . . En Scrum cualquiera de las partes interesadas puede inspeccionar el trabajo, cada uno puede observar su trabajo y el de los demás y ver si contribuye a los objetivos del Sprint. Al igual que el artista, ellos pueden garantizar que lo que se está llevando a cabo refleje el resultado deseado.

▸ **Adaptación:** adaptación significa evaluación constante y recalibración. Volviendo al sistema complejo de toma de decisiones de sondear, sentir y responder, la adaptación es la respuesta. Durante el proyecto que adelantamos con la compañía ecuatoriana de telecomunicaciones, los desarrolladores experimentaban problemas con el *software* de un tercero, estaban encargados de enviar *tickets* de soporte y después se dedicaban a trabajar en otros temas. No sabíamos cómo esto impactaba el proyecto hasta que cambiamos a Scrum. Gracias a la transparencia, los problemas fueron listados en el tablero de Scrum para que todos los pudieran inspeccionar y solo hasta ese momento pudimos adaptarnos y encontrar una solución a los problemas no resueltos. La adaptación brinda una mejora continua, no solo para el producto, también para el avance del equipo, lo cual nos ayuda a integrar el proceso completo. Cuando todos son transparentes con su trabajo, sus problemas e impedimentos, una inspección de las partes interesadas ayuda al equipo a aprender rápidamente y adaptarse con base en los resultados de la inspección.

Estos principios se apoyan entre sí y si uno de ellos falla, todos fallan. Algunas personas piensan que estos principios se aplican solo para productos, mientras que otros los aplican a los procesos. En realidad estos pilares son cruciales tanto para el producto, como para el proceso en Scrum.

Esta experiencia la viví cuando tuve la oportunidad ser consultor para una compañía colombiana. Durante el proceso de retrospectiva del Sprint (esto se explicará más adelante) surgieron algunos problemas con procesos que se habían adelantado en el departamento de Tecnología e Información (TI). Dicho departamento trabajaba con base en un esquema tradicional, así que querían saber con anticipación los requerimientos que tendrían durante el siguiente año fiscal, para poder hacer las solicitudes presupuestales. Gracias a que, tanto el producto como el proceso, fueron *transparentes*, cada uno de los miembros del equipo logró *inspeccionar* cómo esta situación afectó su Sprint y así lograron *adaptarse*. Finalmente decidieron contratar sus propios desarrolladores para no depender más del departamento de TI. Debido a estos principios, se resolvió el problema rápidamente y pudieron continuar con los siguientes Sprints sin este impedimento.

LOS VALORES DE SCRUM

Los valores definen las prioridades de la organización y cómo responder a los desafíos. Con frecuencia, las compañías gastan muchos recursos definiendo los valores sobre los cuales basan su cultura organizacional. Trabajan con consultores, planean retiros y reuniones maratónicas. Finalmente, una lista de valores es presentada al personal y a las partes interesadas, pero desafortunadamente tener una lista de valores en la pared no transforma la organización. Los valores solo funcionan cuando son puestos en práctica; por ejemplo, una empresa que pregona que su valor principal es la calidad y en cierto momento desmejora la calidad de un envío para cumplir con sus proyecciones mensuales, está mintiéndose a sí misma.

Scrum se basa en cinco valores: compromiso, coraje, foco, apertura y respeto. A continuación, voy a exponer los valores y a dar una breve explicación que luego se aclarará cuando exploremos la implementación del marco de trabajo Scrum.

- **Compromiso:** es el primero y probablemente el más esencial. Es el compromiso que se tiene con el objetivo del producto creada por el *Product Owner* (dueño del producto), así como con el objetivo de cada Sprint.
- **Coraje:** el coraje entra en juego en el momento en que estamos desarrollando un trabajo que vale la pena. Se necesita coraje para hacer lo correcto, no solo lo que es fácil.
- **Foco:** Un antiguo dicho atribuido a Confucio dice que quien persigue dos liebres posiblemente no caza ninguna. Por esto, si el hombre persigue una de las liebres, la probabilidad de que tenga una buena cena es más alta. Si usted pudiera elegir, ¿tendría al final del año ochenta proyectos andando al 5 por ciento o 20 proyectos al 100 por ciento? Ese es el poder de enfocarse.
- **Apertura:** Apertura significa tener una mente abierta para enfrentar las dificultades. Si alguien evidencia un problema debe estar en la capacidad de comunicarlo, no quedarse callado y esperar a que el problema se resuelva por sí solo. También se trata de estar abierto a recibir retroalimentación.
- **Respeto:** Esto es algo que podría resultar evidente, pero si un equipo

no puede lograr respeto entre todos sus miembros, no sé cómo podrían trabajar. Esto no significa que todos los miembros de un equipo tengan que ser amigos, pero se requiere cultivar el respeto si el equipo quiere lograr algo que tenga valor.

2.4. Cómo los pilares apoyan los valores

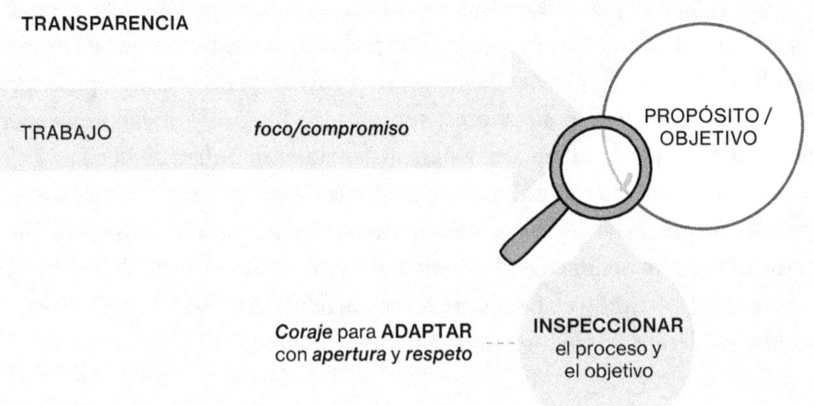

En el centro de estos pilares está la necesidad de crear un ambiente laboral donde exista la seguridad sicológica. Un concepto expuesto por primera vez por Amy Edmondson en la Universidad de Harvard[5] quien lo define como "la seguridad de los miembros de un equipo para tomar riesgos interpersonales"[6]. Aunque la seguridad sicológica no es un valor ni hace parte del marco de trabajo Scrum, en mi opinión es tan importante como los otros cinco valores. De hecho, si no existe la seguridad sicológica en el ambiente laboral o la habilidad de tomar riesgos razonables, el equipo Scrum queda impedido. Imagine por un momento que trabaja en una organización donde cada quien es libre de arriesgarse por el bien de equipo, explorar nuevas posibilidades o cuestionar libremente los supuestos aceptados sin temer por su lugar dentro de la organización. ¿Le parece que esto es un sueño? No tendría que serlo. En los

---

5   Amy Edmondson, "Psychological Safety and Learning Behavior in Work Teams," http://www.iacmr.org/Conferences/WS2011/Submission_XM/Participant/Readings/ Lecture9B_Jing/Edmondson%2C%20ASQ%201999.pdf.

6   Amy Edmondson, "Building a Psychologically Safe Workplace," Mayo 4, 2014, TED video, 11:26, https://www.youtube.com/watch?v=LhoLuui9gX8.

próximos capítulos explicaré estrategias para crear un entorno de seguridad sicológica mientras implementa Scrum.

TÉRMINOS Y DEFINICIONES DE SCRUM

Es claro que no es posible participar en un juego si no sabemos cómo se llaman sus distintos elementos o cómo se denominan las jugadas. Póngase en la posición de una persona que se sienta a jugar póker y se refiere al comodín como "el hombre que se ríe", o al rey de espadas como "el hombre con corona y cuchillos". Es posible que esta persona sobreviva un par de rondas, pero sería confuso para los demás jugadores, sobre todo si algunos jugadores experimentados que no conozcan a esta persona decidieran unirse al juego.

Teniendo en cuenta que algunos lectores ya están familiarizados con el lenguaje de Scrum, aclararé los términos un poco más y añadiré un matiz para ayudar a entender mejor cómo funcionan estos términos en la implementación.

Scrum está dividido en tres partes: roles, artefactos y eventos. Más adelante veremos en detalle cómo interactúan todas las partes.

Roles: los jugadores

No es posible iniciar un juego sin jugadores, después de todo es necesario saber quién repartirá las cartas. Cada papel es crucial para éxito de Scrum. Estos son:

- ▸ **Product Owner (Dueño de Producto):** Es el visionario del equipo, piense en alguien como Steve Jobs o Jeff Bezos. Es la persona que conoce al cliente, la industria y el producto. Preferiblemente debe ser seleccionado al interior de la organización. No necesita ser un experto en Scrum, pero sí es importante que tenga conocimientos básicos. Como veremos más adelante, el *Product Owner* recibe ideas en cuanto al objetivo del producto de todas las partes interesadas, pero finalmente es él o ella quien decide qué va y qué no. Es quien define y posee pasión por el objetivo del producto.

- ▸ **Scrum Master:** Este rol me recuerda a los maestros Jedi de las películas de la Guerra de las Galaxias. Lamentablemente aquí no lograremos controlar mentes ni mucho menos usaremos espadas de láser. El *Scrum Master* es aquel que entrena a su equipo, tiene conocimientos avanzados, ha adoptado los valores de Scrum y los ha aplicado a su experiencia en varios proyectos. Su trabajo es garantizar que todo el equipo se ajuste al marco de trabajo y trabaje eficientemente. No es aquel que demanda el cumplimiento de tareas, sino un líder que sirve al equipo y que trabaja para minimizar y eliminar los impedimentos y asegurarse de que el equipo tenga todo lo que necesita para enfocarse y hacer su trabajo de la mejor manera posible.

- **Developers:** Este término suena inherente a aquellos que trabajan en desarrollo de Software, pero en realidad un equipo de desarrollo puede trabajar en cualquier producto de cualquier industria, mientras los integrantes tengan las habilidades para hacerlo. El equipo tiene entre tres a nueve personas y son los que ejecutan el trabajo, creando el plan para el Sprint y el Sprint Backlog, todo esto apoyado en la ya acordada Definición de Terminado. Si usted acostumbra a pensar en la división del personal por departamentos, el equipo de Developers debe incluir una o dos personas de cada departamento para que el equipo pueda completar el producto de principio a fin. Son profesionales íntegros que se responsabilizan mutuamente.

Artefactos de Scrum: La baraja

El término artefactos parece extraño ya que evoca imágenes de objetos antiguos que fueron extraídos de alguna fosa arqueológica. La palabra significa literalmente algo hecho por humanos. Y como en Scrum estamos trabajando en productos con valor agregado, la palabra es perfecta. Estos son los tres artefactos de Scrum:

- **Product Backlog:** la guía Scrum dice que "el *Product Backlog* es una lista emergente y ordenada de lo que se necesita para mejora el producto"[7]. Es algo parecido a una lista de quehaceres (aunque tiene muchos más elementos) para el proyecto que es dirigida por el *Product Owner* y visible para todas las partes interesadas, incluyendo el cliente. El compromiso del Product Backlog es cumplir con el Objetivo del Producto: el estado final esperado del producto que sirve como objetivo del equipo.

- **Sprint Backlog:** el *Sprint Backlog* es una lista de requisitos del *Product*

---

7   Ken Schwaber y Jeff Sutherland, *La Guía de Scrum* (ScrumGuides.org, 2018), https://www
.scrumguides.org/docs/scrumguide/v2017/2017-Scrum-Guide-Spanish-SouthAmerican.pdf.

Backlog seleccionados un Sprint y usualmente son desglosados a detalle. Normalmente el cliente no ve este *Backlog*, es una herramienta interna muy similar al *Product Backlog*. Imaginemos que es tan simple como un mecánico automotriz cuando trabaja: si usted es el cliente, y está pensando en un mantenimiento básico de su vehículo, ese es un ítem. Para que el equipo del mecánico trabaje este ítem se divide en requerimientos más detallados tales como hacer un diagnóstico general, remplazar los cables de las bujías, verificar la sincronización del motor y asegurarse de que las partes nuevas tengan las especificaciones correctas, entre otros. Otro ejemplo más aterrizado a nivel empresarial puede verse en mi propia empresa: mi cliente requiere el entrenamiento de "Scrum Master" y este sería mi *Product Backlog*, para el *Sprint Backlog* esto se puede detallar en pasos más pequeños como enviar la invitación al cliente, viajar al lugar del entrenamiento, organizar el entrenamiento y otras actividades que nos llevarán al estado de "terminado". El compromiso del Sprint Backlog es cumplir con el objetivo del Sprint. El objetivo del Sprint es el único propósito del Sprint. Teniendo este único enfoque, se alienta al equipo de trabajo (Scrum Team) a actuar en conjunto, en vez de cumplir iniciativas separadas.

- **Increment:** un Increment (incremento) es la cantidad total de trabajo completado durante un Sprint (ítems del *Product Backlog* o PBI) y también incluye el valor de todo el trabajo completado en los Sprints anteriores. En otras palabras, el incremento crece a medida que el equipo avanza en el *Product Backlog* ya que cada lanzamiento debe funcionar con los anteriores. Existe una confusión ya que muchos creen que, si han completado tres Sprints, tendrán tres incrementos y esto no es verdad. Siempre existe un solo incremento que crece a medida que le agregamos valor en cada Sprint. Este concepto fue un poco difícil de digerir para mí cuando inicié con Scrum, pero cuando estamos en la implementación, las cosas se aclaran. El compromiso del Increment es cumplir con la Definición de Terminado, lo que significa cumplir con los estándares de calidad requeridos. La Definición de Terminado se satisface cuando un elemento de la lista del Product Backlog puede ser entregado al usuario final.

Eventos de Scrum: El juego

Los eventos de Scrum son exactamente lo que intuitivamente creemos que son. Así como el póker tiene un tiempo de juego para repartir las cartas e iniciar las apuestas, Scrum tiene eventos para el inicio, la duración y el final. Por ejemplo, si todo el *Product Backlog* fuera la guerra, cada evento Scrum sería una parte de esta guerra. La diferencia es que esta guerra se define por períodos de tiempo y no por objetivos militares.

- **Sprint:** sin importar qué proyecto o producto se esté desarrollando, el Sprint es el segmento más largo de tiempo en el cual el equipo debe completar un producto entregable. Un Sprint es la misión. Como se mencionó previamente la principal diferencia entre una misión y un Sprint es que el Sprint está definido por un período de tiempo, no por un objetivo táctico. Este periodo puede ser hasta de un mes, pero entre más corto, mejor. La mayoría de los equipos que usan Scrum necesitan entre una y dos semanas[8]. El trabajo es entonces completado para los requerimientos con los que el equipo se compromete para cada Sprint.

- **Planeación del Sprint:** volviendo a la analogía militar, la planeación del *Sprint* ocurre al inicio del Sprint y es parecido a la planeación de una misión. Primero, el equipo define lo que cree posible alcanzar en el periodo definido para cada Sprint basado en el *Product Backlog* y después los Developers determina cómo va a realizar el trabajo. Muchas personas tienden a pensar que la etapa de planeación se reduce a una reunión y en realidad no es así. Cuando alguien menciona una reunión, los involucrados inmediatamente piensan en una aburrida y maratónica sesión en la que se discuten muchos temas, pero se logra poco. La mayoría de las reuniones son pérdida de tiempo. En Scrum le apuntamos a lograr todo lo contrario. Así que no se deje confundir por la mala fama que el término "reunión" pueda tener.

- **Scrum diario:** esta reunión diaria del equipo es crucial para el éxito de Scrum, especialmente durante la implementación inicial. Su función principal es sincronizar y asegurar que todo el equipo esté alineado

---

8   Scrum Alliance, *State of Scrum 2017–2018: Scaling and Agile Transformation*, 2017, https://www.scrumalliance.org/ScrumRedesignDEVSite/media/ScrumAllianceMedia/Files%20and%20PDFs/State%20of%20Scrum/2017-SoSR-Final-Version-(Pages).pdf.

con su trabajo con el fin de cumplir los objetivos. Es importante que esta reunión inicie a la misma hora todos los días y que no se extienda más de quince minutos. Se recomienda que los miembros del equipo estén de pie, ya que estando sentados es más fácil que pierdan tiempo en temas no esenciales.

▸ **Revisión del Sprint:** este es el evento donde se hace una revisión general del producto. Las personas que han trabajado en su desarrollo lo muestran a los usuarios y reciben retroalimentación. Se discuten temas como el estado actual del producto, los riesgos que presentará para el usuario, las dificultades, las oportunidades y las proyecciones de la fecha de lanzamiento.

▸ **Retrospectiva del Sprint:** una vez que el Sprint ha concluido, esta reunión sirve para evaluar la efectividad del proceso y el equipo. Volviendo a la analogía militar, es muy parecido a la Revisión Después de la Acción (AAR por sus siglas en inglés) usada en el ejército. Dicha revisión no es sobre el producto sino sobre el proceso y cómo trabajó el equipo. Es el momento para que el equipo se retroalimente y examine lo que funcionó y lo que necesita mejorar.

Los descritos anteriormente son los términos principales de Scrum. Si aún no está familiarizado con ellos sugiero que marque estas páginas ya que de aquí en adelante los vamos a usar frecuentemente. También quiero reiterar que aunque pareciera que estos términos son exclusivos de la industria de software, no lo son. Si bien es cierto que el agilismo y Scrum incluido, fueron adoptados inicialmente por esta industria (sus creadores trabajaban en tecnología), yo he encontrado que Scrum funciona de maravilla en una amplia gama de industrias. Esta fue una de las razones por las que junto a Joe Justice escribí *Scrum in Hardware Guide*[9].

Teniendo todos los conceptos básicos emprenderemos el camino para ver dónde se encuentra su organización y cómo iniciar con la implementación de Scrum. Al inicio del proceso recomiendo trabajar con un equipo piloto (preferiblemente) para luego aplicarlo a toda la organización y hacer que todos sus procesos funcionen bajo el marco de trabajo Scrum. Esto incluye el nuevo modelo Scrum a Escala (Scrum@Scale o S@S). Hasta hace poco, muchas empresas

---

9   Fabian Schwartz y Joe Justice, "The Scrum in Hardware Guide," Scrum Inc., 2017, https://www.scruminc.com/scrum-in-hardware-guide/.

estaban combinando Scrum con el modelo burocrático tradicional, lo que crea un monstruo híbrido. Lo anterior debido a la desconexión entre los pequeños equipos que usaban Scrum y los grandes departamentos responsables de las operaciones diarias de la compañía. S@S permite gerenciar toda su organización con el marco de trabajo Scrum de una manera más integrada y organizada. Como su nombre lo indica, le permite a su empresa escalar fácilmente mientras crece.

En conclusión, ya que tiene un conocimiento básico de los principios, valores, jugadores y eventos necesarios para implementar Scrum, es hora de iniciar el juego.

CAPÍTULO TRES

Organizando el juego – El sistema

La medida de la inteligencia es la capacidad de cambiar.
—Albert Einstein

Usted está listo para abrir el reluciente set de póker que acaba de comprar y ya pondrá en un cajón su viejo tablero de ajedrez. Esto no significa que no vuelva a jugar ajedrez; este juego siempre tendrá lugar en algún momento, solo que está listo para cambiar a un juego más rápido y que tenga un poco más de diversión.

¿Debería renovar completamente mi salon de juegos para convertirlo en un salón de póker? Por supuesto que ese sería un proceso largo y costoso y en realidad todo lo que se necesita es un espacio, una mesa y los implementos necesarios para poder disfrutar una noche de juego. Así que guarde sus fichas de ajedrez, limpie su mesa y alistémonos para jugar.

Primero necesitará un anfitrión: es posible que su amigo Tim con quien jugaba ajedrez esté dispuesto a probar el póker. Él está informado sobre el tema, y aunque es posible que no le guste, está dispuesto a intentarlo si se trata de hacer algo divertido en su casa.

El espacio donde jugaban ajedrez era el comedor, los viernes en la noche cuando todos los amigos tenían tiempo libre y los hijos de Tim organizan una sesión de películas en la habitación del lado. Para el póker necesitarán un espacio diferente: una mesa, cartas, fichas de póker, pasabocas, alguien que juegue muy bien y un manual de reglas para resolver disputas. De hecho, en el momento en el que inicie el juego los jugadores deben cambiar su mentalidad, ya que a partir de ese momento no todas las variables serán visibles y tampoco será posible analizar una docena de probabilidades antes de lanzar su jugada. Ahora deberá aprender a jugar calculando los riesgos y adaptándose a medida que transcurra el juego. Con seguridad se preguntará qué cartas en la baraja podrán ayudarlo a mejorar su juego o si es posible que su amigo le esté engañando. Basado en la evidencia, ¿debería igualar, abandonar la mano o subir la apuesta? Lo único que puedo asegurarle es que, si usted es flexible, tendrá un juego emocionante.

Sin embargo, si el juego está mal organizado o las condiciones son insuficientes, todo podría convertirse en un fracaso. Podría invertir más tiempo del necesario en desacuerdos o discutiendo las reglas, tiempo que no aprovecharía en el juego. En el peor de los escenarios abandonaría el juego frustrado.

En el proceso de implementación de Scrum pasa lo mismo. Se necesita un espacio, una pequeña burbuja para operar protegidos del resto de la organización; además de organizar el equipo, urge establecer un método para asegurar la transparencia durante el proceso, definir los roles y el objetivo.

Cuando se lleva a cabo de la mejor manera, el buen Scrum es todo lo que se ha imaginado: rápido, motivador y divertido. Por otro lado, el mal Scrum es una bestia horrible, una criatura que no pertenece a este mundo.

EL MAL SCRUM

Si usted ha estado presente en el mundo empresarial por algún tiempo, probablemente ha visto fracasar buenas ideas e iniciativas. Mientras más grande la empresa, es más probable que esto pase. Tal vez al inicio de su carrera le emocionaban las nuevas ideas y el cambio. Más adelante, después de que su tercera -o vigésima- iniciativa quedaran atrapadas en la gestión y la burocracia, usted cayó en el cinismo. ¿Por qué no funcionan estos cambios? ¿Será falta de recursos, incompetencia o una cultura organizacional tóxica? Puede ser una de estas causas, o las tres al tiempo.

Si usted lee este libro porque su empresa realizará el cambio al marco de trabajo Scrum puede ser una señal de una desconfianza saludable y necesaria para su empresa. De hecho es bueno que quiera cuestionarlo todo y que no acepte todas las cosas a ciegas.

En todas las organizaciones donde he realizado entrenamientos encuentro que es más fácil hacerlo con quienes han sido voluntarios para participar del equipo piloto, ya que quieren ver el cambio, tienden a ser curiosos, quieren aprender y tienen el deseo de mejorar en su trabajo. Ellos tienen un entusiasmo innato que hace que las cosas funcionen de manera más fluida. Pero algunas veces nadie es voluntario para el equipo piloto de Scrum, y los gerentes escogen personal que no tiene ningún interés en aprender algo nuevo. De hecho, he encontrado a bastantes incrédulos y cuando esto sucede solamente les pido que tengan la mente abierta, le den una oportunidad a Scrum y dejen que los resultados hablen por sí mismos.

También es posible que usted ya haya tenido experiencia con Scrum, o crea que la ha tenido. Es probable que haya estado en alguna empresa donde se llevaban a cabo Scrums diarios, Sprints planeados y hasta haya tenido un Product Backlog. Pero, ¿esto era realmente Scrum? Sabemos que el mal Scrum es el peor enemigo del buen Scrum. Por ejemplo, cuando el modelo es implementado a medias, usando los términos y algunas de las técnicas más no los valores o el compromiso que la implementación requiere, el resultado es contraproducente y deja a todos los implicados con una visión amarga sobre Scrum.

Aquí hay dos tipos de mal Scrum:

1. El FrankenScrum, que es un intento de implementar Scrum mientras todavía se utilizan algunos elementos del modelo tradicional, es un monstruo horrible que no logra hacer nada productivo.
2. El Scrum mal desarrollado, que ocurre cuando la implementación completa es bloqueada por un patrocinador impotente. (Este término se explicará mejor más adelante).

Una de las situaciones donde se presenta el FrankenScrum es cuando un subgerente o la cabeza de algún departamento con buenas intenciones se emociona al leer por primera vez acerca de Scrum y se instruye acerca de la terminología, la filosofía y los roles. A pesar de que un equipo Scrum no se parece en nada a un departamento completo, aquella persona anuncia que de ahí en adelante todos deben empezar a trabajar con el modelo. El gerente de proyectos es nombrado *Scrum Master* y algún supervisor técnico recibe el título de Product Owner, así como la estructura de tareas se vuelve ahora el Product Backlog e inician un sistema de reuniones diarias que llamarán Scrum diario.

Este gerente cree que es posible escoger algunos puntos de la estructura de tareas tal y como la habían planteado y organizarlos de manera que se puedan usar como el Sprint Backlog. Sin embargo, no tiene en cuenta que por definición el Sprint requiere que al final se obtenga un resultado con valor que pueda ser visible para todas las partes interesadas. En dicho caso lo único que se logró fue acomodar algunas piezas de un conjunto mucho más grande y complejo. Lo anterior debido a que no es posible agregar valor o recibir retroalimentación. Sin ésta, no es posible adaptarse.

¿Realmente existieron cambios en esta situación? El equipo está usando apropiadamente el lenguaje y maneja una fachada de Scrum, pero no está comprometido con alcanzar determinada cantidad de trabajo en un periodo definido previamente. Si el equipo no logra completar el trabajo y al final presentar un resultado que tenga valor, y si cualquiera de sus miembros está en más de un proyecto, definitivamente aquello no es Scrum.

Si en su empresa están haciendo algo parecido al ejemplo que mencionamos anteriormente, es posible que le hayan puesto una silla a una vaca y la hayan llamado caballo. Y al igual que la vaca, su modelo de trabajo no correrá, porque no es lo suficientemente ágil. Durante mi carrera he encontrado bastantes empleados que intentaron cabalgar en esta terca criatura y quedaron muy frustrados. Desafortunadamente, esta frustración está mal dirigida hacia Scrum, un animal con el que ellos todavía no tienen ninguna familiaridad.

Existe otra situación, incluso peor que el Frankescrum y ocurre cuando el mismo subgerente, con incluso mejores intenciones, trata de hacer las cosas de la manera correcta pero no tiene suficiente poder para lograr cambios reales. Esto causa una implosión dentro de la empresa.

BIG OG: UN CASO DE ESTUDIO DE SCRUM MAL DESARROLLADO

Un buen ejemplo para ilustrar el caso de Scrum mal desarrollado ocurrió en una gran empresa dedicada a la extracción de gas y petróleo la cual para este ejemplo llamaremos BigOG, para no tener que incurrir en honorarios de abogados.

Creo que nosotros aprendemos de nuestros errores y yo aprendí mucho de BigOG. Mi equipo fue contratado por la cabeza del departamento de tecnología de la Información (TI). Querían desarrollar aplicaciones móviles para uso interno en la compañía de manera rápida y sabían que Scrum podía ayudar. Empezamos como normalmente lo hacemos, capacitando al equipo. Cuando iniciamos la implementación los acompañamos con *coaching* y para ser transparentes instalamos un tablero en una de las paredes donde fuera visible para todos. Los miembros del equipo empezaron a crear columnas con los elementos a desarrollar en los *Sprints*, lo que estaba en proceso y lo que había sido terminado. Al mismo tiempo una cuarta columna fue creada para hacer seguimiento a los problemas que surgieran, ya que siempre hay problemas cuando se implementa Scrum. Como ya lo hemos mencionado, *Scrum* maneja un sistema para tratar estos problemas de implementación, a los que llamamos impedimentos.

El departamento de TI quería desarrollar aplicaciones móviles de uso interno, ese era su producto. Sin embargo, los miembros de su equipo no trabajaban solamente en este producto, y esto era un impedimento para la implementación de Scrum. Su enfoque estaba dividido entre los *Sprints* en los que estábamos trabajando y sus otros proyectos. Esta división en el foco hace que la planeación de sprint sea extremadamente difícil. También encontramos algunos problemas en cuanto a la adquisición de recursos. El departamento necesitaba ciertos equipos para completar su trabajo pero las personas de adquisiciones continuaban siendo un obstáculo. El progreso era cada vez más lento.

La lista de impedimentos en el tablero continuaba creciendo y el trabajo no se completaba. Yo estaba entrenando personalmente al *Scrum Master*, y él se encargaba de manejar muchos de los impedimentos, pero él solo no podía gestionarlos todos. Involucramos al encargado del departamento de TI para que nos ayudara con los impedimentos que dependían de otros departamentos, pero inmediatamente nos encontramos con un grave problema: el departamento estaba trabajando con Scrum de forma aislada. En algunos casos la situación mencionada anteriormente puede ser manejable, pero solo si el líder correcto está involucrado y desafortunadamente en BigOG el encargado del departamento de TI no era el líder correcto.

Él asistía a reuniones periódicas con la alta gerencia y allí expuso el caso. Solicitó que el proceso de adquisiciones fuera acelerado y también remover a los integrantes del equipo de los demás proyectos en los que estaban trabajando. No funcionó. La alta gerencia simplemente preguntó: por qué si la forma en que hemos hecho las cosas funciona, deberíamos cambiarla solamente por su departamento.

Los impedimentos persistían y la lista crecía sin parar, así que un día el encargado de TI me dijo: "Lo que debemos hacer es adaptar Scrum a la manera como trabajamos en la compañía, es decir ajustarlo". Al final, ni siquiera implementarlo así fue suficiente, debido a que el propósito de Scrum consiste principalmente en entregar valor agregado más rápido y manejar el cambio de la mejor manera posible. En tal escenario el *Scrum Master* -el jefe de TI- no logró abordar los impedimentos y el equipo de desarrollo usaba las técnicas de *Scrum* sin producir resultados. Por lo tanto no había valor agregado. Cientos de impedimentos se represaron e hicieron que el equipo se frustrara y se desmotivara, y después de un tiempo culparon a *Scrum* por las fallas.

Anteriormente mencioné que el *Scrum* mal desarrollado es el peor. El departamento de TI de BigOG trató de usar Scrum y me contrataron como experto. Estaban felices de usar un nuevo marco de trabajo del que tanto habían escuchado hablar. Pero ahora desde su perspectiva Scrum había fallado, excepto que no ocurrió así. Lo que en realidad falló fue la falta de poder del patrocinador para poder hacer los cambios necesarios. Está experiencia me enseño que para salir victoriosos de una implementación es necesario tener un aliado dentro de la compañía que tenga suficiente poder para remover los impedimentos. En este caso el jefe de TI tenía las mejores intenciones, pero carecía de las influencias y la posición de poder para resolver los impedimentos que surgieron. A pesar de tener las mejores intenciones del mundo, éstas no lo llevarán a donde quiere llegar.

Imagine que usted está jugando póker con sus amigos, pero la mesa está dividida por pequeños cubículos de ladrillo que no le permiten ver a los demás jugadores ni tampoco las cartas comunitarias. Tal vez pueda jugar una o dos rondas, pero eventualmente el juego perderá su diversión y los jugadores empezarán a mostrar su frustración. Este es el contexto dentro del cual se implementó Scrum en BigOG: había muchos muros contra los cuales nos estrellamos y el jefe de TI no logró sobrepasar los niveles burocráticos necesarios para remover los impedimentos. El equipo intento jugar, pero en algún momento debió parar. Existe una mejor manera de hacerlo.

UN PATROCINADOR DE SCRUM FUERTE

¿Cómo pudo BigOG implementar Scrum exitosamente? Con la ayuda de un patrocinador fuerte.

Para solucionar impedimentos como los procesos de adquisición y tener miembros del equipo en diferentes proyectos, la ayuda de un patrocinador es invaluable. Un patrocinador no cumple el mismo rol que un *Scrum Master*, cuya función es de entrenamiento y ayuda al equipo. El *Scrum Master* puede resolver muchos problemas dentro del equipo, pero cuando los problemas son tan grandes que incluyen otros departamentos o divisiones de la compañía urge contar con la ayuda de un patrocinador de *Scrum* que aborde los impedimentos que están a un nivel más alto.

El patrocinador es quien da acceso a recursos y elimina los obstáculos que se presenten dentro de la compañía. Aunque el patrocinador no tiene un rol dentro de la guía Scrum (ya que no es esencial para trabajar con Scrum) es casi indispensable para una implementación exitosa. En el lenguaje tradicional de gerencia de proyectos, un patrocinador es un defensor de proyectos, alguien dentro de la compañía que ve el valor que se quiere lograr o, mejor aún, la razón por la que el proyecto fue creado. La diferencia entre un patrocinador y un defensor radica en que el patrocinador no rinde cuentas de progreso o análisis a otros equipos.

Normalmente es el patrocinador quien contrata nuestro equipo para entrenar y proveer consultoría mientras que ellos migran de los modelos tradicionales hacia las metodologías ágiles. El jefe de TI en BigOG fue el patrocinador, lo que pasa es que no fue lo suficientemente fuerte. Entonces, ¿cuál es la diferencia entre un patrocinador y un patrocinador fuerte?

El jefe de TI, en el ejemplo anterior, no tenía el poder suficiente para cambiar los procedimientos de adquisición de equipos para cumplir con las nuevas necesidades que surgieron con Scrum. Así como tampoco logró influenciar a aquellos que sí tenían el poder de hacerlo. Cuando planteó el tema en las reuniones a las que asistió, no tuvo el suficiente poder de persuasión para que su vicepresidente y la alta gerencia apoyaran su iniciativa. Él decidió renunciar a su idea de usar Scrum posiblemente por no tener la capacidad de gestión. Scrum puede ser implementado en una cultura existente, solo que debe hacerse con cuidado y en una burbuja que aísle el equipo del resto de la burocracia de la organización. Así es posible la implementación completa, pero Scrum no puede existir como un híbrido dentro de un equipo.

En mi experiencia de trabajo con una empresa de telecomunicaciones colombiana, que con fin explicativo llamaremos GoTelecom, me encontré con un patrocinador fuerte. Ellos habían contratado a un vicepresidente que específicamente se encargaría de manejar la transición a la era digital, traspasando todos sus procesos físicos (pago de facturas, manejo de cuentas y requerimientos de servicio) a la plataforma digital. El proyecto llevaba dos años sin producir ningún resultado visible y a nuestro favor ocurrió que el vicepresidente recién llegado tenía conocimiento de la superioridad de Scrum en el manejo de situaciones complejas. A solo meses de haber tomado el control del proceso de transformación, había ayudado a crear una división, seleccionó al personal que creyó perfecto para trabajar con el marco de trabajo *Scrum*, y finalmente contrató a mi equipo para capacitación y entrenamiento.

Lo que hizo a este vicepresidente un patrocinador fuerte fue que creó su propia división para aislar a su equipo de los métodos tradicionales. Sin embargo, la implementación de Scrum siempre tiene altibajos aunque esté aislada en una burbuja protectora. Cuando la capacitación y la certificación termina, por ejemplo, un viernes en la tarde, los miembros del equipo tienen una buena base de Scrum en un ambiente ideal. Pero cuando llegan a trabajar el lunes en la mañana la realidad es otra. Nada transcurre suavemente, la realidad es tan diferente como si dijéramos que el Grand Canyon es un pequeño valle. La aplicación real de Scrum es la parte más desafiante, y sin embargo, la mejor de mi trabajo.

En GoTelecom trabajamos directamente con la división creada para este propósito, capacitamos al equipo e implementamos *Scrum* de la misma manera en la que trabajamos en BigOG. Como es normal, en el camino nos encontramos con impedimentos. Uno de los que mejor recuerdo, fue cuando una nueva área necesitaba un software que debía ser desarrollado por el departamento de TI el cual era uno de los más burocráticos y tradicionales de la empresa. Pidieron que nuestra división hiciera la solicitud para incluirla en el presupuesto del año siguiente. Después de la aprobación, el desarrollo del código tomaría al menos un año, o sea que nos hubiéramos tardado dos años para que estuviera funcionando el software que necesitábamos para apoyar la transformación digital. En el caso de BigOG nuestro patrocinador había escalado, sin éxito, el caso a sus jefes. En GoTelecom, por el contrario, el vicepresidente de la división logró resolver este impedimento por medio de la contratación de su propio equipo de TI y el problema quedó solucionado.

Pero yo no vivo en un mundo de fantasía y sé por experiencia que las divisiones o departamentos no son totalmente independientes del resto de la empresa. A menos que estemos implementando Scrum en toda la organización y nuestro patrocinador sea el gerente general o el gerente de operaciones siempre habrá alguna dependencia entre departamentos. Sin embargo, un patrocinador fuerte usualmente puede eliminar la mayoría de los impedimentos. Por el contrario, un patrocinador débil como el que tuvimos en BigOG, es normalmente la cabeza de su propio nicho y tiene más dependencias. Así que aprendimos la lección: es mejor tener un patrocinador fuerte desde el principio.

ESTRATEGIAS DE IMPLEMENTACIÓN DE SCRUM

Volvamos al juego de cartas. Su amigo con conocimientos de póker (el póker *master*) ha explicado las reglas, procedimientos y las manos básicas. Es posible que haya traído un catálogo explicando las jugadas y cuáles cartas son las más fuertes. Siguiendo con la metáfora, el patrocinador es el dueño de la casa donde se reúnen a jugar. Él abrió las puertas de su casa, organizó la mesa y eliminó los impedimentos que el equipo no logró solucionar (por ejemplo, los niños que gritan en la habitación contigua). No es necesario que el patrocinador juegue, es probable que le guste observar o que esté ocupado. Lo importante es que quiera ayudar a sus amigos.

Encontrar al patrocinador correcto es solo una parte de la ecuación para lograr obtener resultados satisfactorios. ¿Cuándo empezamos a jugar realmente? ¿Cómo empezamos? Existen tres estrategias que se pueden usar para el proceso de implementación:

1. De arriba hacia abajo: cuando la alta gerencia exige que toda la compañía empiece a usar Scrum.
2. De abajo hacia a arriba: cuando un equipo piloto experimenta en un nivel bajo y permite que el programa se extienda al resto de la empresa.

3. Mixto: una combinación de la alta gerencia y los niveles bajos de la empresa donde un patrocinador fuerte crea un equipo piloto.

A continuación, explicaré con detalle cada una de estas estrategias, sus ventajas y desventajas.

De arriba hacia abajo

Usted ha estado en el mundo de los negocios por algunos años y en este momento está muy bien establecido. Es gerente general o de operaciones de alguna gran empresa y quiere hacer algunos cambios en todos los niveles. Ciertamente tiene el poder de hacer que funcione un nuevo marco de trabajo como Scrum. Al igual que con todos los cambios usted se enfrentará a nuevos retos.

Usted es su propio patrocinador y tiene todo poder necesario, pero ese poder no es suficiente para que las personas se comprometan y actúen. Cuando un cambio es forzado por la alta gerencia en una empresa, el nivel de escepticismo y cinismo aumenta más que si el personal hubiera participado en la decisión. Es decir, habrá cierta resistencia entre los encargados de implementar.

En este caso, Scrum puede parecer como una orden más, dictada desde el "trono" y la conversación en los corredores o al almuerzo será quejándose del cambio porque las cosas estaban "bien" como estaban.

La buena noticia es que, por medio de un liderazgo fuerte y estable, y trabajando con personas que estén dispuestas a aprender, una empresa puede tener una buena transición a su nueva realidad al usar esta estrategia. El tiempo cumple con su función y los cambios de los que se quejaban, serán vistos como las mejoras que en realidad son. Y en algún momento Scrum se convertirá en "la manera como hacemos las cosas aquí".

La otra ventaja de esta estrategia es la facilidad que tiene en cuanto a la implementación de Scrum a escala (Scrum@scale), en el caso de que su empresa tenga más de diez empleados. Esto lo veremos más adelante en el libro.

De abajo hacia arriba

Esta estrategia se explica por sí misma, pero entremos un poco más en detalle. De abajo hacia arriba no significa que un practicante pueda tratar de convencer a su departamento de usar Scrum (este nivel está muy abajo). En realidad, la estrategia de abajo hacia arriba se asemeja un poco al ejemplo de BigOG: la cabeza o el jefe de un departamento busca experimentar con un equipo piloto.

Con tal estrategia el equipo piloto debe ser creado y mantenido aislado, protegido del resto de la compañía. Este equipo se enfoca en un solo proyecto o producto y lo lleva a cabo, de principio a fin.

Esta estrategia puede funcionar, pero implica grandes dificultades. Implementar Scrum es mucho más demorado si se compara con las otras estrategias y será más difícil eliminar los impedimentos tal como lo fue en BigOG. Si usted está obligado usar esta estrategia en su empresa debido al ambiente organizacional u otros factores, es muy importante tener gran influencia en los niveles ejecutivos o encontrar un aliado que la tenga.

Esta estrategia es muy interesante puesto que si sobrevive el proceso de implementación y sus altibajos, Scrum se propaga. Porque cuando el equipo piloto comienza a generar valor más rápido, los demás gerentes lo perciben y quieren aplicarlo. Las estadísticas muestran que cuando alrededor del 25 por ciento de los empleados de una empresa adoptan una creencia, el resto del personal empieza a creer lo mismo que la minoría[10]. Otros estudios sugieren que esta minoría puede tan pequeña como el 10 por ciento[11]. Esto significa que si un 25 por ciento de la empresa decide adoptar Scrum la balanza ya está inclinada hacia Scrum y muy pronto el resto de la compañía estará trabajando con este marco de trabajo.

Estrategia mixta

La estrategia de implementación mixta es una mezcla entre las dos anteriores y es la segunda mejor opción, después de implementar Scrum en una compañía nueva, lo cual es muy difícil de encontrar. La estrategia mixta tiene como resultado un compromiso más rápido con el marco de trabajo y menos impedimentos. Pero, ¿cómo funciona?

En el caso de GoTelecom el equipo creó valor por medio de lanzamientos y funcionalidad del producto mientras continuaba añadiendo nuevas funcionalidades y lanzamientos al *Product Backlog*. En GoTelecom vimos que el uso de una estrategia de implementación mixta requiere un patrocinador fuerte para remover los impedimentos. En el ejemplo mencionado se tomó una medida muy importante: el vicepresidente aisló la división del resto de la empresa. Existe un dicho dentro de la comunidad de metodologías ágiles que

---

10 Damon Centola, Joshua Becker, Devon Brackbill, y Andrea Baronchelli, "Experimental Evidence for Tipping Points in Social Convention," *Science* 360, no. 6393 (Junio 2018), pp. 1116–19, https://science.sciencemag.org/content/360/6393/1116.full.

11 "Minority Rules: Scientists Discover Tipping Point for the Spread of Ideas," *Rensselaer*, Julio 25, 2011, https://news.rpi.edu/luwakkey/2902.

dice: "Cualquier innovación externa en una organización puede estimular a su sistema inmune a crear anticuerpos que podrían destruirla". El vicepresidente en GoTelecom había reunido personal con gran talento, e incluso había algunos gerentes de la oficina de proyectos que tenían la mente abierta y querían ver lo que se podía lograr con Scrum. Muchos departamentos estaban dispuestos a prestar sus recursos o personal, otros querían ver cómo podían atacar lo que se estaba logrando. Pero en este caso el patrocinador fue firme y blindó al equipo encargado de la transformación contra los ataques de la empresa.

Más adelante sugeriré algunos enfoques para que sea más seguro el éxito de la implementación con el uso de esta estrategia.

DEL AJEDREZ AL PÓKER

Suponga que usted y sus amigos están sentados en la mesa donde jugarán póker. Solamente uno de ustedes ha jugado antes, los demás han experimentado un poco con cartas y, efectivamente, el único juego que han jugado juntos es ajedrez, con toda su lógica, predicciones y estrategia. El juego de póker en su naturaleza difiere mucho de los demás juegos de cartas y por obvias razones es completamente diferente al ajedrez. Aprender un juego completamente diferente puede ser un poco intimidante. Nadie quiere cometer errores o que los demás piensen que no sabe; lo que todos quieren es pasar un buen rato y ganar. Usted es muy bueno en otra clase de juegos y de hecho le gustan, pero ¿cómo sabrá si le gusta el póker o no? La respuesta es simple: probablemente usted ya está familiarizado con la baraja de cartas, sabe cuáles son las pintas y también sabe que en póker cuenta con unas cartas comunitarias que pueden ser vistas por todos los jugadores, así como algunas cartas que tienen más valor que otras. Del ajedrez aprendió tácticas, estrategia y si era bueno en ello, con suerte tiene espíritu de juego. Así que en este orden de ideas el póker puede ser un juego diferente, pero usted ya tiene unas habilidades y conceptos que son muy útiles.

Con Scrum sucede lo mismo. Al inicio puede parecer muy distinto pero lo único que debe hacer es cambiar un poco su perspectiva y su manera de pensar. Para muchos la palabra cambio es muy fuerte, sin embargo, a veces solo se necesita un pequeño giro.

Sin importar si está jugando en el mundo de los negocios, el cambio (o un pequeño giro) es inevitable. O nosotros controlamos el cambio o él sencillamente sucede. Algunas veces en nuestra vida queremos hacer cambios en algunos aspectos sin cambiar nuestro comportamiento. Por ejemplo, queremos perder peso y volvernos más fuertes, pero no queremos cambiar nuestros hábitos alimenticios ni comprometernos con el ejercicio. O queremos salir de las deudas sin cambiar nuestros hábitos de compra. En el caso empresarial queremos que nuestra empresa genere valor más rápido mientras seguimos haciendo las cosas como siempre las hemos hecho. No queremos comer más sano, ni ejercitarnos, ni ajustarnos al presupuesto y aun así cambiaremos, solo que no en la dirección que quisiéramos. El cambio es algo que pasa de manera automática, especialmente cuando queremos que las cosas permanezcan como están y en este caso nunca será el cambio que queremos.

Pensamiento sistémico

El tema de pensamiento sistémico es muy importante en este contexto. Peter Senge ilustra este concepto en su libro *La quinta disciplina*[12]. Una organización en proceso de aprendizaje entiende que los cambios no ocurren de forma aislada, los cambios ocurren como una onda. En una empresa todos los sistemas están relacionados entre sí: finanzas, ventas y mercadeo, operaciones, recursos humanos, así como los cientos de relaciones interpersonales que existen tanto dentro como fuera de la organización.

La mayoría de gerentes entienden la diferencia entre un problema y su síntoma, es decir cómo un incremento súbito en los defectos puede tener múltiples causas de raíz. Sin embargo, lo invito a mirar con más detalle y entender la manera tan compleja como se relacionan la causa y el efecto. Esto es importante para obtener una implementación exitosa de Scrum. Algunas veces una acción puede resolver el problema, pero al mismo tiempo causar estragos en toda la organización. Un equipo muy efectivo que está implementando Scrum en una organización compuesta principalmente por equipos tradicionales podría sobrecargar rápidamente a los demás departamentos. Lo anterior indica que existe un problema con la estructura: si quiere cambiar la cultura primero debe hacer cambios en el sistema; y para cambiar el sistema debe cambiar la estructura.

Si usted vive o ha vivido en una ciudad grande entonces está familiarizado con los problemas del tráfico en las horas pico. Los ingenieros civiles deben tener mucho cuidado cuando se enfrentan con este problema ya que existen muchas causas, pero cada solución que se proponga para remediarlas puede terminar causando un problema incluso mayor en otros sistemas.

Por ejemplo, una tasa alta de empleo aumenta el número de personas que

---

12 Peter M. Senge, *The Fifth Discipline: The Art & Practice of Learning Organization* (New York: Doubleday, 2006).

requieren transporte, la falta o el alto costo del transporte público reduce su uso, la construcción de nueva infraestructura causa demoras, los cambios cíclicos como los horarios de los colegios o las vacaciones causan cambios en el tráfico, entre otros. Algunas veces los cambios en la infraestructura existente afectan de manera directa a las comunidades a las que pretende ayudar en el futuro. Los ingenieros que implementan estas soluciones no están resolviendo los problemas, solo los mueven hacia otro lado.

La falta de pensamiento sistémico puede causar problemas incluso en pequeños equipos. En mi tiempo libre cuando estuve en Boston, solía sentarme en la orilla del río Charles a ver entrenar a los equipos universitarios de remo. Estos equipos deben remar constantemente y reducir el desperdicio de esfuerzo para moverse lo más rápido posible. Ahora imagine que cada uno pudiera contratar un remador súper humano, alguien que tuviera diez veces más fuerza y velocidad que sus compañeros. Esto parecería una ventaja enorme, hasta que usted los vea remando en círculos en la mitad de la carrera. Una persona que rema más fuerte y más rápido que sus compañeros daña el equilibrio del equipo. En lugar de ser una ventaja, causa el caos porque nadie logra el mismo nivel y se pierde la sincronización. Justamente así funciona dentro de una organización.

3.1. Personas en el sistema o equipo

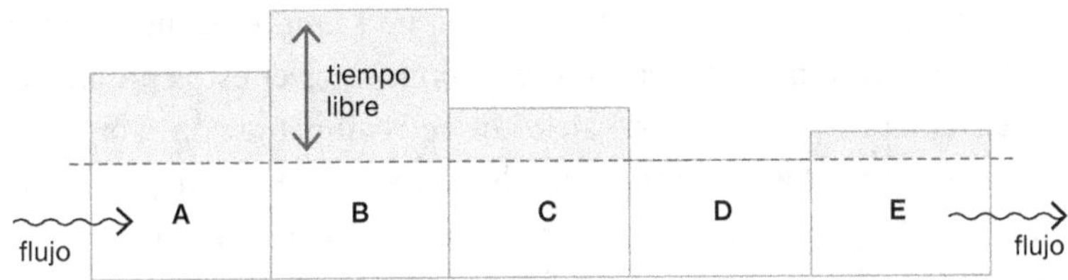

Este diagrama muestra cinco casillas de la A a la E y cada una de las letras representa un departamento. La altura de cada una muestra la capacidad de cada departamento. Entonces B tiene la mayor capacidad y D tiene la menor. Supongamos que D es el departamento de pruebas y control de calidad, entonces si todos los departamentos mantienen su capacidad al mismo nivel que D la compañía trabaja con fluidez. Un producto pasará de un departamento a otro sin encontrarse con cuellos de botella. El problema es que los gerentes no están contentos con que B tenga tanto tiempo libre, así que les piden trabajar a su capacidad máxima y producir más, lo cual sobrecarga de trabajo a C y finalmente pasma a D. Un gerente con poca experiencia asumiría que el problema está en el departamento de pruebas y control de calidad y no ve los problemas con las otras partes del sistema.

Esto podría ser cierto en un solo equipo Scrum. La persona B terminará su trabajo muy rápido mientras que la persona haciendo las pruebas del trabajo del equipo (D) se siente abrumada. Esto también aplica a un equipo Scrum que trabaja en una compañía tradicional y fabrica productos o valor agregado más rápido que los demás, lo cual causa problemas a la organización en su totalidad.

En el mundo real, esto puede funcionar en compañías con departamentos completamente tradicionales. Supongamos que el departamento de codificación sea capaz de generar cuatro veces el producto que generaba antes. Durante el cambio de un proceso y la optimización de su trabajo los hace sentir muy orgullosos. Por el contrario, el departamento de pruebas no se ha adaptado, tiene el mismo personal que trabaja el mismo tiempo, y en poco tiempo se verá atrasado con el trabajo. Cuando aparecen estos cuellos de botella es normal que el departamento se atrase aún más porque tiene que registrar y rastrear más procesos. Al optimizar solamente el departamento de codificación, se suboptimizó toda la compañía y en consecuencia se entregó menos trabajo (valor).

Cuando las personas piensan de manera lineal creen que cada acción va a traer una consecuencia, pero en realidad pasa que cada acción -o inacción- trae múltiples consecuencias desconocidas (es el efecto de onda del que habla Peter Senge). Scrum reconoce que cada onda es el efecto de otra anterior en una estructura compleja de una manera que no siempre resulta predecible. Más adelante entraremos en detalle sobre cómo resolver estos problemas de manera sistemática por medio de ciclos de retroalimentación. Por ahora es importante estar al tanto de cómo la implementación de Scrum puede afectar sistemas, no solo a nivel del equipo Scrum, sino de la organización completa.

Estos efectos de onda se sienten fuertemente en la cultura organizacional mientras se implementa Scrum. Esta onda crea cambios holísticos a nivel de toda la empresa. Quisiera aclarar esto: no es necesario cambiar la cultura de su empresa para implementar Scrum, ya que es un marco de trabajo que influencia la cultura. La implementación de Scrum cambia lo que sus equipos están haciendo, lo que en algún punto cambiará la cultura.

El cambio sucede

Cuando somos conscientes de que queremos realizar un cambio en nuestro comportamiento, creamos sistemas de apoyo para los nuevos comportamientos y tratamos de llegar al resultado deseado. En ese momento nos sentimos motivados. De un momento a otro aquella persona pasiva, la que pasaba sus días viendo televisión, decide planear su nueva rutina de ejercicio en lugar de ver su serie favorita en *Netflix*, y se emociona de hacerlo porque ahora disfruta su nuevo estilo de vida. ¿Qué cambió? ¿Será que esta persona tomó un papel y escribió salud y estilo de vida en la parte donde van sus valores? Si solo hubiera tomado esta acción nada habría cambiado, no mucho más que un político prometiendo honestidad a sus votantes. Podemos decir que nuestros valores los elegimos nosotros mismos, pero lo que los hace realidad son las acciones que tomamos.

Lo que pudo haberle pasado a esta persona es que tuvo un llamado de atención, por ejemplo, un problema de salud o una muerte en su familia. Algo que le hizo pensar en lo que se estaba convirtiendo y le hizo ver que no estaba haciendo lo suficiente para alcanzar la visión que tiene de su vida. Con mucha dificultad empezó a levantarse una hora más temprano para ir al gimnasio, tiró a la basura la comida chatarra que tenía en su casa y la reemplazó por opciones más saludables que le terminaron gustando. Cuando no logró levantarse temprano se aseguró de que en algún momento del día pudiera hacer algo de ejercicio y definió una rutina de alimentación saludable.

En otras palabras, esta persona tomó acciones, se adaptó de acuerdo con el resultado y se comprometió con su nuevo estilo de vida. Todo empezó con fuerza de voluntad y algo de estrategia y con el tiempo sus nuevos hábitos se convirtieron en su naturaleza. Para sus viejos amigos, él cambió, mientras que sus nuevos amigos no lo pueden imaginar de otra manera: de un momento a otro la persona que antes valoraba el descanso y el entretenimiento ahora valora más su salud.

Estos pequeños cambios de dirección tienden a afectar otras áreas de la vida. En nuestro ejemplo, esta persona puede darse cuenta de que es más productiva en el trabajo, dejó de perder el tiempo en tareas sencillas como pagar sus impuestos y decidió buscar una relación sentimental seria. Dicho de otro modo, los buenos comportamientos son contagiosos.

¿Cómo podemos lograr estos cambios de dirección en nuestra empresa? ¿Cómo logramos algo tan grande y complejo? El ejemplo anterior puede sonar absurdo, pero algunos cambios en las empresas empiezan justo de tal manera. Escribiendo los valores que la empresa quiere implementar, aunque como vimos anteriormente, esto no funciona por sí solo. El primer paso es observar de cerca los comportamientos que ya existen, es decir la cultura organizacional.

Cambiando la cultura

Cambiar la cultura de una empresa puede ser intimidante: nadie quiere cambiar. Hace poco di una conferencia donde encuesté a cincuenta y dos personas. Una de las preguntas era: ¿Qué pasaría si alguien le dijera que sus valores están mal? El 68 por ciento respondió que se sentiría mal (triste, irritado, enfadado). El 32 por ciento restante respondió que no sentiría nada en particular. Nadie respondió que le gustaría si le dijeran que sus valores están mal.

De esta manera cuando un nuevo gerente llega a una compañía y quiere cambiar drásticamente la manera como se hacen las cosas, la percepción no es muy diferente a la de los participantes de mi encuesta. El mensaje subliminal detrás de todo cambio es que lo que se hace está mal. Esta es una de las razones por las que es tan difícil el cambio a nivel empresarial. Los humanos tenemos una resistencia innata al proceso.

¿Cómo podemos cambiar una organización y alinearla con los valores y principios de Scrum? De la misma forma que la persona del ejemplo anterior cambió su vida por medio de movimientos pequeños y persistentes en sus comportamientos. Irónicamente, este enfoque puede llevar a la compañía a la muerte si los cambios se hacen en la dirección equivocada. Ahora voy a presentar la historia de una empresa muy exitosa, que tiene ingresos millonarios en cada trimestre. De hecho, en el año 2000 generó más ingresos que Microsoft, Dell y Goldman-Sachs juntas[13].

Pero el dinero no es indicador de éxito así que debemos ver cómo opera esta organización en el ámbito empresarial. ¿Es socialmente responsable de sus empleados y clientes, genera buenos ingresos y tiene buen impacto? Para responder miremos a la definición de su cultura organizacional. Dice: "nuestra visión es convertirnos en líderes mundiales en la industria de la energía creando soluciones innovadoras y eficientes para las economías en crecimiento, siendo responsables con el medio ambiente a nivel mundial". Impresionante ¿No? Pero, ¿qué hay de sus valores?, ¿son buenos? Juzgue usted mismo.

Respeto: *Tratamos a los demás como queremos ser tratados. No toleramos trato irrespetuoso o abusivo hacia los demás. La crueldad, arrogancia e insensibilidad no son bienvenidas en nuestra compañía.*

Integridad: *Trabajamos con nuestros prospectos y clientes de manera honesta, abierta y sincera. Cuando nos comprometemos a hacer algo*

---

13 Dan Ackman, "Enron the Incredible," *Forbes*, Enero 15, 2002, https://www.forbes.com/2002/01/15/0115enron.html#539ffdfe3c9c.

realmente lo hacemos e igualmente cuando decimos que no podemos hacerlo no lo haremos.

Comunicación: *Estamos en la obligación de comunicar. Aquí nos tomamos el tiempo de hablar con los demás y escucharlos. Creemos que la información debe moverse y que así mismo ésta mueve a las personas.*

Excelencia: *No estamos satisfechos hasta que no hacemos las cosas de la mejor manera posible y continuaremos subiendo los estándares. Nos motivamos viendo hasta dónde podemos llegar.*

Debemos admitir que sus valores también parecen muy buenos e inclusive usted se encuentra listo para enviar su hoja de vida a esta compañía, pero primero debo mencionar su nombre: Enron[14]. Sí, la misma empresa que se destruyó debido a una cultura tóxica y codiciosa. Enron no llegó a ser el gigante que fue en su tiempo mintiéndole al mundo, cometiendo fraude ni fomentando comportamientos abusivos. En algún punto sus dirigentes debieron creer en su visión y sus valores. Todo lo que se necesita para hundir el barco son algunas personas dentro de la compañía, probablemente altos ejecutivos, ejerciendo malos comportamientos. La pendiente resbalosa del proverbio es resbalosa por una razón: una sola mala decisión puede llevar a muchas.

Pero también se aplica a lo contrario. Usted es capaz de escalar la cuesta y cambiar los comportamientos dentro de su organización de una manera positiva. Esto lo veremos un poco mejor en el siguiente capítulo.

---

14 Enron, "Statement of Human Rights Principles," https://www.csus.edu/indiv/m/merlinos /enron.html.

CAPÍTULO CUATRO

Cambiando la cultura: el código de conducta del juego

Nunca cambiarás tu vida a menos que cambies algo que haces a diario.

– John C. Maxwell[15]

Es una tarde decembrina de domingo y usted se encuentra en casa con su familia esperando a unos invitados a cenar, son unos nuevos amigos que conoció hace poco en un partido de fútbol, su familia pone los últimos toques a las decoraciones navideñas. De pronto suena el timbre: llegaron los invitados, se saludan, y cuando ingresan a su casa, se quedan de pie frente a su sala y se miran fijamente.

Ricardo pregunta: ¿Por qué hay un dragón en la punta de su árbol?

Usted orgulloso contesta: Mi abuela lo hizo cuando yo era un niño.

Ricardo dice: Pero eso está mal, los dragones representan el mal, deberían tener una estrella para representar la estrella de Belén.

Probablemente su amistad llegue hasta ahí. Una cosa es tener amigos que tengan opiniones diferentes a la suya y las expresen. Otra muy distinta es que un extraño entre a su casa y critique sus tradiciones. A mí me disgustaría y presumo que a usted también.

Cambiar la cultura organizacional en una empresa no es diferente. Puede sentir que algo no está bien, que el dragón no es lo que quiere en su empresa. Pero si alguien viene y dice que está equivocado, usted se pondrá a la defensiva. A nadie le gusta que le digan que está equivocado.

Quien desee implementar Scrum debe entender que este marco desafía la

---

15   John Maxwell, "It All Comes Down to What You Do Daily," John C. Maxwell (blog), Enero 14, 2015, https://www.johnmaxwell.com/blog/it-all-comes-down-to-what-you-do-daily/.

forma tradicional de trabajar. La actitud de "así es como hacemos las cosas aquí" termina por sofocar el cambio y crea una organización tan poco flexible que estará destinada a quedarse rezagada en su industria. El alineamiento de la cultura organizacional de la empresa para la implementación de Scrum requiere tacto y maniobras hábiles. También requiere entender cuál es la cultura y la estructura que están detrás.

Quiero aclarar nuevamente que no es necesario cambiar la cultura organizacional para implementar Scrum, ya que cuando se compromete con la implementación, cambia la manera como usted y su equipo trabajan, así también cambia el comportamiento de los miembros del equipo y en el proceso cambia toda la cultura de la organización.

¿POR QUÉ LA ALINEACIÓN IMPORTA?

¿Sabe usted de dónde viene el nombre Scrum? Jeff Sutherland y Ken Schwaber se inspiraron en un documento publicado en el año 1986 por dos investigadores japoneses[16]. Ellos compararon el desempeño de equipos, que tenían alta productividad con el de jugadores de rugby y su habilidad para moverse con cohesión como una sola unidad pasando la bola por el campo de juego. Una de las formaciones más relevantes en el juego se denomina *scrum* (melé, en español).

4.1. La formación Scrum

---

16   Hirotaka Takeuchi y Ikujiro Nonaka, "The New New Product Development Game," *Harvard Business Review*, Enero 1986, https://hbr.org/1986/01/the-new-new-product -development-game.

La formación *scrum* está compuesta de nueve jugadores, ocho de los cuales están encerrados juntos, tres al frente, cuatro en línea detrás y finalmente dos en la parte posterior, mientras que el noveno jugador está al lado. De dicha manera el equipo completo empuja al otro equipo, la formación representa, literalmente, un conjunto de personas empujando para lograr un objetivo.

Muchos gerentes aman esta imagen, un equipo impetuoso usando todo su poder para alcanzar la meta, no hay espacio para perezosos, todos deben cumplir con su tarea. Así es como se ve un equipo Scrum bien establecido cuando está trabajando. Pero hay algo que los jugadores de rugby tienen que muchos gerentes no perciben: el equipo de deportistas tiene claro su objetivo, posee una visión clara de lo que debe alcanzar ya que si no sabe en cuál dirección empujar, la jugada terminará en caos.

Un equipo de rugby debe estar alineado como un carro: si usted maneja un vehículo que no tiene alineación y balanceo es muy difícil conducir. El timón tiembla y usted debe halarlo constantemente para lograr que el vehículo vaya derecho. Tales problemas causan un mayor consumo de combustible y que las partes se desgasten más rápido. En resumen, un carro necesita ser alineado y balanceado cada cierto tiempo. Los técnicos automotores comparan los datos de cada vehículo con los estándares tolerados; en caso de que el vehículo esté atrasado en su mantenimiento, los problemas empezaran a aparecer. Si usted ignora estos problemas puede que su carro llegue a necesitar reparaciones costosas, o peor, causar un accidente por fallas mecánicas. Incluso cuando el vehículo puede funcionar sin dicho mantenimiento no es posible manejarlo como usted quisiera, mientras que, si usted realiza alineación y balanceo preventivos, el vehículo funcionará en sus condiciones óptimas (asumiendo que no tenga otros problemas).

Volviendo a nuestra mesa de póker: ¿qué pasaría si no tuviéramos estándares para asegurar un juego limpio? Todos observan cómo Miguel saca su as bajo la manga y nadie reacciona. ¿Qué haría usted? ¿Estaría dispuesto a seguir jugando limpiamente y perder su dinero en el proceso, o de pronto jugar a la par con Miguel? Si no existe un código de conducta antes de iniciar el juego, habrá quien empiece a hacer trampa y en lugar de tener una partida divertida se volverá tóxica. ¿Acaso no es eso justamente lo que sucedió con Enron?

Tal como un equipo de rugby, un vehículo, o un juego de póker, su organización debe estar alineada. Deben existir principios que rijan los comportamientos de los miembros, es decir las empresas necesitan estar basadas en una visión y unos valores que la apoyen. Si su cultura organizacional no está alineada con los valores ágiles, el proceso de implementación puede llegar a detenerse. El 52 por ciento de los participantes en el 13º Reporte Anual de

Agilismo (*Annual State of Agile™*) manifestó que el principal impedimento en el proceso de implementación ocurrió cuando la cultura organizacional estaba en desacuerdo con los valores ágiles[17].

Antes de continuar con este tema quisiera aclarar que algunas veces las personas confunden ágil con Scrum. *El manifiesto para el desarrollo ágil de software* fue escrito y publicado en el año 2001 por varios desarrolladores que estudiaban los marcos de trabajo ligeros que estaban disponibles en el momento, entre ellos Scrum. *El manifiesto ágil* explica las cualidades que tienen estos marcos de trabajo y describe la forma de pensar que inspiró Scrum. En este orden de ideas, este marco de trabajo es solo una parte del mundo de la filosofía ágil, posiblemente el que genera mejores resultados[18]. Así mismo la agilidad es la fortaleza más grande de Scrum. La razón por la que es el más utilizado dentro de estos marcos de trabajo, está en el uso de iteraciones o repeticiones para generar una mejora continua. Scrum necesita para prosperar una cultura organizacional alineada con los valores ágiles. Si en su empresa faltan estos valores, nosotros podemos ayudarlo a cambiar.

EMPEZANDO CON EL POR QUÉ

Hay algunas cosas que son necesarias para implementar Scrum con éxito, sin importar el escenario, pero una implementación exitosa empieza con el deseo de utilizar Scrum en su empresa basado en las razones correctas. Es posible que su intención sea acelerar la entrega de un producto, gestionar las prioridades, o en general, aumentar la productividad. Si usted se encaja en alguna de estas razones es muy probable que tenga todo para iniciar con la implementación. A medida que sus comportamientos se alineen con la implementación del marco de trabajo Scrum, sus valores empezaran a cambiar.

Si por el contrario su empresa está considerando el uso de Scrum como una salida rápida a un problema, una técnica que los ayudará a obtener más ganancias o simplemente agregar una certificación a su hoja de vida, es muy probable que sus valores no estén alineados con el marco de trabajo y la implementación fallará. Lo anterior no significa que el cambio sea imposible. Pero hasta que no exista este cambio, la implementación de Scrum será casi imposible.

Decenas de libros, programas de capacitación e incluso consultores especializados, han estudiado la importancia de tener una visión en las empresas,

---

17 VersionOne CollabNet, *13th Annual State of Agile™ Report*, Mayo 7, 2019, https://www.stateofagile.com/#ufh-i-521251909-13th-annual-state-of-agile-report/473508.

18 Ibid.

así que no entraré en mucho detalle en este tema, solo quisiera agregar que una visión bien establecida inspira la responsabilidad de las partes involucradas dentro de una empresa. Los empleados empiezan a actuar como los dueños ya que son conscientes del impacto y el significado que tienen sus acciones.

Es fácil crear una visión para una compañía que está tratando de cambiar el mundo. La visión del instituto de cancerología Dana-Farber es: "Nuestro objetivo principal es erradicar el cáncer, el SIDA y las enfermedades relacionadas, así como el miedo que estas generan"[19]. Es posible asegurar que cada uno de los empleados de Dana-Farber, incluso quienes realizan los trabajos más triviales, siente que aporta un grano de arena para acabar con estas enfermedades en el mundo y que su trabajo va a generar un gran cambio.

¿Pero qué pasa cuando su empresa se dedica a otra cosa? ¿Qué pasa si usted es fabricante de partes para un generador eléctrico? Algunas personas adoran tener un buen reto, resolver un problema y se pueden sentir motivadas construyendo algo que supere las expectativas; pero la gran mayoría puede llegar a sentirse desmotivada cuando no encuentran sentido en sus trabajos.

El fundador de *Salesforce*, Marc Benioff, estaba motivado a crear un Software CMR que logró ayudar a las pequeñas empresas sin tener que descargarlo y actualizarlo constantemente. Pero él y sus socios se dieron cuenta de que no todos sus empleados sentirían la misma pasión por una misión como "el fin del software". Es una innovación positiva, pero no tanto como para salvar una vida. Para hacer frente a la falta de motivación de su personal, Benioff y su equipo crearon programas de filantropía por medio de los cuales sus empleados sienten que son parte de algo más grande. Incluyen contribuciones a organizaciones benéficas, pagar por trabajo comunitario y el desarrollo de oportunidades donde sus empleados pueden usar sus habilidades para ayudar a organizaciones sin ánimo de lucro que de otra forma no tendrían acceso a estos recursos. De esta manera sus empleados sienten que están haciendo algo más importante con sus trabajos.

¿Cuál es su visión? ¿Es algo muy corporativo que cumple con todos los requisitos pero no inspira a sus empleados? Es posible que se vea como esta:

---

19 Dana-Farber Cancer Institute, "Mission and Values," accesado en Julio 29, 2019, https://www.dana-farber.org/about-us/mission-and-values/.

"Crear una experiencia de compra que satisfaga a nuestros clientes, un lugar de trabajo que cree oportunidades, un excelente ambiente laboral para nuestro personal y un negocio exitoso financieramente"[20].

También es probable que su empresa no tenga una visión escrita y esto no es necesariamente malo. Lo importante que es su personal tenga claro lo que trata de lograr y sienta que cumple un gran papel para poder hacerlo. Cuando existe claridad sobre lo anterior y los valores están alineados con esta visión, el cambio es mucho más alentador. Si por el contrario usted no ha definido la visión de su empresa, le sugiero que lo haga, ya que eso le permitirá encontrar más claramente el camino para alcanzarla. Para esto recomiendo el libro *Start with why* de Simon Sinek.

IDENTIFIQUE SU CULTURA

Una visión estelar, bien comunicada, es un buen comienzo para cambiar de dirección su cultura, pero solo la visión no es suficiente para alcanzar sus metas. Si solo con la visión de una compañía se pudiera establecer la cultura organizacional, Enron aún estaría en el mercado y muchos gerentes tendrían una labor mucho más fácil. La cultura es la suma de los valores demostrados por los comportamientos dentro de la empresa. En otras palabras, la cultura organizacional es el resultado de algo que no se puede ver y mucho menos cuantificar: los valores de su gente.

En algunas ocasiones la cultura ha sido comparada con un témpano de hielo que flota en el océano: solo el 10 por ciento es visible. Pero en una empresa los comportamientos que usted ve en el día a día son el resultado de la cultura que se ha establecido, lo que no se alcanza a ver son los valores y creencias que causaron estos resultados.

---

20 Minda Zetlin, "The 9 Worst Mission Statements of All Time," *Inc.*, Noviembre 15, 2013, https://www.inc.com/minda-zetlin/9-worst-mission-statements-all-time.html.

4.2. Concepta y Percepta

Fuente: Müller, Gelbrich: Interkulturelles Marketing

Usted podría decirme: "Pero Fabian, yo puedo cuantificar estos valores. Mira a Roberto, él es un trabajador esforzado que termina sus tareas a tiempo, entonces sus valores son el trabajo duro y la productividad". Probablemente está en lo cierto, él puede valorar estas cosas, pero ¿cómo estar seguro de que es así?, ¿cómo sabe que no es solamente miedo al castigo? O también es posible que él valore más el bono que esto representa a final de año. Es probable que si usted quita todos estos factores de la ecuación, la ética laboral de Roberto cambie por completo. Entonces mi pregunta es: ¿En realidad se pueden medir los valores de otra persona? Lo que se ve es el comportamiento de una persona, pero nunca se evidenciarán en su totalidad los valores que hay detrás de su manera de comportarse. Si bien es difícil identificar los valores de uno mismo, imagínese lo difícil que puede ser definir los de otras personas.

Los valores sí determinan el comportamiento, lo que finalmente define la cultura organizacional en general. Sin embargo, no se trata solo del comportamiento que se ve, se trata también de aquel que no se ve. ¿Sabe usted quiénes son sus empleados y qué hacen cuando nadie los esta mirando? En el caso de Enron el comportamiento existente a puerta cerrada era muy diferente de aquel que exhibían en su visión y en su listado memorable de valores. En esta mezcla tóxica y dependiente que manejaban como su cultura la prioridad eran los bonos y los márgenes de ganancia. Lo anterior se puede determinar por medio de la suma de comportamientos visibles como, por ejemplo, mentir acerca de las cifras, la falta de transparencia con los medios y en los reportes fiscales y una cultura basada en el miedo.

Cuando las personas trabajan por miedo a las repercusiones se genera un ambiente en el que no existe la seguridad sicológica. Además, la conformidad con los procesos y los niveles de productividad dependen directamente de la supervisión que se tenga en el puesto de trabajo y el miedo a la repercusión. Esto también lleva a la falta de iniciativa y a la inhabilidad de tomar riesgos calculados en el puesto de trabajo que podrían representar beneficios a futuro para la empresa. En este tipo de ambiente laboral las personas que expresan su opinión son aquellas que normalmente pierden su trabajo.

En este momento podría preguntarse si aquello que asumía acerca de la cultura de su empresa es cierto. O peor aún, cómo podría cambiar todos aquellos aspectos nocivos de su cultura para alinearla con los valores ágiles y así poder iniciar con la implementación de Scrum. Aquí vienen las buenas noticias, aunque el cambio en la cultura organizacional es necesario para implementar Scrum de manera exitosa, puede lograrse con solo un pequeño grupo de personas y puede occurrir durante la implementación. En ese momento, un mapa de hacia dónde quiere ir solamente va a funcionar si sabe dónde está, es decir, si quiere cambiar su cultura debe saber cuál es su cultura actual y cuáles son los valores en lo que se basa.

Descubra sus valores actuales

En algún punto del entrenamiento para la certificación de Scrum me gusta hacer un ejercicio donde tengo una lista de valores pegados en las paredes del salón. En la lista están los cinco valores de Scrum, pero también incluyo palabras como "complejidad" y "análisis". Durante el ejercicio les pido a los asistentes que se levanten y seleccionen las palabras que creen que representan los valores de Scrum (se ponen varios papeles con la misma palabra para que más de un estudiante la pueda seleccionar); luego se revelan los verdaderos valores de Scrum y esto genera una discusión.

Yo podría preguntar al auditorio: "¿qué creen que significa compromiso?" y alguien puede responder: "ser dedicado como en una buena relación".

Esta es una buena respuesta y mediante un poco de entrenamiento y cuestionamiento logramos aterrizar este significado al mundo de Scrum y dar un vistazo a su empresa para ver qué tan cerca están de alcanzarlo. El cuestionamiento ayuda a encontrar un significado más profundo de las cosas, entonces una pregunta como cuál es su compromiso con Scrum, lleva a otra que puede ser sobre ¿por qué es importante? Abordando estas inquietudes el estudiante puede ver la importancia de este valor por sí mismo.

¿Por qué tanto alboroto? Porque a veces los valores de *Scrum* no se alinean con los de su empresa y esta es una preocupación válida. Ya he mencionado que los valores de su empresa poco tienen que ver con lo que está escrito y mucho con los comportamientos, o sea con la manera como se trabaja. Uno nunca sabrá lo que una persona valora, pero es posible deducir algo por medio de la manera como se comporta. Volviendo a nuestro ejemplo del capítulo anterior, de aquella persona sedentaria que tuvo el cambio en su estilo de vida, jamás hubiéramos imaginado que valoraba la salud y el bienestar.

Si su empresa ha pasado por el proceso de definir sus propios valores, debería inspeccionarlos y ver si en realidad se ajustan a los comportamientos de sus empleados ya que no querrá convertirse en el siguiente Enron.

Tal vez nunca se ha tomado el tiempo de analizar cuáles son los valores de su compañía, o quizás escribió sus valores ideales tan rápido como pudo y ahora los ha olvidado. Este es el momento ideal para descubrir cuáles son en realidad y ajustarlos a lo que quiere lograr.

Asumamos por un segundo que usted es Enron y está implementando Scrum. Lo ideal sería trabajar con una sola división de la empresa para lograr la implementación mixta ideal: un patrocinador del nivel ejecutivo junto con un equipo piloto motivado y de mente abierta para poder hacer el cambio a un marco de trabajo ágil. En este escenario yo repetiría el mismo ejercicio que describí para las capacitaciones y agregaría una pregunta: ¿qué creen que significa cada uno de estos valores?

Alice, del departamento de contabilidad, escoge el respeto, un valor que comparten Enron y Scrum. Entonces yo pregunto qué significa ese concepto para ella y responde: "de acuerdo con nuestros valores quiere decir que todos son tratados como quieren ser tratados, no hay espacio para la crueldad, la insensibilidad o la arrogancia". "Muy bien: ¿es acaso este el comportamiento que usted ve en la empresa? (Nota: encuentro que cuando un comité ejecutivo o un grupo de consultores son los encargados de escribir estos valores y recitarlos, cuando alguien pregunta por su significado es muy posible que no sepan lo que en realidad significan).

Alice vacila y tímidamente mira de reojo a sus compañeros. Luego dice: "No estoy segura". La respuesta es no, esta es la parte incómoda de la auditoría de los valores, preguntarse usted mismo y a su personal si los valores que esperaban incorporar son los que realmente se evidencian en los comportamientos del día a día. Una buena forma de descubrir sus valores actuales es mediante la creación de un canal de comunicación, puede ser una encuesta anónima, que permita obtener respuestas objetivas.

He visto líderes burlarse de los valores de Scrum como si fueran una parte automática de los negocios. Dicen: "claro que valoramos la apertura, queremos que todos nuestros empleados sean de mente abierta". Ahora pregunto: ¿será que estos líderes exhiben comportamientos que elogian y apoyan la apertura?

Cuando tienen una reunión para el lanzamiento de una iniciativa y uno de los gerentes expresa su punto de vista o sus preocupaciones, ¿se premia su comportamiento? O ¿es implícitamente sancionado por ser un aguafiestas? Cuando una persona expresa que existen problemas con las relaciones entre trabajadores, ¿esto se tiene en cuenta? ¿O simplemente se sigue adelante diciéndole que haga lo posible por agradarle a los demás?

Este análisis de la brecha es crítico. (Es la diferencia que existe entre los valores, creencias y cultura que quiere lograr y la cultura que actualmente tiene). El proceso requiere una habilidad visceral para ser objetivo, honesto y de mente abierta en la situación. Solo cuando los líderes ven que el cambio es necesario este puede ocurrir. El sicólogo Kurt Lewin llamó este paso la etapa de "descongelamiento" de creencias solidas pasadas[21]. El próximo paso es implementar el cambio, lo cual puede sonar intimidante, pues supone cambiar la cultura de una empresa para lograr implementar Scrum. Ahora veremos cómo se hace.

Crear una burbuja cultural

¿Alguna vez ha visitado un biodomo, o lo ha visto en algún documental? Si no lo conoce, un biodomo es una estructura (normalmente una cúpula geodésica) en la que un grupo de científicos crea un ecosistema que está completamente aislado de los alrededores de la estructura. Uno muy famoso, Biosphere2, operado por la Universidad de Arizona, está ubicado en las afueras de Tucson en el desierto de Sonora. A pesar de las condiciones áridas típicas del desierto, las instalaciones cuentan con ecosistemas autónomos como una selva tropical con árboles, flora y fauna que ayudan a soportar el ecosistema.

Incluso una compañía con altos niveles de burocracia, árida en sus procesos y poco ágil, puede establecer un microcosmos aislado; con su propia cultura, inmersa en una burbuja cultural más pesada. Esto fue evidente en el ejemplo de GoTelecom donde la división llegó tan lejos como para contratar

---

21 Stephen Cummings, "Unfreezing Change as Three Steps: Rethinking Kurt Lewin's Legacy for Change Management," *human relations* 69, no. 1 (2016), 33–60, https://journals.sagepub.com/doi/pdf/10.1177/0018726715577707.

su propio personal de TI. Pero esta burbuja es mucho más que un escudo que protege al equipo de los impedimentos externos como políticas de la empresa. Ella crea un espacio de trabajo (un ecosistema) donde los comportamientos de sus miembros apoyan los valores ágiles y de Scrum.

El hecho de tener un patrocinador fuerte y crear una cultura organizacional separada para el equipo, es el inicio del cambio para la organización en general, pero incluso los patrocinadores que le dan la bienvenida a los marcos de trabajo ágiles pueden tardar en entender la diferencia. En una de las compañías donde trabajé teníamos un patrocinador, a quien llamaremos Jorge, que ya había trabajado con Scrum. Él creó su burbuja y aisló a su equipo del resto de la compañía; sin embargo, tuvo problemas con los valores. Jorge pensó que su empresa estaba bien alineada con los valores de Scrum: compromiso, coraje, foco, apertura, respeto, seguridad sicológica, integridad y confianza. Como líder los había aceptado en su lógica, como estoy seguro de que usted los acepta. ¿Quién no aplica estos valores en su lugar de trabajo?

No obstante, las acciones de Jorge estaban lejos de su lógica de valores. Como un ejecutivo de la vieja escuela con mucha presión por producir resultados, Jorge tuvo un enfoque de mano dura. Cuando una de las personas de su equipo no estaba produciendo valor lo suficientemente rápido, Jorge amenazó con despedirla, como también quiso despedir a uno de mis entrenadores porque no cumplía con sus expectativas. En aquel momento necesitaba tener una conversación honesta con él y darle retroalimentación.

Entonces le pregunté si veía la importancia de la seguridad sicológica, a lo que respondió, vehemente, "claro que sí". Luego empecé a cuestionarlo sobre cuáles, a su juicio, eran los beneficios que veía y, finalmente, contestó: "crea un ambiente laboral donde los miembros del equipo se sienten libres para expresar su opinión y contribuir para producir valor más rápido y de manera entusiasta".

"Muy bien" le dije y ahora venía la parte más difícil: "¿Cree usted que los empleados se sienten cómodos haciendo una contribución si existe la mínima posibilidad de que su idea no funcione y el *Sprint* no logre producir el valor deseado?". Jorge se quedó callado por un momento y contestó: "No, creo que no. ¿Está diciendo que mis acciones están matando la creatividad del equipo?". En ese momento, con un poco de tacto, le dije: "La creatividad y la habilidad de tomar ciertos riesgos por el bien de la empresa pueden verse sofocados si el equipo cree que puede perder su trabajo cuando sus ideas no funcionan".

Jorge entendió mi punto de vista y cambió un poco su actitud permitiendo que el equipo pudiera asimilar nuevos comportamientos y también aprender de sus errores. Los cambios en los comportamientos, alienarlos con sus valores, todo esto es muy fácil de plasmar sobre el papel. Años de cambio cultural pueden ser capturados en un caso de estudio de dos páginas, y como en un comercial de un producto de dieta es posible ver el antes y el después en una simple gráfica. Pero justo como en ciertas propagandas hay que estar atento a la letra menuda. El cambio a una cultura de mentalidad ágil requiere vivir los comportamientos y encarar los valores de manera consistente. Justo como nuestro amigo que cambió su estilo de vida por la salud y tuvo que trabajar duro en sus hábitos alimenticios y en su rutina de ejercicio, él debió hacerlo aún mejor cuando cayó en la tentación de comerse una pizza.

Peter Green lideró la transformación ágil de Adobe a principios del año 2005 y esta se refleja en mi propio trabajo. Green dice: "He visto que hay un modelo que emerge en todas las organizaciones donde he trabajado; un equipo empieza a trabajar con Scrum. Cuando es usado de forma efectiva se empieza a pensar diferente acerca de la manera como se trabaja y ellos construyen diferentes estructuras sociales. Valoran diferentes resultados, alteran las estructuras de toma de decisiones y finalmente la cultura empieza a cambiar. Estamos valorando un comportamiento diferente, al menos para este equipo. Si es posible mantenerlo el suficiente tiempo como para solidificar un nuevo conjunto de comportamientos hay un resultado en el cambio en la cultura"[22].

Cuando se hizo el cambio a la metodología ágil en Salesforce, empezando por la división de investigación y desarrollo, se aseguraron de que sus líderes se convirtieran en defensores de la alineación de valores por medio del comportamiento. Modelaron el comportamiento que querían lograr y adoptaron un programa de "educar sin imponer". Estos líderes comunicaron el marco de trabajo ágil y Scrum sin imponer de manera rígida los nuevos comportamientos[23].

Cuando usted decide llevar su empresa, es decir su propio Titanic, lejos del témpano de hielo que constituye una cultura tóxica, se requieren enormes cantidades de tiempo y energía para cambiar el rumbo del barco y todos sabemos cómo terminó el Titanic.

¿Qué sucede si usted pone a su equipo en lanchas rápidas? Estas son más veloces y fáciles de maniobrar y, aunque extrañarán la enorme cubierta, serán capaces de evadir los témpanos de hielo gigantes. Justamente esto fue lo que hizo Green con su equipo en Adobe. En lugar de tratar de virar toda la compañía desde sus raíces, ayudó a su pequeña lancha rápida a aprender los comportamientos que la harían cambiar de dirección más rápido. Por otro lado,

---

22 Peter Green, "Scrum as an Agent of Change Part 2," Agile for All, Septiembre 2, 2015, https://agileforall.com/scrum-as-an-agent-of-culture-change-2/.

23 Arun Ramanna, "Salesforce Case Study," Scrum Alliance, Febrero 4, 2019, https://www.scrum alliance.org/agilematters/articles/salesforce-case-study.

Salesforce modeló los comportamientos que los harían llegar a sus nuevos valores. Ahora veamos cada uno de los valores en mayor detalle.

VIVIENDO LOS VALORES SCRUM

En el capítulo anterior repasamos brevemente los cinco valores de Scrum, los definimos y les pusimos un poco en contexto. Ahora exploraremos la manera como las empresas que difieren de estos valores pueden llegar a vivirlos y cómo asegurar que su empresa se apegue a ellos.

A manera de repaso, los valores de Scrum son compromiso, coraje, foco, apertura y respeto. Si su compañía tiene unos valores bien definidos, ¿debe cambiarlos para poder adherirse a los valores de Scrum? No necesariamente. Los valores son conceptos que representan creencias y comportamientos dentro de una organización, e incluso sus valores pueden estar más alineados con Scrum de lo que parece, en parte gracias a la fluidez del lenguaje.

La buena noticia es que mediante los modelos de buen comportamiento (cultura) y los valores deseados, podemos llegar a un ideal más alto. Hay que liderar con los valores que usted quiere que su gente adopte y luego escalar la cumbre "resbalosa" para llegar a una organización más fuerte en la que agregará mucho más valor por medio del uso de Scrum.

Scrum es la herramienta más utilizada dentro del universo de la mentalidad ágil. De las compañías que se suman al Manifiesto Ágil, el 54 por ciento usan Scrum[24]. Los valores que deben ser reconsiderados son aquellos que no logran alinearse con la mentalidad ágil.

Por ejemplo, supongamos que en su compañía existe un valor llamado "excelencia" que suena positivo ya que siempre será de admirar el compromiso con la excelencia. Ahora supongamos que el significado de excelencia que se infiere por el comportamiento de los miembros de la empresa es algo como: "nunca renuncie hasta que alcance la excelencia". Nuevamente, al principio esto suena muy bien, pero es probable que tenga implícita una trampa potencial.

En este ejemplo usted está creando una página web para lanzar un nuevo servicio que lo diferenciará por fin de sus competidores y el tiempo es un factor determinante puesto que debe ser el primero en el mercado. Todo funciona a la perfección: los enlaces, las bases de datos, los sistemas de suscripción y el carrito de compra. El único detalle es que el diseño es un poco flojo y las palabras del menú no cargan muy bien en dispositivos móviles. Así que su

---

24 VersionOne CollabNet, *13th Annual State of Agile™ Report.*

desarrollador web detiene el lanzamiento hasta que logre alcanzar la excelencia en su diseño. Durante este tiempo su competidor principal lanzó la página web al mercado y ahora usted está luchando para poder alcanzarlo.

¿Qué pasó? Un valor que tenía buenas intenciones creció para formar uno debilitante que representaba una perfección perjudicial para las metodologías ágiles. Una prueba ácida que consiste en una sola pregunta (en inglés litmus test) puede ser usada para definir si un valor determinado potencializa o inhibe la agilidad. Cuando analice sus valores tenga en cuenta que incluso si son definidos con una frase, podrían ser mal interpretados y causar pérdidas de tiempo, energía y dinero. Se pierde agilidad cuando una persona se adhiere tanto a determinado valor, que pierde la visión general.

¿Qué ocurre cuando todos sus valores difieren de los cinco valores Scrum? Algunas veces me causa gracia la reacción viceral que tienen las personas cuando ven los Diez Mandamientos solamente porque no están de acuerdo con la religión. Personalmente respeto todas las religiones, pero lo que en realidad me causa gracia es que si le pregunta a la persona más anti religiosa que conozca qué piensa de cada uno de ellos, solamente tendrá problemas con un par. Incluso culturas que nunca han escuchado de la Biblia basan su cultura en creencias que tienen que ver con demostrar amor, ser amable con los demás y están en contra de robar y matar. En conclusión, la religión y la cultura son diferentes, pero tienden a basarse en las mismas ideologías acerca de cómo deben comportarse las personas.

En esta situación no es diferente: los valores de su empresa al principio pueden verse diferentes desde el punto de vista Scrum, pero es muy probable que se encuentren alineados. Poseen más elementos en común de lo que usted imagina. Analicemos cada uno en detalle.

Compromiso

Esta es una palabra que abarca bastante. Ya habíamos discutido cómo el equipo debe estar comprometido con el objetivo del producto del *Product Owner* y con los miembros del equipo. Pero ¿cómo se ve realmente? Lo más posible es que aunque no esté en su lista, probablemente sí esté la esencia del valor. Cuando hablamos de compromiso en Scrum nos referimos a dar lo mejor de uno mismo a su equipo y al objetivo del producto. De esta manera cuando se ha definido el objetivo del producto, y su equipo ha determinado cual será la mejor forma de trabajar, usted pone a su servicio lo mejor de sus habilidades para lograr el objetivo. No creo que haya conocido una compañía en desacuerdo con este concepto. Por otro lado, ¿puede este valor ser malinterpretado? Creo que todos los valores están abiertos a diferentes interpretaciones. Un equipo puede estar tan comprometido con el objetivo del producto original que ignora nueva información del cliente o cambios en el mercado que, finalmente, hacen que el objetivo se vuelva obsoleto. En esta situación es posible que usted crea que está practicando un valor de Scrum, pero en este caso en particular ignora uno de los tres pilares: adaptación.

Si se lleva a cabo de la manera correcta el compromiso no es más que participar completamente como miembro del equipo y apoyar los objetivos que han fijado entre todos. En caso de que no esté de acuerdo con el objetivo, o no crea que el trabajo planeado para un Sprint pueda ser finalizado, debe exponer su punto de vista durante la etapa de planeación. Pero una vez que se han discutido todos estos temas, y se ha llegado a un consenso, todo el equipo debe comprometerse con la decisión final, incluso si una persona está en desacuerdo.

Coraje

Usted puede pensar que su empresa valora el coraje aunque no aparezca explícito en sus valores organizacionales. Yo no estaría tan seguro. En culturas como la colombiana el coraje puede ser valorado como un valor ideal ya que existen elementos como el machismo que aún están muy presentes. Sin embargo, ¿es realmente valorado en el ámbito empresarial? Yo quisiera decir que sí, aunque debemos entrar en detalle.

Volvamos por un momento al ejemplo de BigOG: cuando el jefe de TI se dirigió a la alta gerencia con sus problemas debió tener coraje para exponer lo que quería lograr y pedir ayuda para hacerlo. Infortunadamente, la alta gerencia no lo escuchó. Y con esto no quiero decir que los altos ejecutivos de una empresa deban estar de acuerdo con todas las ideas de sus empleados solamente porque tienen el coraje de exponerlas. Quiero decir que el hecho de tener coraje debe ser valorado, aunque la idea no lo sea. En este caso el jefe de TI se sintió tan desalentado que no quiso volver a intentarlo.

¿Cómo se sentiría si el coraje fuese valorado cuando es parte de un riesgo calculado? El famoso autor y conferencista Dale Carnegie escribió acerca de esta situación. Edward T Bedford era uno de los socios de John D. Rockefeller. Bedford tuvo coraje cuando tomó una decisión acerca de una inversión en Suramérica bajo la presunción de un riesgo calculado; lamentablemente esta inversión no funcionó y cuando fue posible liquidar, la firma había perdido alrededor de un millón de dólares (que hoy serían alrededor de 30). Apenado por su error Bedford fue a ver a Rockefeller y Carnegie lo describe así: "John D.

pudo haberlo criticado en su momento, pero siempre supo que Bedford hizo lo mejor que pudo, así que Rockefeller encontró algo que sería posible elogiar y lo felicitó por haber sido capaz de recuperar al menos el 60 por ciento de la inversión. Es fantástico le dijo, no siempre es posible hacerlo así"[25].

Imagínese ahora si todos los jefes fueran capaces de valorar el riesgo calculado y apreciar el coraje que tiene implícito. El coraje es valorado, pero en este momento no estoy abogando por un coraje desmesurado y por dicha razón siempre debe haber prudencia cuando se toman decisiones de alto riesgo. Sería algo malo si, por ejemplo, un cirujano tiene el coraje de probar una nueva técnica en medio de una cirugía con consecuencias fatales para el paciente. De allí que nuevas técnicas o medicinas tardan años en recibir aprobación de la comunidad científica.

Dicho esto, una compañía que decide ser ágil debe reafirmar el coraje en las decisiones estratégicas cuando son para el bien de la empresa. Finalmente se requiere coraje para tomar decisiones que van en contra del *status quo*, se trata de una clase diferente de coraje, coraje para hacer lo correcto lo cual tampoco es fácil.

Foco

La palabra multitarea ha perdido un poco su significado en el mundo de los negocios, sin embargo, muchos gerentes aún quieren darle vida a esta criatura mitológica. Muchos libros han sido escritos citando amplia investigación acerca de la aplicación práctica de desarrollar una sola tarea. (*Deep work* de Cal Newport y *The one thing* de Gary Keller). A pesar de esto aún veo ofertas de trabajo buscando personas que sean grandiosas en el arte de la multitarea, seguro también quisiéramos ver unicornios, lo que quiere decir que esto no es posible. Adicionalmente algunas investigaciones han revelado que el cerebro tarda aproximadamente veintitrés minutos en concentrarse nuevamente en una tarea después de una interrupción[26]. Otro estudio refleja que el cambio de tareas puede costar alrededor del 40 por ciento de su tiempo[27]. En este orden de ideas, si usted tiene 10 empleados, cada uno trabajando cuarenta horas a la semana, esto en total serían 8.000 horas perdidas en el plazo de un año.

25 Dale Carnegie, *How to Win Friends and Influence People* (New York: Simon & Schuster, 2009).

26 Kermit Pattison, "Worker, Interrupted: The Cost of Task Switching," Fast Company, Julio 28, 2008, https://www.fastcompany.com/944128/worker-interrupted-cost-task-switching.

27 American Psychological Association, "Multitasking: Switching Costs," Marzo 20, 2006, https://www.apa.org/research/action/multitask.

La idea de aprovechar el tiempo para ser "más productivos" tiene buenas intenciones, pero pueden costar dinero. Esta clase de personas está dispuesta a ayudar en otras labores mientras espera una nueva tarea. El asunto es que usted no quiere que su computador opere al 100 por ciento todo el tiempo ya que su la funcionalidad decrece drásticamente y el desarrollo de una tarea simple se transforma en una muy larga. De tal manera la vida útil de su computador será más corta de lo esperado y es posible que deba reemplazarlo muy pronto. Los seres humanos funcionamos muy parecido.

En el contexto de Scrum el foco significa el desarrollo de una sola tarea al tiempo, un concepto que va más allá de no revisar su correo electrónico mientras atiende una llamada telefónica. Para Scrum foco quiere decir que todos los miembros del equipo trabajan juntos para alcanzar un solo objetivo y no hay espacio para proyectos propios o para desviar la atención. Un ingeniero en un equipo de desarrollo no debe pedirse "prestado" por otro departamento porque están retrasados (es posible que ellos también deban usar Scrum). Este ingeniero o ingeniera debe estar enfocado en un solo objetivo: completar el *Sprint* actual con su equipo. Nada más. Toda su energía debe enfocarse en cumplir los objetivos del Sprint, y si termina su trabajo, debe prestar atención para ver cómo puede ayudar a sus compañeros. Por cierto, no es buena idea revisar su correo mientras recibe una llamada telefónica.

Apertura

A veces, cuando planteo este valor durante una capacitación veo algunas personas retorcerse en su silla. Relájese, apertura no se trata de discutir cómo se siente acerca de su supervisor o sobre el resentimiento que tiene con alguien del equipo. Basados en el principio de la transparencia, apertura significa que todos los miembros del equipo y las partes interesadas lleguen al acuerdo de ser abiertos con su trabajo, qué ha sido terminado, y qué problemas surgieron mientras completaban su trabajo.

Como vimos en el ejemplo anterior con Jorge, muchas organizaciones creen que tienen un bloqueo en este valor y por ello me gustaría invitarlo a mirarlo un poco más de cerca. Como ya lo he sugerido antes, un par de encuestas o una caja de sugerencias para los empleados, le ayudarán a encontrar un poco de honestidad en el anonimato. Ignorar los problemas que se evidencien con la estrategia no hará que se resuelvan.

Cuando se produce valor rápidamente no hay tiempo para tratar de esconder los problemas o resolverlos por sí solos. Y la tentación de ser el héroe del equipo es entendible puesto que es gratificante cuando se trabaja con un modelo tradicional. Sin embargo, puede estar perdiendo su tiempo en vez de utilizar todo el conocimiento y los recursos del equipo. La apertura le permite justamente eso ya que es uno de los valores que se basa en el pilar de la transparencia. Los marcos de trabajo ágiles no son los únicos que actualmente abogan por transparencia. Líderes de múltiples industrias que utilizan diferentes marcos de trabajo han recurrido al famoso grito de guerra por la transparencia y la apertura entre equipos de trabajo. Por ejemplo Ray Dalio, fundador de Bridgewater Associates, la famosa y multimillonaria empresa de inversiones.

Pero este valor no se trata solamente de ver los problemas, también tiene que ver con crear conciencia acerca del trabajo terminado. Aún cuando la Guía Scrum no provee detalle sobre cómo crear visibilidad, muchos equipos utilizan un tablero con tres columnas: por hacer, en progreso y terminado; algunas veces incluyen una cuarta columna que se denomina dependencias para aquellas tareas que dependen de contratistas u otras entidades fuera del equipo Scrum.

Con cualquier método que el equipo escoja, el resultado debe ser el mismo: permitir que cualquier miembro del equipo vea el progreso. Esto es apertura. Si el ingeniero ha completado su trabajo puede revisar el tablero y encontrar uno de los ítems que aún están en progreso y ofrecer su ayuda. (Recuerden el valor agregado del personal tipo T). Cada persona trabaja a una velocidad diferente dependiente tanto de su enfoque como de las habilidades que posee; de dicha manera cuando el equipo es abierto sus miembros pueden trabajar juntos en resolver cualquier impedimento o cuellos de botella que se presenten. Sin apertura no existe la oportunidad de inspeccionar el trabajo ni tampoco de crecimiento porque ya no existirá la habilidad de adaptación.

Finalmente, apertura significa estar abiertos a recibir retroalimentación. A nadie le gusta que critiquen su trabajo, pero si está abierto a un proceso de retroalimentación, existe la posibilidad de mejorarlo bastante. Algunas veces esto es muy difícil para la persona que da la retroalimentación puesto que no quiere hacer sentir mal a nadie. Hace falta coraje para hacer lo correcto, escuchar y ofrecer retroalimentación cuando sea necesario.

Respeto

A diferencia de la apertura casi siempre encuentro que el respeto hace parte de los valores escritos de cualquier organización. Con qué consistencia se practica, es impredecible, pero la idea prevalece. En este valor específicamente existe una diferencia en el significado que probablemente todos piensan. En el 2020, La Guía Scrum dijo: "los miembros del equipo deben respetar que los demás sean personas capaces e independientes", pero ¿cómo cree usted que esto se refleja en el mundo real? El liderazgo es un punto muy importante ya que no hay duda de que su comportamiento se va a reflejar en el resto.

En el ejemplo de GoTelecom el patrocinador eligió personalmente a su equipo y escogió personas de mente abierta y de diferentes disciplinas. Gracias a que este patrocinador, que fue el vicepresidente de dicha división, mostró respeto por cada una de las personas de su equipo se ganó el respeto del equipo y ellos aprendieron a ser respetuosos entre ellos.

El respeto no debe confundirse con afecto. No todos tienen que ser amigos de los otros integrantes del equipo, tal vez a usted no le agrade alguno de sus compañeros de equipo, pero se trata de ser amable y actuar con cortesía profesional hacia los demás. En algún punto del proceso el trabajo de cada uno puede ser criticado y puede recibir retroalimentación de algún miembro del equipo, lo cual no significa que deba ser tomado a nivel personal o que venga con malas intenciones. Lo anterior debido a que el trabajo presentado no necesariamente representa al individuo que lo presenta.

También es importante recordar que cada uno de los miembros de un equipo viene de un ambiente distinto, sus experiencias y habilidades son diferentes, lo que les permite sentirse bien con el trabajo que desempeñan sin llegar a sentir que sean mejores que los demás.

Seguridad sicológica

Como lo mencioné en el capítulo anterior la seguridad sicológica no es un valor propio de Scrum, pero es lo que mantiene unido al marco de trabajo Scrum. Sin la seguridad sicológica se pierde la apertura, disminuyen el respeto y el compromiso y todos los miembros del equipo tendrán dificultades con el foco debido a la preocupación por la burocracia.

Si ha estado inmerso en el mundo de los negocios estoy seguro de que ha experimentado de primera mano las consecuencias que puede traer no sentirse seguro a la hora de tomar riesgos o sentir miedo de perder su trabajo cuando lo hace. Pudo haber sido un supervisor en su primer trabajo en un restaurante de comida rápida o más recientemente en su carrera. Aunque el concepto de seguridad sicológica es difícil de definir, resulta fácil ver dónde falta.

Por ejemplo, en situaciones donde existe una lucha inter departamental, el miedo surge en situaciones donde las políticas no incluyen el concepto de seguridad sicológica. Supongamos por un momento que hay un atraso en un proyecto, hay pérdidas de dinero, todo lo cual produce el enfado de su cliente. Cuando no existe seguridad sicológica en el ambiente de trabajo puede que se desarrolle la siguiente situación: alguien culpa al departamento de ingeniería por complicar el diseño y luego ingeniería culpa a miembros del de manufactura por perezosos y cometer errores. De la misma forma estos dos departamentos culpan a los miembros de comercial por prometer más de lo debido y así sucesivamente. ¿Esto le suena familiar?

Ahora suponga que es un producto de un equipo Scrum: el equipo se compone de personal de ingeniería, manufactura, maquinaria y cualquiera que tenga las habilidades necesarias para completar el proyecto. Los primeros Sprints se completan y obtienen retroalimentación, pero las cosas no salen bien en este momento. Así que luego, si existe la seguridad sicológica, se discute en la retrospectiva del Sprint y por medio del compromiso, coraje, foco, apertura y respeto el equipo trabaja en conjunto para determinar lo que ocurrió. La retroalimentación es normalmente transmitida con criticas respetuosas y cuando existe seguridad sicológica, los empleados no sentirán que su cargo está en riesgo y no están a la defensiva, porque no se sienten atacados a nivel personal.

¿Esto suena como un sueño? Lo anterior está sucediendo en múltiples compañías alrededor del mundo que trabajan con Scrum; este nivel de seguridad sicológica es posible.

Integridad y confianza

Otros dos valores que no están presentes en la Guía Scrum pero creo que son imperativos son la integridad y la confianza. Para crear cambio y empoderar a otros a tomar decisiones es necesario actuar con integridad y altos niveles de confianza. Cuando dichos valores se usan en conjunto con la seguridad sicológica todos los demás valores funcionan mejor.

Integridad significa hacer las cosas bien, incluso cuando nadie está supervisando: si usted dice que va a hacer algo simplemente lo hace.

La confianza esta entrelazada con la integridad. Cuando usted actúa con integridad existe la confianza de que cuando dice que va a hacer algo lo hace. Incluso si falla, habrá confianza de que hizo todo lo que estuvo dentro de sus posibilidades. Cuando los miembros del equipo confían en que los demás trabajan con integridad, el equipo logra operar a un nivel casi increíble. En este momento es clave definir cuáles son los comportamientos que definen la confianza e integridad.

Tomemos dos países de la ficción: Ricevia y Beefana. Dos compañías de estos países trabajan de cerca y no es extraño que algunos de sus equipos trabajen juntos. Las dos culturas trabajan basadas en la integridad y la confianza, pero hay diferencias en la manera como demuestran estos valores.

Un habitante de Beefana cree que la integridad significa que cuando usted dice que va a hacer algo hará lo que está dentro de sus posibilidades para completarlo en el tiempo que lo dijo. Los habitantes de Ricevia, por otro lado, creen que integridad quiere decir que cuando una persona dice que va a hacer algo es porque lo quiere hacer en ese momento, pero puede que no lo haga, y dependiendo de los cambios del entorno, puede que nunca realice lo esperado. Como puede imaginarse, la situación puede causar conflictos. Una persona de Ricevia dijo que terminaría una parte esencial para terminar un proyecto y su colega de Beefana confió, pero su colega se aburrió del proyecto y decidió cambiar de trabajo.

Su propia cultura le quitará objetividad y hará que usted vea que hay un país que lo hace bien y otro que lo hace mal. Pero no siempre es así de simple, en realidad hay muchas complejidades. Hasta que los equipos mixtos logren definir lo que ambos valores significan para todos, habrá muchas expectativas y reglas diferentes y tales conflictos pueden acabar con una compañía. Por lo menos definir lo que significa confianza e integridad ayudará a interpretar las acciones de los demás y además liberará tensiones.

Implementando los valores

Los valores son difíciles de cambiar, pero si sus valores no están alineados con Scrum habrá un total desacuerdo. Para compañías que todavía no tienen sus valores claros, el camino será mucho más largo.

Una organización fundamentada en valores mide todo lo que hace con ellos: los clientes con los que trabaja, su estrategia de mercadeo, y especialmente el personal que contrata. Si los valores de su empresa no han sido definidos es muy posible que esté trabajando con personas que son buenas en lo que hacen, pero no encajan en su cultura. Tal vez siempre supo que había algo que no cuadraba, pero no lograba saber lo que era.

Puede ser el gerente que falla repetidamente con la retroalimentación de su personal o todo el tiempo tiene excusas para sus errores. O tal vez suceda que el programador tiene problemas con todos sus compañeros. Cuando sus valores están bien definidos puede buscar personal que comparta esos valores y despedir aquellos que no. Así sucede en el peor de los escenarios ya que cada uno de estos personajes puede ser excelente en su área, pero terminará por estancar su progreso. Obviamente, si usted trabaja en una empresa de cien mil empleados no puede despedir a la mitad de ellos por el hecho de no estar alineados con sus valores. Pero en este caso podría encontrar líderes que sean modelo de los comportamientos que quiere establecer.

En compañías ágiles no es necesario buscar personal "súper estrella". Lo que en realidad importa es que aquellos con los que usted cuenta sean buenos trabajadores en equipo. Volviendo al póker, ¿con quién le gustaría jugar? Un jugador excelente que se porta arrogante cada vez que gana y hace pataleta las pocas veces que pierde, (piense en Phil Hellmuth) O un jugador que se ríe bastante, puede tolerar una broma, y está dispuesto a mejorar (Daniel Negreanu). En mi opinión la segunda opción es la mejor y su compañía merece lo mismo.

Una vez que ha identificado sus valores debe asegurarse de que no contradigan los valores de Scrum, además de que las personas alineadas con ellos se queden en su empresa. Apegarse a los valores de Scrum suena simple pero no es fácil. Entonces, ¿cómo se aprende una habilidad nueva? Por medio de la repetición constante y la práctica y así es justamente como se aprenden los valores, por medio de la práctica de Scrum.

A medida que continuemos veremos cómo se demuestran estos valores y de qué manera se adoptarán en las primeras etapas de la implementación, empezando el primer lunes cuando tenga la primera planeación de Sprint.

CONCLUSIÓN

Las cartas han sido barajadas y divididas mientras que las fichas están apiladas sobre la mesa y usted tiene su mirada en la hoja de trucos ubicada en el centro de la mesa. Ya han acordado el nivel de las apuestas; el objetivo será que todos se diviertan y aprendan un juego nuevo y los valores incluyen no hacer trampa. La mesa está lista y en este punto usted ya entiende que es un buen juego e incluso entiende algunas de las estrategias.

Ahora, ¿quién será el repartidor? ¿Hay alguien supervisando las reglas en caso de una disputa? ¿Qué haría si el perro de su amigo no para de jugar con usted? En otras palabras, debe saber que rol jugará cada uno.

CAPÍTULO CINCO

Los jugadores: ¿Es usted Steve Jobs o un Perro Pastor?

La especialización es para los insectos.
—**Robert Heinlein**[28]

El me dijo: "ese no es mi trabajo".

Yo quedé atónito con la respuesta. El programador de una compañía en donde estaba haciendo un entrenamiento me dice que no puede ayudarme con las pruebas de un sistema porque no era parte de la descripción de su trabajo, pero en realidad era su trabajo o por lo menos ahora lo era. Él ya no estaba trabajando en el nicho burocrático que lo blindaba de las consecuencias de su trabajo. Su departamento estaba implementando Scrum y necesitaban que, como miembro del equipo, ayudara con todas las tareas, desde la lluvia de ideas hasta pruebas de los sistemas pasando por la resolución de cualquier problema técnico.

Aún así este personaje estaba estancado en la manera tradicional de trabajar, aquella que involucraba completar las tareas de la A a la D y continuar. Ahora era parte de un equipo donde los resultados importan más que los componentes individuales y no había hecho el cambio mental, sino que seguía definiendo su trabajo por lo que se supone que debía hacer. Para resolver la situación nuestro equipo debía entrenarlo en los nuevos comportamientos para hacerle entender que su responsabilidad no era solamente diseñar códigos sino que ahora se extendía a contribuir con todas las tareas que ayudaran al equipo a alcanzar su objetivo.

---

28 Robert A. Heinlein, *Time Enough for Love: The Lives of Lazarus Long* (New York, NY: Penguin, 1987).

Esta situación no es culpa del programador. Un estudio de Gallup muestra que solamente el 34 por ciento de los trabajadores norteamericanos aseguran estar comprometidos con su trabajo[29]. Y aunque esta cifra va en aumento, aún queda mucho por mejorar. Muchos trabajadores van al trabajo a hacer sus labores y luego se devuelven a sus casas sin incentivos ni razones para preocuparse sobre cómo la calidad de sus labores afecta a sus colegas, su departamento, la compañía y finalmente a sus clientes. Es muy fácil para los líderes decir que todos deben mostrar interés por el resultado final, la compañía y sus clientes, pero en realidad los empleados están entrenados para que no les importe. Dicha falta de compromiso no tiene mucho que ver con la persona como tal sino con el sentido de pertenencia con un equipo.

Imagine un equipo de fútbol donde el mediocampista defensivo cree que la defensa es su labor, y ataca a sus oponentes cuando cruzan el medio campo. En gran parte no está errado. Sin embargo, ¿qué pasa si el equipo va perdiendo por dos goles y ya está casi finalizando el partido? Si en ese momento él continúa jugando en la defensa y no ayuda al ataque de su equipo, es muy posible que pierdan el partido. En otras palabras, el objetivo del equipo es ganar, pero si el mediocampista tiene como objetivo proteger sus estadísticas y no tiene en cuenta nada más, entonces no tiene sentido de pertenencia con su equipo. Puede que no le caiga bien su capitán o el entrenador o que quiera ser transferido a otro equipo. Cualquiera que sea la razón es claro que está enfocado en una parte muy pequeña de su trabajo y nada más.

Ahora compare esto con el equipo de fútbol alemán que ganó el Mundial de la FIFA del año 2014. Cualquier equipo que compita en un torneo de este nivel entra a la cancha con mucha energía y pasión por lo que hace; durante esta clase de juegos el estadio se llena de una energía que se vuelve casi tangible. Dos equipos entran al estadio con el mismo objetivo: ¿existe algún cuestionamiento de porqué esta clase de equipos son los que crean mejores espectáculos? Cuando forman parte de un equipo y hay mucho en juego las personas tienden a dar lo mejor de sí mismas para lograr los objetivos.

Ahora estamos hablando de Scrum, no de deportes y uso el ejemplo anterior porque creo que no hay nada tan parecido a un equipo Scrum como un equipo élite de algún deporte. ¿No cree que es posible que toda esa energía, pasión e impulso pasen de un campo de juego al cubículo de su empresa? Yo lo veo posible, pero requiere una cultura visionaria y orientada a los valores, líderes enfocados que presten sus servicios y un equipo fuerte cultivado a través de

---

29 Jim Harter, "Employee Engagement on the Rise in the U.S.," Gallup, Agosto 26, 2018, https://news.gallup.com/poll/241649/employee-engagement-rise.aspx.

la práctica. En Scrum cada uno de los miembros del equipo es valorado.

Esa es una de las características más bonitas de Scrum: el reconocimiento de que todos los miembros de un equipo son importantes para el proyecto, pero resulta imperativo que todos entiendan el rol que juegan. Algunos de los roles no necesariamente se relacionan con los conceptos tradicionales de gestión de proyectos. Volviendo al ejemplo del equipo de fútbol, el hecho de que el arquero sea tan entusiasta como para intentar hacer un gol de un lado al otro de la cancha, no llevará a que el equipo gane el campeonato.

TODOS TIENEN UN ROL

Si ahora menciono a Steve Jobs, ¿qué es lo primero que pasa por su mente? Existen muchos adjetivos para describir a quien condujo a Apple a ser la gran compañía de hoy: frío, calculador, decidido, motivado, apasionado, entre otros. Sin importar si su punto de vista es positivo o negativo las personas piensan algo en común: Steve Jobs era un visionario.

¿Qué tal si cambiamos el personaje a un perro pastor? ¿Qué es lo primero que viene a su mente? A menos de que usted haya tenido una mala experiencia con los caninos, la mayoría de las personas usan adjetivos como: cariñoso, amable y laborioso. Una vez más las personas estarán de acuerdo en algo: el sirve a su rebaño.

¿Cuál de estas personas sería la ideal para liderar su empresa en un ambiente cambiante y competitivo? ¿Alguien que personifique a Steve Jobs o a un perro pastor? ¿Cuál de ellos sería el ideal para que su equipo de trabajo se sienta seguro, apoyado y protegido?

Si tuviera que despedir a uno de los miembros de un equipo de fútbol que tiene jugadores fuertes, pero no estrellas, ¿a cuál apartaría? A ninguno. Aunque su arquero sea de talento promedio es mejor tenerlo que jugar sin arquero. Los jugadores de equipos que tienen arqueros estrella pueden llegar a sentirse relajados y dejar que esta persona maneje la presión. Otros equipos con un delantero estrella dejan que la presión caiga sobre él o ella, y en caso de una lesión, todo se viene abajo. Por el contrario, los equipos fuertes que no cuentan con una súper estrella no les queda otra alternativa que dar lo mejor de sí mismos en el juego.

Recordemos a Michael Jordan, quien en su tiempo fue del mejor jugador de baloncesto cuando jugaba para los Chicago Bulls. ¿Él ayudó a su equipo? Ciertamente, Jordan fue el responsable de llevar al triunfo a los Bulls en seis campeonatos. Y aún así me pregunto si en algún momento puso su desempeño personal por encima del desempeño del equipo. En muchos de los juegos, Jordan anotó más de cincuenta puntos y sin embargo los Bulls perdieron. Tal vez si Michael Jordan se hubiera enfocado más en los esfuerzos de su equipo, y hubiera pasado el balón un poco más, su equipo hubiera ganado estos juegos.

Los ejemplos anteriores pueden sonar un poco exagerados. Seguramente los Bulls evolucionaron gracias a Jordan y después de esto ya no había estrellas sobrecargadas con todo el trabajo del equipo. Las compañías con una cultura que promueve a los "jugadores estrella" (personal altamente capacitado y recursos ilimitados), culturas burocráticas, culturas autócratas (netamente transaccionales, dinero por trabajo), fueron superadas en desempeño por la cultura del compromiso, tal como lo demostró un proyecto de investigación de Stanford del año 1994[30]. La cultura del compromiso es aquella en la que prevalece la filosofía de que el fundador "quiere construir una empresa en la que las personas se van solo cuando se jubilan"[31].

Las culturas burocráticas y de estrellas tienen limitaciones. Las estrellas están siempre interesadas en sus propios logros y en ocasiones, por encima del equipo y de la empresa misma. Mientras que en compañías burocráticas que manejan nichos, todos están preocupados por cumplir con su parte del rompecabezas sin importarles si encaja o no. Las personas que trabajan en estas culturas tienen un foco muy limitado, solo en ellos y su propio trabajo. En una cultura de compromiso, basada en equipos, el foco se expande hacia afuera permitiendo que cada individuo vea el alcance que tiene su trabajo más allá de la tarea que desempeñan. En esta cultura se maneja un ambiente laboral donde cada uno de los miembros del equipo tiene un trabajo a realizar, pero tiene libertad para salirse de los límites y ayudar en otros aspectos que beneficien al equipo.

CREAR UN EQUIPO SCRUM

Toma tiempo crear un equipo Scrum que trabaje de manera coordinada. Las estrategias de implementación que mejor se ajustan a la creación de un equipo nuevo son la mixta y de abajo hacia arriba, ya que le brindan una aceptación casi automática al concepto Scrum. En otras palabras, mediante el uso de estas estrategias los miembros del equipo son voluntarios que llegan con entusiasmo, mente abierta y actitud positiva para impulsar el trabajo en equipo.

Con la estrategia de arriba hacia abajo es un alto ejecutivo quien toma la

---

30 James Baron y Michael T. Hannan, "Organizational Blueprints for Success in High-Tech Start-Ups: Lessons from the Stanford Project on Emerging Companies," *California Management Review* 44, no. 3 (Primavera de 2002), 8–36.

31 Ibid.

decisión de empezar a trabajar con Scrum, y si no existen voluntarios, esta persona es quien selecciona a los miembros que conformarán el equipo sin importar si ellos están de acuerdo o no. Un buen líder puede llevar a su equipo a pasar el punto de resistencia. Sin embargo, me pregunto si es posible que, sin un factor externo como motivación, en este caso del jefe, el cambio realmente ocurra. La respuesta es no: rara vez un estilo de liderazgo autoritario trae buenos resultados. Como se mencionó en el capítulo anterior, Adobe adoptó una filosofía de liderazgo al "educar sin imponer" porque funciona mejor el liderazgo por medio del ejemplo y un modelo. Así que cuando el equipo experimenta de primera mano los beneficios de Scrum su resistencia inicial tiende a desaparecer.

En una ocasión tuve la oportunidad de ser consultor de un equipo Scrum formado por ejecutivos en donde todos mostraban entusiasmo excepto una persona. Aquella persona reacia llegó el primer día de la capacitación con su computador. Posiblemente quería tomar notas, pero su lenguaje corporal mostraba que no tenía intenciones de aprender sino de trabajar en otra cosa. Yo no soy un profesor de colegio y no puedo enviar al estudiante rebelde a la oficina del director, de modo que tengo límites para alcanzar la atención de algunos de mis estudiantes. Por fortuna, su jefe planteó las reglas claras el primer día de la capacitación.

El jefe dijo: "No quiero ver a nadie haciendo otras cosas en sus computadores o teléfonos", y así fue como se resolvió el problema.

Si usted ha sido líder por algún tiempo entenderá los obstáculos que existen en la creación de equipos fuertes y en superar las actitudes negativas y la resistencia al cambio. También es posible que se haya encontrado con el problema de equilibrar una persona que es súper productiva y asume la carga de trabajo de otros que están felices con la situación. Si fuéramos máquinas y una de ellas trabajara más rápido que las demás no existiría un problema. Pero no lo somos, somos criaturas con emociones y comportamientos complejos. De manera que si algún miembro del equipo no está trabajando al mismo nivel de los demás, las emociones entrarán en juego. Emociones como la envidia, el resentimiento y la rabia pueden conducir al equipo a la ruptura en la comunicación y a experimentar comportamientos que no están alineados con los valores de Scrum.

¿Cómo podemos superar este problema y crear un equipo unido? En este caso pienso que podemos encontrar la respuesta en las fuerzas militares.

Las fuerzas especiales en la mayoría de los países están compuestas por equipos de soldados élite con mucho entrenamiento a los que se les asignan misiones tácticas críticas. La estructuración de un equipo militar no es muy diferente a la formación de un equipo Scrum de alto desempeño.

Los miembros del equipo ingresan a las fuerzas militares como cualquier otro soldado. En Colombia, por ejemplo, existe el servicio militar obligatorio para todos los hombres a partir de los dieciocho años de edad; reciben la formación básica y todo lo que implica. Pero si alguno de ellos decide entrar a las fuerzas especiales la dinámica cambia: estos soldados entrenan juntos, comen juntos, duermen y se bañan juntos. Cada día que pasa se sienten más dependientes de sus compañeros y entrenan una y otra vez en diferentes escenarios de misiones hasta que se vuelva parte de su naturaleza. Todo con el fin de que puedan confiar plenamente en su entrenamiento cuando vayan a misiones reales[32]. Aunque cada uno de los miembros del equipo se especializa en una parte de la misión, existe un entrenamiento cruzado para asegurar que todos tengan conocimiento de las otras partes. Si un especialista en comunicaciones se incapacita durante una misión otro miembro del equipo puede substituirlo.

A pesar de que las películas de acción nos muestren otra cosa, la realidad es que los oficiales al mando de cada unidad están comprometidos con el bienestar de su equipo. Si el equipo está a punto de partir a una misión de tres meses y la madre de uno de los soldados es diagnosticada con cáncer, el soldado es excusado y se le presta el apoyo necesario. Esta acción tiene dos propósitos: permite al soldado estar donde debe estar y le permite a otro de sus compañeros encargarse de sus tareas y enfocarse en la misión. Si el primer soldado fuera obligado a permanecer en dicha misión, estaría distraído y esto podría afectar la seguridad del equipo. Los miembros de los equipos dependen completamente de sus compañeros. Entre más confianza y empatía exista entre ellos, más efectivos pueden ser en el desarrollo de sus misiones.

Un equipo Scrum de alto desempeño no es muy diferente. Solo hay que ver el modelo de compromiso de alto desempeño (HPCM por sus siglas en inglés).

5.1. Modelo de compromiso de alto rendimiento

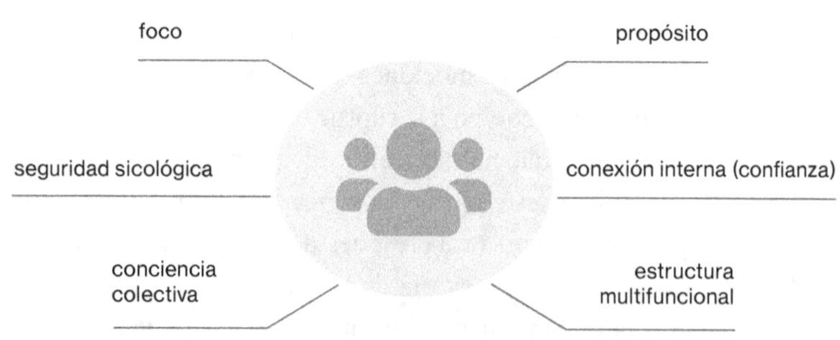

---

32 Basado en entrevistas personales con miembros de las Fuerzas Especiales colombianas que eligieron permanecer anónimas.

Los términos son los mismos que vimos en el capítulo anterior cuando explicamos los valores. Recuerde que valores no son solamente palabras que se declaran en una empresa, estos deben vivirse en el día a día por medio del comportamiento de las personas que allí trabajan. Solamente cuando se cree un ambiente laboral donde se personifiquen las acciones y comportamientos que reflejen estos valores, entonces se podrá crear un equipo Scrum de alto desempeño. Y todo inicia con el entrenamiento.

Primera parte: El entrenamiento

El entrenamiento es la parte más importante del proceso. Volvamos a la mesa de póker y supongamos que hay siete jugadores. A uno de ellos le enseñó su abuelo y al otro su mamá. Es posible que un tercero haya aprendido por medio de sitios *web* de apuestas y el cuarto viendo torneos en la televisión. El punto es que cada uno tiene una idea diferente de cómo jugar y esto puede traer problemas: el abuelo pudo haber ignorado el significado de algunas manos para agregar simplicidad al juego, mientras que la mamá solo jugaba con cinco cartas para excluir todos los demás juegos.

Asumiendo que un equipo no haya tenido un entrenamiento formal de Scrum, este punto es crucial y puede que no esté siendo objetivo ya que es precisamente mi trabajo: yo entreno equipos y los certifico. El entrenamiento ha sido una constante muy importante durante mi carrera y cada una de las etapas de mi desarrollo profesional ha incluido clases formales y una certificación. Algunas personas pueden pensar que las certificaciones son solo algo que se ve bien en su hoja de vida y tienen razón. Pero son mucho más. Cuando los equipos se entrenan juntos adquieren mucho más que un conocimiento unificado de Scrum: ellos se conocen entre sí y crean las raíces de un equipo de alto desempeño al solucionar problemas como equipo. Aquí es donde se ve la similitud con el entrenamiento de las fuerzas especiales.

Por esto me gusta entrenar a los equipos juntos. Incluso en los casos en que uno de los miembros del equipo haya recibido entrenamiento y haya sido certificado, conviene que tome asiento en el entrenamiento con los demás miembros, lo cual los ayuda mucho como equipo. Lo anterior debido a que cuando entrenan juntos aprenden y experimentan Scrum juntos.

Segunda parte: Steve Jobs y el perro pastor

Imagine que en lugar de dedicarse a el desarrollo tecnológico, Steve Jobs estuviera fascinado por la cría de animales y decidiera criar ovejas en lugar de fabricar ordenadores. No, esto no es el comienzo de un chiste (aunque podría serlo; avíseme si se le ocurre uno). Supongamos, además, que la personalidad de Steve se mantiene intacta, a pesar de haber elegido una vocación diferente. ¿Se lo imagina en los primeros tiempos, tumbado en un campo, con sus pocas ovejas pastando cerca, mientras sueña con un imperio de la lana, Apple Woolwear?

A medida que su rebaño creciera, necesitaría ayuda para gestionar las ovejas. Soñar con formas de revolucionar la experiencia del usuario de lana es una cosa; conseguir que un rebaño de cien ovejas se mueva de un pasto a otro y entre en el establo para el esquileo es otra muy distinta.

Ahí es donde entra en juego el perro pastor. Mientras Steve sueña, el perro pastor está ahí para gestionar los movimientos diarios, asegurándose de que las ovejas permanezcan juntas, protegiéndolas de los depredadores y asegurándose de que ninguna se pierda.

En mi opinión, como personas se complementarían muy bien, así como los roles que representan.

Steve Jobs: El Product Owner visionario

Hay muchos *Product Owners* líderes que no necesariamente tienen que ocupar un alto cargo ejecutivo o una posición de liderazgo en la compañía, y de hecho es mejor cuando no están en una de estas posiciones como lo veremos más adelante en el capítulo. Pero incluso si no son líderes dentro de la jerarquía, conviene su familiaridad con algún nivel de autoridad dentro de la empresa. En otras palabras, el *Product Owner* debe tener la última palabra en temas concernientes al *Product Backlog* y al trabajo realizado.

En el capítulo dos vimos algunas generalidades del *Product Owner*, pero este rol es mucho más que un creador de listas con un cargo elegante; el *Product Owner* trabaja directamente con el cliente para determinar qué se necesita en el producto final. El objetivo del producto es mucho más que lo que el cliente dice que necesita: él o ella tienen una intención más amplia que hay detrás de cada necesidad que expresan.

A veces existe confusión acerca de quién es el verdadero cliente. El cliente es la persona, organización o grupo que utilizará el producto que desarrolle el equipo Scrum. El cliente puede ser el departamento interno de alguna empresa, otra empresa o empresas o los consumidores finales. Parte de las tareas de un *Product Owner* es entender lo que el cliente necesita y luego priorizar estas necesidades en el *Product Backlog* pero sin perder el objetivo a largo plazo.

La mejor habilidad de Steve Jobs fue probablemente ver más allá de lo que los fanáticos de Apple estaban pidiendo y así poder desarrollar con su equipo lo que necesitaban a un nivel evolucionado. Muchas personas no entendían por qué necesitarían un Ipad cuando él lo reveló al mundo en una de sus celebrados lanzamientos, y aún así el producto y sus variaciones se han convertido en una parte muy importante de la sociedad móvil en la que vivimos. Así como la tableta de Steve Jobs, el *Product Owner* crea un objetivo del producto basada en lo que el cliente no sabe que necesita todavía.

Las tres cosas que un *Product Owner* necesita son:

- **Entendimiento:** Entender muy bien el producto, el mercado y al cliente. Esta persona mantiene su atención en los tres y es capaz de sintetizar todos los datos.

- **Autoridad:** El poder que brinda una posición no es necesario; lo que en realidad es importante es tener el poder de decisión acerca de lo que se va a hacer y en qué orden. Si esta persona no tiene autoridad, los que sí la tienen podrán dividir el foco del equipo. Desafortunadamente no a todos los *Product Owners* se les da la autoridad que necesitan para poder hacer su trabajo apropiadamente y en lugar de eso tienen lo que se conoce como *Product Owner proxi*. De tal manera el *Product Owner* se encarga de todas las tareas que requiere su posición, pero el *proxi* confirma las prioridades finales con su jefe. Lo anterior aumenta la latencia en el proceso de toma de decisiones y perjudica la efectividad del equipo.

- **Tiempo:** Se necesita tiempo para sintetizar todos los datos del cliente, el mercado y el producto, así como para guiar al equipo en estos aspectos. Adicionalmente necesita libertad con la agenda para redefinir continuamente el *Backlog*.

Cuando el equipo se reúne para su primera planeación del Sprint sus miembros llegan con emoción y miedo a la vez; en aquel momento el *Product Owner* ya debe haber establecido las prioridades en su *Backlog* y junto a los Developers hacen una negociación para ver qué tareas pueden ser completadas durante el primer *Sprint*.

Ya que Scrum mide el trabajo en tamaño y no en tiempo, el equipo debe definir la cantidad de trabajo que se puede realizar durante el primer *Sprint*. El *Scrum Master* facilita la negociación para asegurar que exista un balance, también debe asegurar que el PO (*Product Owner*) no requiera mucho trabajo en un solo *Sprint*. Por otro lado, el *Scrum Master* le muestra al equipo que puede lograr aún más de lo que inicialmente se creyó posible. Algunos equipos creen que pueden mover el mundo, mientras otros rechazan la idea de que pueden ser más productivos que nunca. El *Scrum Master* les ayuda a disminuir estos obstáculos y llegar a un consenso.

En ese momento el trabajo del *Product Owner* puede complicarse un poco ya que, en caso de que sea un experto en la parte técnica del producto, puede intentar involucrarse en decirle al equipo cómo debe hacer su trabajo. Un punto importante para que el equipo alcance un nivel de efectividad y cohesión en el trabajo es dejarlos decidir cómo hacer su trabajo por sí mismos.

Algunas personas tienen la percepción de que el *Product Owner* es solamente responsable del *Product Backlog.* Esto es verdad hasta cierto punto, esta persona crea el objetivo del producto y lo comparte por medio del *Product Backlog* pero no se sienta a ponerse al día con su serie favorita mientras el equipo trabaja sino que sus responsabilidades continúan en cada uno de los *Sprints*. Debe continuar refinando el *Backlog* de acuerdo con los imprevistos que vayan surgiendo, re priorizando y trabajando en los ítems de la lista para ver que cada requerimiento se cumpla. Igualmente trabaja de manera continua con el cliente, bien sea una persona especifica o un grupo de consumidores (por medio de grupos de enfoque o encuestas) con el fin de recibir retroalimentación y verificar sus necesidades. Debe hacer presencia en los eventos de evaluación y retrospectiva del *Sprint* con el fin de asegurar el enfoque del equipo en las prioridades. Suena un poco parecido al trabajo de Steve Jobs, ¿verdad?

Perro pastor: El Scrum Master

El *Scrum Master* personifica una actitud de Lider Entrenador. Tiene dos tareas principales: asegurarse de que el marco de trabajo *Scrum* se siga de la manera correcta para que no se convierta en una mutación de *Frankescrum* y servir al *Product Owner* y al equipo eliminando los impedimentos posibles y haciendo todo lo posible para ayudar en el proceso de mejora y aprendizaje del equipo.

Creo que es importante decir aquí que, al comparar un Scrum Master con un perro pastor, no estoy diciendo que los Developers sean ovejas sin sentido. Por el contrario, como las ovejas del mundo real, los Developers son los que elaboran el producto final y son de vital importancia. No soy el primero en utilizar esta comparación. En su libro, Agile Project Management with Scrum, Ken Schwaber escribe: "Al igual que las ovejas en un campo abierto, los individuos en un proyecto tienden a desviarse. El trabajo del ScrumMaster es mantener el rebaño unido . . ." A menudo comparo a un ScrumMaster con un perro pastor, responsable de mantener el rebaño unido y a los lobos alejados."[33]

Así como el perro pastor, el *Scrum Master* es un líder que asegura el bienestar del equipo. Verifica que el equipo se está moviendo en la misma dirección, por lo que sus energías se centran en una sola cosa: el objetivo acordado. Y cuando otros jefes de departamento o incluso la dirección de la empresa intentan interrumpir el trabajo enfocado, el *Scrum Master* mantiene a raya esas distracciones para que no se pierda tiempo.

Hay una serie de líderes que han canalizado las cualidades de perro pastor de un Scrum Master. El que fuera durante mucho tiempo entrenador de los Chicago Bulls y luego de Los Ángeles Lakers, Phil Jackson, tenía una forma de conseguir que sus equipos produjeran de forma consistente al más alto nivel mientras se apoyaban mutuamente. Darwin Smith, director general de la poco conocida pero muy venerada Kimberly-Clark Corporation (hogar de marcas como Kleenex y Huggies, entre otras docenas de productos de papel), dirigió el cambio de rumbo del gigante con una filosofía de humildad, creyendo que su trabajo era fomentar el crecimiento de su equipo y de la empresa.

Cazadores de mitos:

El Scrum Master se puede eliminar de un equipo veterano o puede servir a varios equipos. ¡Falso! La velocidad del equipo disminuye cuando se comprometen las tareas del Scrum Master.

El *Scrum Master* lidera el camino mientras elimina los impedimentos y facilita el movimiento más rápido del equipo. Como su nombre lo indica el *Scrum Master* recibe entrenamiento adicional ya que como su nombre lo sugiere es un especialista en Scrum. Él es un colaborador del equipo. Ayuda al *Product Owner* a prepararse para el siguiente *Sprint*, facilita eventos como planeación y retrospectiva del *Sprint*, asegura que todos los eventos sean llevados a cabo y en el tiempo predeterminado y también ayuda a que el equipo se mantenga comprometido y enfocado. En muchos sentidos el *Scrum Master* es como un entrenador de Scrum para el equipo: les da retroalimentación importante y los guía cuando es necesario, así como motivación cuando la necesitan.

Debido a que muchas empresas, especialmente aquellas donde Scrum solo se implementa de manera parcial, creen que el *Scrum Master* solamente enseña *Scrum*, a menudo eliminan este rol cuando sienten que el equipo ya está maduro. Esto es entendible. Si un equipo ha estado usando Scrum

---

33 Ken Schwaber, *Agile Project Management with Scrum* (Redmond, WA: Microsoft Press, 2004), 16.

durante un par de años, ¿es posible que quede algo que aprender? La naturaleza de Scrum es que siempre hay algo nuevo que aprender, pero además la educación no es la única tarea que cumple el *Scrum Master*. Su función principal es aumentar la productividad del equipo, ayuda a trabajar más rápido.

Otra creencia que veo frecuentemente es que el *Scrum Master* puede "navegar" entre varios equipos. Lo anterior es posible pero no aconsejable por varias razones. Es crítico tener foco cuando se implementa *Scrum*, y el *Scrum Master* es quien ayuda al equipo a alcanzar la concentración y a minimizar distracciones. Entonces ¿cómo es posible que lo haga cuando él mismo carece de concentración? En todos los casos donde el *Scrum Master* fue removido o dividido en varios equipos, se reduce la velocidad del trabajo.

La tercera parte: Los Developers

Hay mucha atención centrada en los roles de PO (*Product Owner*) y SM (*Scrum Master*), pero también se debe hablar de aquellos que realmente producen valor. Si el *Product Owner* es Steve Jobs y el Scrum Master es coach perro pastor, ¿quién integra el equipo de Developers? Ellos son el corazón y el alma del trabajo.

En algunos círculos de administración la jerarquía tradicional de las organizaciones se invierte: ellos ven a los ejecutivos de la alta gerencia como el nivel más bajo y a los trabajadores en el más alto. Existe una buena razón para ello.

5.2. Jerarquía invertida

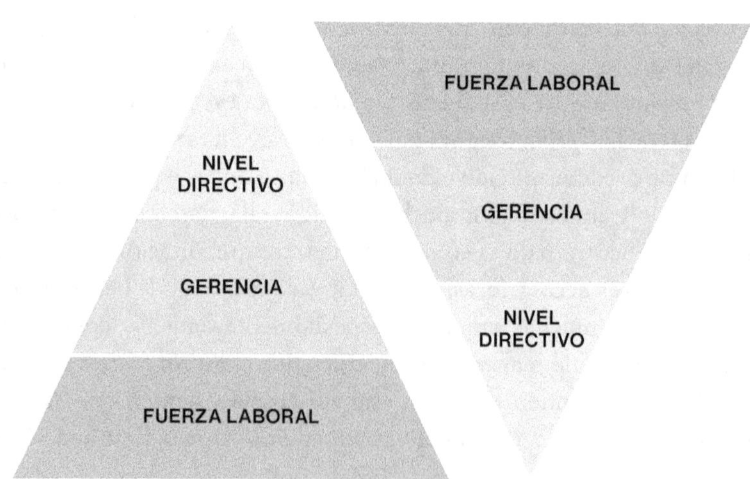

Esta filosofía está basada en el valor que producen. Los trabajadores son quienes producen y agregan valor a un producto, toda el área de gerencia solo juega un rol de apoyo a este proceso. Ellos facilitan y gestionan el transporte, la adquisición de recursos, los beneficios y el entrenamiento; todo esto para que los trabajadores puedan producir el valor que finalmente traerá la utilidad.

Scrum personifica este espíritu. Los miembros del equipo son aquellos que producen valor y trabajo; el concepto de valor será presentado en el siguiente capítulo. Por ahora veamos de qué se trata el equipo de Developers y cómo trabaja en conjunto.

Como con el HPCM, el equipo empieza a formarse durante el entrenamiento ya que mientras aprenden acerca de Scrum, conocen a sus compañeros, cómo piensan, procesan información y preguntan y tienen una idea de cada una de sus personalidades. En otras palabras, se empiezan a formar relaciones. Cada uno de los Developers del equipo debe aportar valor a su manera y juntos poseen las habilidades para llevar cada uno de los ítems del *Product Backlog*, desde el concepto hasta la finalización. Entonces, ¿por dónde empezar?

Asumiendo que hayan completado el entrenamiento puede que ya hayan empezado a trabajar juntos. Si no es así el trabajo inicia desde la planeación del primer *Sprint*. El PO ha establecido el objetivo que quieren alcanzar y con la ayuda del SM han decidido que pueden completar las dos primeras prioridades del *Backlog*. Entonces envían estos dos ítems al *Sprint Backlog* y empiezan a desglosarlos. En este punto tanto el PO como el SM se van, aunque algunos equipos invitan al PO a asistir. Luego los Developers deciden la manera como hará el trabajo. Este punto es muy importante, en un mundo donde todos están acostumbrados a que les digan QUÉ deben hacer, el equipo decide CÓMO logrará su objetivo. Los Developers se auto dirigen.

Aquí es donde empieza la magia, cuando un equipo competente toma esta clase de decisiones se apropia del resultado. Sus miembros están de acuerdo con que el trabajo puede ser realizado y deciden cómo hacerlo; si por algún motivo el PO les dice cómo deben hacer el trabajo, ellos no sentirán como propio el resultado al final. De tal manera, si el proyecto fracasa no será culpa de ellos y pueden decir: "Yo solo hice lo que me indicaron".

Uno de mis amigos en Alemania trabajaba para una compañía europea de vehículos de lujo. Fabricaban ensamblajes de frenos para su instalación final, pero en algún punto de su estancia en la empresa tuvieron un gran problema de calidad. Los sistemas de frenos estaban fallando o no cumplían con las especificaciones solicitadas lo cual les trajo muchos problemas. Una de las acciones que tomó la empresa para corregir este inconveniente fue contratar a un grupo de consultores que le preguntó a cada uno de los empleados de la línea de trabajo responsable de ese proceso, acerca de sus funciones.

Los consultores preguntaban: "¿Qué está haciendo? Y la respuesta más común que recibían era: "Qué parece que estoy haciendo, trabajo en la fabricación de sistemas de frenos".

La falta de pertenencia acerca del trabajo era evidente, cada uno pensaba que estaba haciendo un buen trabajo. El día a día de estos empleados era llegar a sus trabajos, marcar tarjeta, construir sistemas de frenos y volver a sus casas en la tarde. Desde su pequeño nicho no tenían ni idea de cómo los pequeños defectos que podrían ser vistos como "calidad aceptable" podrían generar problemas serios para el vehículo, el conductor y sus pasajeros.

La empresa decidió llevar al equipo a la sede principal para que vieran por sí mismos el carro de lujo al que pertenecía el sistema de frenos que ellos estaban produciendo. Desensamblaron el auto frente a ellos para que vieran cómo todo hacía parte de un conjunto y qué pasaría si una de las partes no funcionaba bien. Aprendieron que sin el apropiado funcionamiento de los sistemas de frenos aquella obra de arte que estaban viendo era inútil y peligrosa.

Yo no conozco todos los detalles. Tal vez les mostraron fotos de los dueños de los carros orgullosos con sus familias y en las fotos posiblemente personas que les recordaron a sus propios amigos y a sus familiares.

Meses después los consultores que habían sido contratados al inicio evaluaron el desempeño y las cifras se redujeron en gran medida, los sistemas de frenos habían mejorado y ahora cuando les preguntaban a los empleados qué hacían, ellos contestaban orgullosamente: "estoy construyendo frenos para X modelo". Ya no trabajan aburridos haciendo sistemas de frenos para carros que salen de la fábrica para el disfrute de otros. Por el contrario, sentían que estaban trabajando en algo importante, desarrollando una pieza clave para la seguridad de los usuarios de estos vehículos. Ya tenían sentido de pertenencia con su trabajo.

El equipo de Scrum crea este sentido de pertenencia a medida que trabaja y resuelve retos. Cuando una iteracion es inspeccionada y falla, los miembros colaboran entre sí para definir qué estuvo mal y de esta manera buscar formas de hacerlo mejor. Como cuando mi equipo en GoTelecom enfrentó un déficit insuperable de casos de prueba, el ambiente cambió de tedio a una energía que casi se sentía eléctrica.

EL TRABAJO EN EQUIPO EN ACCIÓN

Una vez que el *Product Backlog* es parcialmente completado, ha ocurrido la planeación del primer *Sprint* y ya está en marcha, los miembros del equipo comienzan a entenderse. El PO sigue detallando y revisando el objetivo del producto y además refinando historias en el tablero. El SM está ocupado ayudando a mejorar la comunicación y la colaboración y resolviendo problemas e impedimentos que estén más allá del alcance del equipo. El equipo por su parte aporta sus habilidades para desarrollar las tareas y continúa viendo cómo lo que cada uno hace afecta a sus compañeros de equipo.

Siempre existen inconvenientes: puede ser una discusión por frustraciones o la falta de entendimiento de alguna de las partes. Todo cambio trae consigo sus propios retos. Pero en lugar de trabajar en pequeños nichos, sin darse cuenta cómo sus acciones afectan a los demás de una u otra forma, ahora todos están en el mismo barco. "Cada fuga no sellada define su destino y el de sus compañeros".

Así como mi amigo que construía frenos, el programador al inicio del capítulo pensó que no era su trabajo hacerse cargo del problema porque no era parte de su trabajo. Pero muy pronto cambió de opinión. Ahora veía las implicaciones de su trabajo y le entregaba a sus compañeros los ajustes con la corrección necesaria. Él eligió hacer su trabajo de la manera correcta. Porque desarrollar códigos ya no era su labor, ahora su mayor responsabilidad era hacer que su equipo fuera exitoso.

SU LIBRO DE JUGADAS SCRUM

PRODUCT OWNER: STEVE JOBS

- Es el visionario del equipo.
- Sintetiza una amplia gama de conocimiento acerca de las necesidades del cliente, el producto y el mercado.
- Crea, mantiene y refina el *Product Backlog*.
- Entiende a todos los involucrados, tiene la autoridad para dirigir el equipo y tiene tiempo para todo lo anterior.

Cualidades de un excelente Product Owner

- Tiene confianza en sí mismo y en el equipo.
- Tiene bastante experiencia.
- No atribuye a los demás sus responsabilidades.
- Mantiene una buena red de personas e investigación en torno al proyecto.
- Se enfoca en valores y comportamientos, no en técnicas.
- No le asusta compartir opiniones.
- Se compromete con la visión para alcanzar el éxito.

SCRUM MASTER: PERRO PASTOR

- Modelo de entrenador.
- Entrena, facilita los eventos y ayuda al equipo a lograr sus objetivos y a mejorar.
- Entiende completamente Scrum y las metodologías ágiles y está educándose continuamente.
- Demuestra los valores de Scrum a través de sus comportamientos.
- Mantiene al equipo en su burbuja, los protege de las culturas organizacionales que no coinciden y de los gerentes que roban su atención.
- Asegura transparencia y compromiso total.
- Trabaja para eliminar los impedimentos.

Cualidades de un gran Scrum Master

- Es muy bueno para escuchar, entiende más allá de las palabras.
- Tiene poder de convencimiento.

- Siente empatía por los demás.
- Es capaz de generar sentido de pertenencia.
- Le gusta ayudar a otros a crecer.
- Asume la responsabilidad de sus acciones.
- Trabaja en la mediación de discusiones y vela por el mantenimiento de las mejores relaciones.

Jugando su mano

Ahora que entiende perfectamente a los jugadores es hora de reunir a su equipo.

- Escoja al *Product Owner.*
- Pregunte quién está interesado en unirse al equipo de Developers.
- Permita que el equipo elija al *Scrum Master.*
- Entrene a todos los miembros. Se recomienda un entrenamiento de alta calidad. Recuerde que la idea es acelerar su curva de aprendizaje, no se trata de que sea rápido y económico sino de que todos estén en la misma sintonía y motivados.

CAPÍTULO SEIS

Las reglas del juego

Aprenda las reglas como un profesional, así podrá derrotarlos como un artista.

–Atribuido a Pablo Picasso

Un juego sin reglas es un juego sin sentido. Si el *dealer* establece las cartas para una partida de *Texas hold'em* mientras algunos jugadores se preparan para jugar *gin rummy* y otros juegos, se avecina un caos seguro.

Las reglas proveen un marco de referencia que nos ayuda a entender lo que es esperado, qué es una mano ganadora y dónde debemos enfocarnos para poder ganar. El marco de referencia nos permite explorar las estrategias y tácticas para trabajar mejor juntos y hasta divertirnos en el proceso.

Cualquiera que sea el juego que quiera jugar, entender las reglas empieza con conocer el objetivo del juego. ¿Cómo se gana? En *gin rummy* cada uno de los jugadores trata de ser el primero en llegar a cien puntos. En *hockey* el objetivo es marcar más puntos que el equipo contrario en el tiempo previsto. Para un equipo Scrum ganar significa crear valor para el cliente, crear más valor en menos tiempo gracias a un equipo empoderado y motivado.

LA GÉNESIS DE SCRUM

Para entender las reglas de Scrum es importante saber de dónde viene. Hemos discutido acerca de la inspiración de Scrum en el documento titulado *El nuevo, nuevo juego de desarrollo de productos (The new new product development game).* Mencionamos que su denominación viene del rugby, pero su esencia tomó fuerza de otras filosofías con antecedentes comprobados. Scrum no nació de una mezcla, pero parafraseando a Isaac Newton, está soportado en los hombros de gigantes. Específicamente un gigante llamado Toyota.

Lean

Una parte de Scrum está basado en *Lean*, una ideología de negocios desarrollada por la gerencia de Toyota. El mundo occidental adoptó el Sistema de Producción Toyota (TPS por sus siglas en inglés) que es la parte de la ideología *Lean* que habla de las herramientas y procesos, elimina desperdicio y maximiza la utilidad; pero TPS solamente ofrece alrededor del 5 por ciento del valor de Toyota[34].

El 95 por ciento restante viene del Desarrollo de Productos Toyota (TPD por sus siglas en inglés), que analiza el sistema de manera integral, su visión y objetivo; esta es la parte del *Toyota Way* que se interesa en las personas y la filosofía y es la que muchas veces ha sido ignorada en el mundo occidental.

Los principios de *Lean* se derivan del *Toyota Way* y pueden ser clasificados en cuatro categorías:

1. Una filosofía a largo plazo es más importante que las utilidades a corto plazo.
2. Los procesos correctos le darán los resultados correctos.
3. Es posible agregar valor a una organización mediante el desarrollo del personal y sus relaciones.
4. La resolución constante de la causa o raíz de los problemas lleva al aprendizaje organizacional y a la mejora continua.

Scrum se acoge a estos principios basando las decisiones de la gerencia en una filosofía a largo plazo incluso sobre los objetivos financieros a corto plazo, trabajando para desarrollar las habilidades de los trabajadores, nombrando un Scrum Master para llevar a cabo los principios del marco de trabajo y el propósito del mismo en cada proyecto, y finalmente trabajando por iteraciones para hacer del aprendizaje una constante. La cultura de Toyota reconoce que los buenos salarios agregan valor a la compañía y que invertir tiempo y energía en proveedores desarrolla recursos confiables y estables. Muchos de los proveedores de Toyota, por ejemplo Denso, han tenido un gran crecimiento gracias a su relación con Toyota; ellos entendieron hace muchos años que los valores humanos conducen a los valores corporativos.

---

34 Takao Sakai, *The Secret Behind the Success of Toyota* (GPS Inc., 2018).

Los tres enemigos de Lean y de Scrum:

No es posible discutir las raíces de Scrum en la filosofía *Lean* de Toyota sin mencionar las tres razones que pueden destruir la existencia de Lean. Toyota se refiere a ellas como el modelo 3M (no se debe confundir con la compañía multinacional) y se compone de:

1. Muda: desperdicio
2. Mura: desequilibrio
3. Muri: sobrecarga

No es una novedad que estos tres elementos sean perjudiciales para una empresa. Ningún ejecutivo de la alta gerencia que quiera conservar su empleo habrá dicho "creo que necesitamos más desperdicio, desequilibrio o sobrecarga. Y sin embargo todos hemos trabajado en alguna empresa en la que es muy visible que existe al menos uno o a veces todos los tres tipos de desperdicio.

Muda es evidente. Se refiere al desperdicio que proviene de reuniones improductivas, exceso de sobrantes de materia prima durante la producción o en general cualquier cosa que no genere valor. La eliminación de dicho tipo de desperdicio está incorporada en el marco de trabajo Scrum, de modo que el primer *Sprint* tendrá más Muda que el segundo y así sucesivamente. Con cada incremento y cada evaluación el equipo se da cuenta de cómo puede trabajar mejor unido de una manera eficiente para eliminar casi todo el desperdicio.

El desequilibrio de Mura puede suceder cuando existen variaciones en la demanda de producción o inconsistencias en su enfoque. Un buen ejemplo es un restaurante: los viernes en la noche para el turno de la cena es necesario tener disponible un servicio completo de meseros y personal de cocina, pero si tuvieran el mismo personal para el desayuno del día lunes la mayoría de ellos no estaría haciendo nada. La mayoría de equipos Scrum no tiene la flexibilidad de un restaurante en cuanto a su personal, pero Scrum enfrentó el problema mediante la creación de equipos multifuncionales.

Cuando existe la sobrecarga de Muri, el equipo se siente abrumado y trae consigo todos sus efectos negativos a la compañía. En una estación de máquinas, por ejemplo, significa que existen atrasos que interrumpen el flujo de trabajo; en un individuo ocasiona enfermedades, ausentismo y estrés. Cuando su computador opera al pleno de su capacidad todo el tiempo, va trabajando más despacio hasta que se congela por completo. Aún así todos los gerentes piensan que, tanto empleados como máquinas, deben estar trabajando siempre y no tener tiempo de descanso. En mi opinión esto no tiene sentido. En Scrum el equipo define el flujo óptimo de trabajo y justo como en el ejemplo anterior pueden trabajar de manera eficiente y asegurarse de que no haya sobrecarga.

LOS ARTEFACTOS DE SCRUM

¿Qué es valor? Puede ser muchas cosas dependiendo de la situación. El aire es gratis en la mayoría de los casos, pero como buzo que se ha quedado sin aire a 20 metros por debajo del nivel del mar, puedo afirmar que algunas veces el aire no tiene precio. El valor no siempre está conectado intrínsecamente al dinero. Cuando Edison falló en la iteración número 4.000 para inventar el bombillo se dio cuenta del valor que tiene aprender qué no funciona.

Todo producto fluye dentro de una corriente de valor y va ganando valor durante el proceso. Los granos de café, por ejemplo, adquieren valor desde la siembra, la recolección, el tostado, empacado y finalmente preparado. Los empleados con buen entrenamiento y experiencia serán capaces de agregar más valor aunque el salario de ellos cueste más. Durante el proceso de siembra del café el valor se genera con un suelo fértil y luz solar. Entre más sabor se logre con la tostión, tendrá más valor. Incluso, el valor percibido es importante, si lleva una etiqueta de Starbucks en su libra de café habrá más personas interesadas. La corriente de valor es dinámica, recientemente el café más costoso es aquel cultivado bajo la sombra. Los productos cambian rápidamente y a veces incluso completamente. Cuando un producto resuelve una necesidad (o la resuelve más rápido) es de mayor valor para el cliente. Por ejemplo en el pasado se publicaba un atlas actualizado cada diez años, ahora Google Maps se actualiza continuamente.

Los tres artefactos de *Scrum* existen para estructurar el trabajo de modo que garantice que agregue valor de manera continua. Además, proveen transparencia y le dan al equipo y a las partes interesadas la oportunidad de inspeccionar el avance y adaptarse como sea necesario. Scrum está estructurado para acompañar el producto durante toda la cadena de valor, maximizándolo durante el proceso. Veamos un ejemplo que puede ilustrar muy bien lo anterior. Un grupo conocido como *Wikispeed* en la costa occidental de Estados Unidos trabaja en la construcción de un vehículo que logre desplazarse 100 millas por un galón de combustible. Lo están haciendo bajo el concepto de código abierto, pero para nuestro propósito asumiremos que tienen un equipo Scrum para desarrollar el proyecto para una compañía llamada *One Gallon*.

¿Por dónde empezamos? Primero, el *Product Owner* define el objetivo del equipo: para reducir el consumo de combustibles fósiles en el mundo deben desarrollar un vehículo seguro y confiable que use solamente un galón por cada ciento sesenta kilómetros (cien millas). Este es un reto grande y emocionante, un carro de tales características le ahorraría al usuario hasta dos tercios de lo que consume actualmente, y si funciona correctamente, tendrá un gran impacto, no solo en el medio ambiente, también en las finanzas de One Gallon. A partir de ese momento cada movimiento y decisión debe llevar al equipo más cerca de alcanzar su objetivo, recortando la burocracia y creando valor durante el proceso.

Product Backlog

Ya habíamos definido brevemente este concepto en el capítulo dos, así como también discutimos cómo el *Product Owner* lo crea y lo mantiene. Ahora entraremos más en detalle acerca de cómo se definen los ítems que llegan a ser parte del *Product Backlog*. Para todos aquellos que quieren empezar a trabajar con *Scrum* rápidamente y con las nociones básicas, el *Product Backlog* podría definirse como una lista ordenada de tareas pendientes, en lugar de artículos completos que crean valor. En verdad este concepto va mucho más allá de la semántica: es aquí donde inicia el verdadero Scrum.

OBJETIVO DEL PRODUCTO

El Objetivo del Producto es el objetivo a largo plazo para el equipo Scrum. Como cualquier buen objetivo, el Objetivo del Producto es específico, medible y enfocado. Además, es estratégico en el sentido de que no representa necesariamente el objetivo final – puede servir como un marcador en el camino hacia el destino final. Este objetivo se sitúa en el Product Backlog y el resto del Backlog ayudará a definir los elementos para lograr el Objetivo del Producto.

> **Cazadores de mitos:**
> *Si usted está familiarizado con la Guía de Scrum, no encontrará el Mapa de Historias (creado por Jeff Patton) en ningún lugar de ella, aunque es un paso importante y garantiza que se han considerado todos los pasos necesarios para ofrecerle valor al cliente.*

MAPA DE HISTORIAS

Si usted conoce la Guía *Scrum* no va a encontrar en ella los mapas de historias en ningún lado. Sin embargo, es un concepto muy importante (creado por Jeff Patton) para asegurar que usted siga los pasos necesarios para proveer más valor al cliente. Permite que el equipo entienda no solamente lo que está desarrollando, sino el porqué. Entre mejor entiendan este concepto, más valor crearán y disminuirá el tiempo que toman en tareas innecesarias. El equipo empieza a crear el mapa de historias y a desarrollar un entendimiento total de las necesidades del usuario final, con base en una secuencia lógica de pasos.

Cuando usted planea sus vacaciones probablemente ya ha completado una versión simplificada de esto al hacer su lista de equipaje. Entonces empieza a pensar en su rutina en la mañana y todos los productos que usa: variedad de jabones, máquina de afeitar, cepillo de dientes. Luego revisa el reporte del clima y piensa en la ropa que usará en aquel destino. Los mapas de historias son similares.

Los mapas de historias se llevan a cabo en tres pasos para darle una idea de la manera como un usuario final va a usar su producto. Cada uno de estos puntos debe ser independiente, negociable, capaz de generar valor, estimable, lo suficientemente pequeño y finalmente, debe poder ser probado.

6.1. Mapa de historias

Primer paso: Secuencia de uso del producto

En el primer paso, en una hoja en blanco o en un tablero de izquierda a derecha y con la ayuda de pequeños papeles, debe ilustrar en secuencia cómo el usuario usará su producto. En el ejemplo del carro, el usuario abre la puerta, se sienta, abrocha su cinturón de seguridad, enciende el vehículo.

Paso dos: Decidir sobre el módulo

En este momento se decidirán todos y cada uno de los pasos de nivel macro que sean necesarios. Veamos el primer paso de la secuencia anterior, abrir la puerta. ¿Qué es necesario para que esto pase? Tener las partes como la puerta y el chasis para poder instalarla. Coloque estos requerimientos en la parte superior, encima de la primera columna. Les sugiero usar notas adhesivas de colores. Ahora debe crear una fila de izquierda a derecha en la parte superior con un color diferente con ítems que digan: puerta, chasis y motor. Lo que debe estar debajo de cada uno de estos puntos son acciones del usuario como abrir la puerta, cerrar la puerta o asegurar la puerta.

Estos elementos que se definen en el segundo paso determinan la columna vertebral del mapa de historias y le darán valor al usuario.

Paso tres: agregar detalles a la columna vertebral

El gran paso final, aunque podríamos entrar en más detalles, es añadirle los detalles debajo de cada módulo de arriba hacia abajo, de mayor a menor prioridad.

Cada uno de los grupos horizontales, organizados por prioridad dentro de cada módulo, crearán una rebanada o representarán el lanzamiento de un producto. Con *Scrum* puro, sería ideal que en el primer *Sprint* pudiéramos desarrollar el carro completo con todo lo que se necesita para agregar valor al producto y recibir retroalimentación. Si esta es una compañía nueva y nuestro vehículo no alcanza las 100 millas por galón, los asientos están impresos en 3D, entre otras limitaciones, entonces el valor de este producto sería la información que recopilamos del primer lanzamiento. Desafortunadamente la construcción de vehículos es un poco más compleja que esto y en el caso de productos complejos como estos, los equipos hacen un poco de trampa con Scrum. Es decir, los adaptan para poder lograr sus objetivos. No estoy recomendando que los equipos se desvíen del uso de Scrum puro ni mucho menos que vayan hacia las malas prácticas como el FrankenScrum o el mal Scrum, solo sugiero que algunas veces las reglas se pueden romper. Aunque es una buena idea adquirir maestría en las reglas antes de decidir romperlas.

Recomiendo que haga lo posible por seguir los pilares y los valores de Scrum. Podríamos decir por el bien de la discusión que el primer *Sprint* consiste en producir un modelo de computador que pueda ser probado virtualmente. O posiblemente nuestra compañía de vehículos puede ser la subsidiaria de una compañía de manufactura tradicional de vehículos y hemos establecido un modelo base para trabajar. Con este tema claro, podemos continuar con el ejemplo.

¿Cuál es el objetivo de los mapas de historias? Queremos un *Product Backlog* ordenado que pueda ser comunicado por medio de ítems del *Product*

Backlog (PBI por sus siglas en inglés) y cada uno de estos ítems será de manera ideal la solución a un problema que tenga el cliente. El volante le permite al cliente girar a la izquierda o a la derecha.

Algunos equipos Scrum definen a los PBI como "historias de usuario" donde cada una de estas historias define el tipo de usuario, lo que quieren y los beneficios que esperan. "Como conductor quiero que sea fácil asegurar y desasegurar la puerta", o "como conductor quisiera un volante sensible". Personalmente no soy fanático de las historias de usuario, pienso que hay mucha gente involucrada en este formato a expensas de todo lo demás. Pero esto se basa en las preferencias personales; mientras sean capaces de lograr la tarea principal no hay problema con que pongan lo que quieran en el tablero. Así como en el ejemplo de la lista de equipaje, si al momento de planear usted se pone en los zapatos del usuario en vacaciones, le ayudará a estimular la memoria y a considerar todos los artículos posibles.

El *Product Owner* trabaja con el equipo para construir un mapa de historias que considere lo que los usuarios necesitan y cómo el equipo puede agregar valor sin descuidar sus objetivos. ¿Qué ítems serán necesarios para construir un vehículo que los usuarios perciban económico, en precio y uso de combustible? ¿Qué ítems convertirían a este nuevo desarrollo en un vehículo más confiable que el que conducen ahora? Los miembros del equipo tendrán diferentes opiniones acerca de cada historia o cada ítem. Surge la pregunta: ¿cuál de ellos realmente merece más tiempo e inversión de *One Gallon*? ¿Qué partes parecen indispensable? ¿Cuáles no ameritan el tiempo ni la inversión? A medida que el *Product Owner* negocia estos temas, el *Scrum Master* facilita la conversación, asegurándose de que se enfoque en el valor y de que el equipo no se comprometa con metas imposibles ni descuide lo fundamental.

Ahora que el *Product Owner* puede priorizar los ítems de trabajo y crear el *Product Backlog*, es tentador pensar en este como una lista de quehaceres, pero es importante especificar que el *Product Backlog* se construye con ítems que vienen del punto de vista del cliente. El *Backlog* da una visión panorámica de los artículos necesarios para crear el mayor valor posible para *One Gallon* y sus clientes.

Igual que los demás elementos de Scrum, el *Product Backlog* cambiará de manera constante, pero este primer esfuerzo es el que guiará al *Product Owner* a visualizar el enfoque del proyecto y a decidir el trabajo de los primeros *Sprints*.

PRIORIZAR

Priorizar es seguramente el corazón de Scrum. Cada parte de trabajo del mapa de historias se vuelve parte de un *Sprint* con el *Product Owner* repriorizando el

Backlog continuamente basado en las evaluaciones del Sprint, la retroalimentación del cliente y el valor cambiante. El objetivo principal del *Product Owner,* cada vez que prioriza el *Backlog,* debe ser optimizar el valor para el cliente. ¿Cuál es el siguiente punto que generará más valor para el cliente? Por ejemplo, para escribir este libro hicimos un esquema y luego escribimos cada capítulo uno por uno. Ahora, imaginemos que publicamos un capítulo a la vez. En este caso evaluaremos si una historia de la vida real en el capítulo seis tiene mayor prioridad porque agrega el mayor valor. Cuando lleguemos al capítulo cuatro nos aseguraremos de que el lector conozca muy bien el material de los capítulos uno al tres y que esté listo para lo que viene en el cuarto. Pero es muy probable que nos demos cuenta de que alguno de los temas mencionados en el capítulo tres necesite mayor explicación, entonces nuestro *Product Owner* renueva la prioridad y solicita que reescribamos el capítulo tres o sugiere que regresemos a este tema en alguno de los siguientes capítulos.

Siempre priorizamos de acuerdo con el valor que represente. Para que el lector entienda lo que viene, resulta imperativo que cada información quede clara en los capítulos previos. El valor no siempre tiene un sentido monetario, puede ser satisfacción al cliente o interés público.

El Product Owner (PO) debe optimizar el valor en el largo plazo. Cuando un ítem de Backlog se encuentra listo para entrar en un *Sprint* todos los criterios de los que dependía tuvieron que haber sido cumplidos y un PBI está listo cuando es completamente procesable. En otras palabras, el alcance del ítem, sus requerimientos, su historia deben estar completamente definidos por el PO. De no ser así los Developers podría rechazarlo para el siguiente *Sprint.* Suponga que el siguiente PBI es una salsa boloñesa (vamos a imaginar que estamos en un restaurante ágil), los Developers (los chefs y el personal de cocina) pueden ver este ítem y darse cuenta de que los requerimientos como la calidad y cantidad no están en la descripción del *Product Owner.* El ítem no está listo para el Sprint.

Ahora supongamos que está listo: el personal entiende los requerimientos y decide cómo va a preparar la salsa. Cuando algo está "terminado" quiere decir que es completamente útil para el cliente, o en este caso, el comensal de la mesa siete. Si estamos preparando salsa boloñesa necesitaremos cebolla, pero no podemos agregar una cebolla a la olla sin pelarla porque no aportará ningún valor a la salsa. Solamente cuando la cebolla ha sido pelada y cortada podrá añadir suficiente valor; si estamos preparando la salsa en equipo debemos discutir primero qué tipo de cebolla la cantidad que usaremos, además de cómo debe estar cortada. El *Product Owner* nos recuerda que el comensal de la mesa siete es Gordon Ramsay y alguien acaba de chocar su carro. Aunque es más rápido cortar la cebolla en trozos grandes, si lo hacemos finamente agregará más sabor a la salsa. No quisiéramos que Gordon Ramsay se enfade. Sin embargo, el PO también nos recuerda que no todos los cortes tienen que ser exactamente iguales, no debemos perder tiempo siendo tan perfeccionistas. Sin importar qué ingredientes usemos o cómo decidamos prepararla, la salsa no va a estar terminada hasta que no esté en su punto y lista para comer.

REFINAMIENTO

El *Product Owner* prioriza y continuamente está refinando el *Backlog* y con éste el objetivo del producto. A medida que lo va haciendo, se prepara para el próximo *Sprint*. Los primeros ítems del *Backlog* son, por obvias razones, los más completos y detallados.

A medida que el equipo va trabajando en cada uno de estos ítems va aprendiendo más, se formula más preguntas y descubre más impedimentos. Las tareas que vienen están menos detalladas, pero mientras las primeras se van terminando, las demás van entrando en contexto; algunas de ellas empiezan perder prioridad mientras otras cambian a medida que el avance del equipo brinde más información sobre el objetivo del producto. Los miembros del equipo empiezan a aportar nuevas ideas y el cliente tiene requerimientos adicionales o el mercado cambia. Si el producto es una salsa boloñesa, el *Product Owner* debe tener en cuenta la retroalimentación del cliente cuando dijo que la salsa estaba un poco picante. En ese momento se pregunta si es posible que una pizca de azúcar cambie un poco la acidez. Si por el contrario el producto es un vehículo nuevo el PO debe entenderse con los malos resultados de la prueba de choque y agregar un PBI que mejore el diseño del chasis.

El refinamiento es un proceso continuo que se nutre de las necesidades cambiantes del cliente y de las variaciones en el mercado. Trabajando en ciclos cortos estamos generando valor en ráfagas para mantener concentrados y motivados tanto al cliente como al equipo.

De cierta manera las reglas de *Scrum* son sencillas. Dirigido por el *Product Owner* y facilitado por el *Scrum Master*, el equipo maneja un inventario de los ítems necesarios y los trabaja en ciclos conocidos como *Sprints*, y a medida que lo completan, el *Backlog* es refinado y optimizado de acuerdo con los ítems que se hayan terminado. De tal manera que el resto del proyecto se empieza a ver más claro y el equipo va adquiriendo más entendimiento de las tareas que debe completar.

Mientras el *Product Owner* complementa el *Backlog* y prioriza los pasos que el equipo seguirá hacia el objetivo, decide lo que el equipo no debe hacer y qué constituye desperdicio. Por ejemplo, muchos productos requieren documentación que nunca se usa. Nosotros trabajamos en un proyecto para el gobierno colombiano que consistía en organizar la tecnología implementada en las universidades. El proyecto tardó dos semanas, ordenamos todo lo necesario, confirmamos que todo estuviera bien y finalmente enviamos la cuenta de cobro. Nos dijeron que debíamos entregar un reporte detallado para que pudieran ordenar el pago. Nunca nos mencionaron esto al inicio del contrato, pero requerían un reporte de ochocientas páginas para pagar.

Producir el reporte demandó el doble de tiempo de lo que nos demoró el proyecto, y dudo que alguien se tomara el tiempo para leer dicho documento: fue una pérdida de tiempo y dinero para nosotros y para ellos como clientes. Nunca se debe pelear con el gobierno, pero seguramente sí se puede decir no a un trabajo que no va a generar ningún valor para el cliente.

El equipo Scrum debe decidir cómo define la palabra "terminado" para su producto, ya que debe ser específica para cada proyecto, pero al mismo tiempo general para poderse aplicar a todos los ítems del *Backlog*.

¿Cuáles son los criterios específicos que debe cumplir cada una de las partes de nuestro vehículo para considerarse terminado? Seguramente debe ser lo suficientemente seguro para pasar los criterios de seguridad en colisiones, lo suficientemente liviano para ahorrar combustible y además debe encajar con la interfaz general.

Ahora tiene un objetivo y un *Product Backlog*, en otras palabras, sabe a lo que está apuntando, pero aún así debe encontrar la mejor manera de alcanzarlo. Muy probablemente usted pueda anotar un gol en hockey si solo va en zigzag durante una hora por todo el campo, pero cansará a los jugadores de su equipo, los fanáticos se frustrarán, aumentará el riesgo de lesión de su jugador estrella y disminuirá las posibilidades de ganar el juego.

ESTIMANDO

Si usted viene de los métodos tradicionales de gerencia de proyectos debe olvidar todo lo que sabe acerca de estimar. Ya no existirán esos días donde llama a varios departamentos para revisar los datos históricos y hacer un estimado del tiempo que tardará desarrollar algunas tareas. Inclusive estimar tareas utilizando un software con un algoritmo complejo no lo salva de cometer errores.

Dele un vistazo a su vida personal. ¿Cuántas veces ha estimado de manera exitosa el tiempo que le tomará pintar una habitación, cambiar un electrodoméstico o simplemente reparar una bisagra? Entre menos experiencia tenga con una tarea más complicado va a ser estimar el tiempo correctamente. Adicione el optimismo humano "no tardaré mucho" y verá el problema. Así que, si es difícil estimar el tiempo que tomará pintar una habitación, imagínese qué pasará cuando se trata de construir un pozo petrolero. No es una sorpresa que muchos proyectos estén por encima del presupuesto y se tarden más de lo estimado.

Los usuarios de Scrum dependen de estimados relativos del trabajo en vez de adivinar el tiempo que tardará. Como se detalla en *"Agile Estimation and Planning"*, escrito por Mike Cohn, la planeación del tiempo no se relaciona directamente con la precisión del plan. Existe un punto a partir del cual, así se invierta más tiempo en la planeación, no mejora la precisión de los estimados planeados.

En planeación tradicional, el costo depende del tiempo. ¿Cómo funciona el tiempo exactamente? Si usted es un corredor principiante es posible que corra 5 kilómetros en media hora, pero si duerme mal la noche anterior, el clima es húmedo y caliente o sus músculos están adoloridos tardará aún más. Su tiempo mejorará mes a mes mientras su técnica también mejora. En líneas de ensamblaje de automóviles los gerentes sueñan con ser más predecibles en sus estimativos. Hoy en día la mayoría de los proyectos, desde el desarrollo de *software* hasta proyectos de ingeniería para desarrollar nuevas formas de transporte, son impredecibles. Demasiado tiempo de planeación puede ser tiempo perdido, pues es el mismo que invierte un grupo multi talentoso que trabaja en iteraciones que ayuden a sacar el proyecto adelante.

Es posible mejorar la predictibilidad de una manera diferente. Estimando los seres humanos no pueden hacer determinaciones exactas y absolutas. Si estamos en una habitación con treinta personas y yo le pido que me diga la estatura de cada una de ellas lo mas probable es que falle por algunos centímetros, sin embargo, es posible hacer comparaciones. Pero si se le pide organizar a estas treinta personas en una fila usted pone a la más bajita a la izquierda y la más alta a la derecha, las demás van en el centro, las va organizando y puede lograr estimar sus estaturas relativas.

De una manera muy similar el equipo Scrum considera, compara y estima la cantidad de trabajo, la incertidumbre y la complejidad de cada tarea. Cada uno de los miembros del equipo aporta su experiencia y su instinto; considerando todos los factores el equipo puede planear un poco, lo suficiente para empezar de inmediato.

Existen muchos enfoques de estimación disponibles para la comunidad ágil, pero muchos usan *Planning Poker*®[35]. Este no es parte de la guía Scrum

---

35 "Planning Poker," después de su creación, se ha convertido desde entonces en una marca registrada de Mike Cohn y Mountain Goat Software (consulte https://www .mountaingoatsoftware.com). Esta mención no debe considerarse una recomendación del software.

pero se ha convertido en una técnica ampliamente aceptada y utilizada. Acuñada por primera vez por James Greenign en el 2002[36], implica el uso de una baraja y consiste en que, por medio del juego, los usuarios logran llegar a un consenso en el estimado de cada ítem.

Planning Poker es el método que usaremos para proveer una herramienta que usted puede usar ahora. Cada jugador (usuario) recibe una baraja de cartas pequeña (use los términos "cartas de planeación ágil" o de "puntos de historia" para buscar en internet) o simplemente puede usar fichas. En lugar de las cartas con sus pintas y números normales cada una tiene un solo número. Para propósitos de este libro usaremos la secuencia *Fibonacci* que consiste en una serie de números naturales que empiezan desde cero con cada número de la secuencia siendo la suma de los dos anteriores. Se ve así: 0, 1, 2, 3, 5, 8, 13, 21, 34, 55, 89, etc.

Cada número corresponde a una cantidad relativa de trabajo y con el fin de ser relativo debemos definir un punto de referencia con el que el equipo esté de acuerdo. Personalmente me gusta empezar en 2 o 3 como el punto base en caso de que se presente un ítem más pequeño de lo esperado, existan dos o tres números que le pueda asignar.

Si usted estuviera estimando tareas de su vida diaria, una muy simple, es cepillarse los dientes. Le podríamos asignar un 2. Nuevamente insisto en que no es la cantidad de tiempo lo importante sino la cantidad de trabajo estimado para la tarea. Entonces si cepillar sus dientes es un 2, preparar la cena puede ser un 5, lavar su carro un 8 y cortar el césped un 13, dependiendo del tamaño de su jardín y la capacidad de sus herramientas. ¿Ve lo que estamos logrando? Justo como lo hicimos con el corredor no estamos midiendo el tiempo sino la distancia (trabajo). Un atleta de talla mundial puede tardar trece minutos en correr los 5 kilómetros, mientras que alguien que no se ejercite puede hacerlo en una hora, pero la distancia es la misma. Un chef profesional puede estimar la preparación de una cena familiar en 3. Estas discrepancias nos permiten crear un escenario más preciso.

¿Qué pasa cuando introducimos la incertidumbre en la mezcla? ¿Qué pasa si la persona que no se ejercita solo ha corrido alrededor de su manzana? ¿Cómo puede estimar la cantidad de trabajo que requiere correr 5 km? Incluso si nuestro personaje sedentario asume que será fácil, el equipo puede estimar al alza debido a la incertidumbre y también considerar la complejidad. Si la

---

36 James Grenning, "Planning Poker or How to avoid analysis paralysis while release planning," SEWiki, Abril 2002, https://sewiki.iai.uni-bonn.de/_media/teaching/labs/xp/2005a/doc.planningpoker-v1.pdf.

maratón se va a correr en las montañas, es importante medir la inclinación y tener en cuenta la altitud.

La estimación ocurre idealmente durante el refinamiento. El *Product Owner* solicita al equipo su aporte en un evento con límite de tiempo. El *Product Owner* explica los detalles del PBI y cada miembro del equipo debe poner boca abajo en la mesa un número que crea que se relaciona con la cantidad de trabajo. Digamos que el equipo de *One Gallon* está de acuerdo con que el diseño y la impresión 3D de un modelo a escala es un 3. Un PBI discutido puede sugerir "hacer el volante más sensible" como retroalimentación. Ahora cada uno debe estimar el valor de este nuevo requerimiento: si todos dicen que 8 es perfecto, han llegado a un consenso y pueden seguir con el siguiente. Pero el consenso en el primer intento es poco frecuente.

Lo que normalmente sucede es que tendrá un 8, quizás un par de 5 y dos personas salen del promedio, Sebastián juega un 3 y Natalia juega un 21. ¿Qué pasa aquí? ¿Son ineptos o incompetentes? De ninguna manera. De hecho, cuando existen números fuera del promedio, la causa puede ser que exista un malentendido o que estén viendo la tarea desde una perspectiva única.

Aquellos que presentan números extremos tienen la oportunidad de exponer las razones para su elección. Esto se logra con apertura y honestidad: ¿recuerda la importancia de la seguridad sicológica? Es mejor que se olvide ahora de este concepto, pues puede que haya miembros del equipo que dicen estar de acuerdo con algo solo por agradar a los demás, aunque en realidad ven las cosas de otra forma. Tal perspectiva es clave para el éxito del producto.

Sebastián explica que, a su juicio, lo que deben hacer es apretar el conjunto de barras de acoplamiento y cambiar el material de los rodamientos. Natalia, por su parte, está de acuerdo con Sebastián pero advierte que para alcanzar el requerimiento de manera idónea deben hacer una revisión completa. Estas anomalías en los números, que son resultado de diferentes perspectivas acerca de la tarea o el trabajo que involucra, se resuelven con la aclaración del PO.

Es posible la revisión completa que propone Natalia no sea necesaria, pero Sebastián tiene razón: quizás el equipo no haya tenido en cuenta esta solución. Después de que Natalia y Sebastián explican su posición y el PO hace las respectivas aclaraciones el equipo adelanta otra ronda de estimación.

El objetivo es llegar a un consenso. Si todos estiman con el mismo número, ¡aprecie esta coincidencia única! Si los números están cerca promédielos. Recomendamos hacer máximo tres rondas de *Planning Poker* por cada tarea. Si después de las tres rondas Sebastián se obstina e insiste en el 3 mientras que los demás tienen números más altos, descarte su número y promedie con los demás. Consenso no significa que todos estén totalmente de acuerdo, sino que cada uno ha tenido la oportunidad de expresar su opinión acerca del trabajo requerido. Retomando el tema del valor del compromiso, cada uno de los miembros del equipo demuestra compromiso avanzando una vez la decisión es tomada incluso, aunque no esté de acuerdo.

Ahora tiene un sistema de puntos asignados a cada PBI. Debido a la naturaleza dinámica de *Scrum* es posible que no todos estén lo suficientemente refinados como para ser estimados. De igual manera es bueno que el equipo estime por lo menos los siguientes dos o tres *Sprints*. Así, si los ítems del primer Sprint se completan antes de lo esperado el equipo puede empezar a trabajar en los siguientes PBI. Veremos cómo estos puntos son relevantes para entender el trabajo e incrementar la velocidad de cada Sprint.

El Sprint Backlog

El *Backlog* del Sprint es creado en el evento de planeación del mismo, evento que veremos un poco más adelante. El *Sprint Backlog* es parecido al *Product Backlog* de muchas maneras. El *Sprint Backlog* está compuesto por los PBI que han sido seleccionados para el Sprint actual, pero contienen detalles que van hasta las tareas individuales que deben ser completadas para cada uno. El *Sprint Backlog* debe ser visible para todos, normalmente por medio de un tablero grande donde se ubican notas que muestran las tareas. Dichas tareas pueden ser reorganizadas en cualquier momento, definiendo un mapa de lo que se debe hacer. De tal manera es posible tener, tanto el plan de hoy como el plan a largo plazo, para que todos lo puedan ver. Este tablero es una herramienta de transparencia y sirve para que cada uno de los miembros del equipo sea consiente del trabajo de los demás, las tareas pueden moverse a conveniencia del equipo y hay claridad cuando algo no está funcionando.

Una vez que el trabajo del primer Sprint está en el tablero, el equipo inspecciona, discute y analiza las tareas que cada uno de los miembros del equipo va a desarrollar. El orden de las tareas también puede ser analizado en esta fase. Cada vez que se define una tarea puede agregarse al *Sprint Backlog*.

Objetivo del Sprint

Al igual que el Objetivo del Producto es el objetivo singular de enfoque, el Objetivo del Sprint es el objetivo singular del Sprint. El Objetivo del Sprint también ayuda a los Developers a trabajar juntos en el fin común. Y aunque el objetivo en sí mismo es fijo, el equipo tiene libertad para decidir como lograrlo.

El equipo decide el Objetivo del Sprint durante el proceso de Planeación del Sprint y el objetivo se añade posteriormente al Backlog del Sprint. En caso de que la naturaleza del trabajo planificado cambie o se desvíe de alguna manera del enfoque previsto, el equipo consultará con el Product Owner para discutir la adaptación del alcance sin cambiar el objetivo en sí.

Incremento

Ya hemos tenido la oportunidad de hablar acerca del incremento en el capítulo dos. Sin embargo, como estamos discutiendo los artefactos en detalle, sería descuidado de mi parte no mencionarlo, aunque sea de manera breve.

Un incremento es la suma de todos los elementos del Product Backlog que se completan durante un Sprint y el valor total de los elementos completados del Sprint anterior. No obstante, el primer concepto puede confundir a las personas algunas veces. Si en este momento le pregunto cuántos incrementos tenemos después de tres *Sprints* y quince PBI completados, cuál sería su respuesta . . . Si pensó en uno, está en lo cierto.

Un equipo de fútbol puede anotar siete goles en un partido, pero el valor del puntaje siempre será uno solo. Es decir, en este caso el valor del puntaje es siete. Otro ejemplo puede ser: usted construye una casa pequeña de dos pisos, luego puede añadir un tercer piso, expandir la cocina y crear un espacio adicional en la sala. Después de todo el trabajo usted tendrá solamente una casa, solo que mejorada y con más valor agregado.

Los únicos requerimientos son: que el valor de los incrementos al final de cada *Sprint* debe estar de acuerdo con la definición de terminado del equipo, que el trabajo pueda ser inspeccionado y que el incremento nos acerque al objetivo del producto. Suponga que un *Sprint* produce un resultado que no puede ser lanzado, pero sirve como una lección para entender lo que no funciona. Si algo no está terminado no puede hacer parte del incremento y no genera valor, aunque deje lecciones y aprendizajes.

LOS CINCO EVENTOS SCRUM

Evento uno: El Sprint

El equipo, liderados por el *Product Owner*, el *Scrum Master* junto con el equipo, deben decidir la caja de tiempo, es decir la duración de cada *Sprint* y el pulso del proyecto y el equipo. Normalmente este periodo es de una a cuatro semanas, lo suficiente como para lograr un brote de concentración comunitaria en una o varias tareas. Entre más incertidumbre haya con el proyecto, menor debe ser la caja de tiempo. Pero cada Sprint será de la misma duración. Se podría decir que un juego de hockey cuenta con tres *Sprints*, cada uno de veinte minutos, y los puntos que se anoten en cada uno de estos deben sumar un puntaje ganador.

El *Sprint* es un evento definido por una caja de tiempo que contiene en sí mismo a los otros cuatro. Es decir, los eventos que veremos a continuación se llevan a cabo dentro del *Sprint*. El propósito del *Sprint* es producir un objetivo, un incremento que genere valor agregado a la meta general; cada Sprint es como una hipótesis. El primer *Sprint* del equipo de *One Gallon* puede producir un prototipo en 3D del automóvil como parte de un PBI. Parte de la hipótesis de que el prototipo logre el coeficiente de arrastre 0.315 que se requiere para el vehículo. Quiero aclarar que este no es buen Scrum ya que el cliente no puede usar este prototipo: ha generado valor agregado al proyecto, pero no es un incremento entregable. Sin embargo, funciona para ilustrar cómo los *Sprints* ayudan a probar las hipótesis.

Las reglas del *Sprint* son simples: una vez establecido el objetivo no se puede cambiar, la calidad no se debe disminuir, cualquier cambio o aclaración del enfoque del Sprint debe ser negociada con el *Product Owner*, y finalmente, un *Sprint* puede ser cancelado, pero solo el PO tiene la autoridad para hacerlo y normalmente bajo circunstancias extraordinarias. Por ejemplo, un cambio muy grande en las necesidades del cliente o un cambio en el mercado.

6.2. Ciclo del Sprint

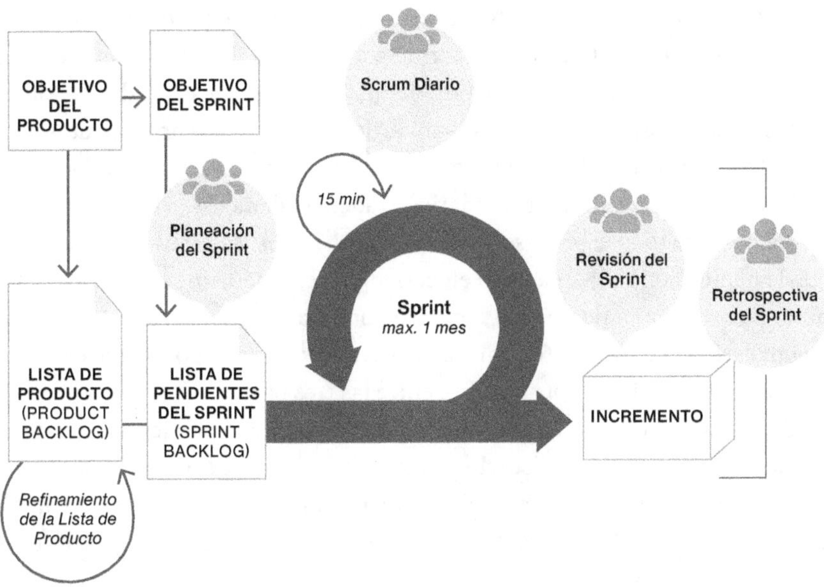

Evento dos: Planeación del Sprint

Este evento se divide en tres partes, cada una de ellas responde a una pregunta específica. La primera parte corresponde al *por qué*, la segunda corresponde al *qué* y la parte final corresponde a *cómo*.

El equipo completo está en las primeras dos partes de la planeación, viendo *por qué* el Sprint es importante y examinando *qué* es lo que se debe hacer. Ya que el equipo es multifuncional el grupo es capaz de analizar el trabajo de manera holística evitando cualquier conflicto potencial y buscando rápidamente soluciones a los obstáculos. Si el equipo estuviera trabajando de la manera tradicional, en nichos, el proyecto perdería el poder que le brinda la concentración colectiva, es decir, la oportunidad que le da a un diseño ser apoyado por ingeniería y desarrollo de software y el entendimiento que le dan las relaciones públicas. Existen también muchas preguntas: ¿Hay otros PBI que deben ser incluidos? ¿Hay tareas que deben ir juntas? ¿Qué otros ítems agregan valor al cliente? ¿Debe estar presente el *Product Owner*, y si lo está es con el fin de aclarar y responder preguntas acerca de los PBI? ¿Es mucho trabajo? ¿Existe una manera diferente de dividirlo?

El rol del *Scrum Master* en la planeación del *Sprint* reside en asegurarse de que ocurra. Especialmente para novatos en *Scrum* es muy fácil recortar camino asumiendo que el *Product Owner* es el jefe y que no hay necesidad de que todos los miembros del equipo opinen y colaboren en cada *Sprint*, pero estos pequeños ahorros de tiempo reducen la motivación y afectan el flujo creativo del equipo. Cada uno de los miembros del equipo es responsable de usar su experiencia y conocimiento para ayudar a guiar el proceso y de ahí la importancia de que cada uno tenga voz y voto en la planeación, realización y revisión del *Sprint*. Un desarrollador de software puede ver algo que el diseñador no verá. El *Scrum Master* también facilita la planeación del *Sprint* de manera que no se pierda de vista la sabiduría de la teoría y la práctica de *Scrum* durante la discusión. Mantiene los valores y aspectos de *Scrum* en su sitio incluso cuando es tentador olvidarlos y además demuestra las virtudes de *Scrum* durante todo el proceso. Finalmente, el *Scrum Master* es quien asegura que la planeación se lleve a cabo en el tiempo acordado, un máximo de ocho horas para un *Sprint* de un mes, o cuatro horas para un *Sprint* de dos semanas que deberían ser suficientes para cubrir las tres partes de la planeación. El tiempo no se divide uniformemente entre las tres partes.

Supongamos que el equipo está de acuerdo con que pueden alcanzar los primeros cuatro PBI de la lista, los puntos de cada una de estas son: 8, 15, 7 y 11 (recuerde que estos son promedios redondeados usando la escala *Fibonacci*); esto da un total de 41 puntos. Más adelante veremos cómo se usan los puntos para calcular la velocidad.

En la tercera parte de la planeación del *Sprint* las prioridades y tareas se aclaran. Aquí es cuando los Developers discuten cómo harán el trabajo Generalmente el *Product Owner* se va en este momento, y aunque esta persona no es el jefe, su presencia puede ser intimidante. Por otro lado, si la persona cuenta con conocimientos técnicos puede sobrepasar su labor y sugerir cómo se debe realizar el trabajo. ¿Por qué esto es malo? ¿Qué tan posible es que usted se responsabilice de sus resultados si alguien le dijo cómo debía trabajar? Sin embargo, cuando el equipo toma estas decisiones entre ellos es más probable que intensifiquen la labor y se ajusten en el caso de desviarse del plan inicial.

La prioridad del *Product Backlog* no debe cambiar mientras se deciden los ítems: si el *Product Owner* y el equipo determinan que se pueden completar los primeros cuatro PBI durante el primer *Sprint*, el equipo de Developers decide cómo va a trabajar el primer ítem y definen más a fondo las prioridades y tareas que implica. En este punto quiero ser muy claro: el equipo no puede decidir que va a adelantar primero el cuarto de los ítems, sino que debe seguir el orden dado por el *Product Owner*. Ahí es donde entra en juego el compromiso.

El *Backlog* del *Sprint* es comunicado durante este evento. Su forma y lineamiento general de progreso empiezan a ser claros, pero el trabajo diario puede mostrar asuntos que no habían sido tenidos en cuenta, así como también nuevos impedimentos. Tendremos acceso a nueva información.

¿Le parece que esto es muy incierto? ¿No debería el equipo costear los diferentes planes, definiendo el tiempo necesario del personal y decidiendo cuándo termina un paso e inicia el siguiente? Este es el momento donde la incertidumbre de Scrum se vuelve clara: un alto nivel de incertidumbre puede ser algo a lo que se debe temer y amar al mismo tiempo y es una constante durante el siguiente evento.

Evento tres: Scrum diario

El equipo llega a trabajar y se reúne durante quince minutos cada día frente al *Backlog* del Sprint, en un proceso que se conoce como Scrum diario. Este evento tiene lugar todos los días en el mismo lugar y a la misma hora. Es muy frecuente cuando empiezo a trabajar con un equipo nuevo que alguien suba un poco la mirada y pregunte: "¿Debe ser todos los días? ¿No cubrimos suficientes temas ayer?" Aún cuando yo también pienso que las reuniones son la perdición de nuestra existencia, me tomo muy en serio el Scrum diario ya que una de las fortalezas más grandes de Scrum es que ayuda a las personas a comunicarse mejor, esto por su parte ayuda a resolver problemas más fácil y rápido, crea más aceptación del proyecto y lo recarga con una energía tal que eleva la motivación.

La comunicación cara a cara es la mejor de todas, pero existen situaciones donde cada uno de los miembros del equipo está en una sucursal o incluso ciudades distintas, así que resulta esencial un sistema estable de videoconferencia.

Nótese que este evento no lo llamamos "reunión", porque es rápido, regular y productivo; el evento está enfocado en la replaneación del Sprint y la sincronización hacia el objetivo, identificando los impedimentos a lo largo de este. Muchas veces es mejor que el PO no asista al Scrum diario para que el equipo trabaje por sí solo sin sentir supervisión. Por otro lado, el *Scrum Master* está presente al menos en las primeras reuniones con el fin de facilitar y enseñar la metodología a medida que el equipo trabaja en los retos y también ayuda a ver los impedimentos de manera más clara. El equipo siempre tiene la opción de invitar al SM si quiere.

El evento es simple: cada uno de los miembros del equipo se registra y juntos los Developers se aseguran de estar alineados con el Objetivo del Sprint y seguidamente planean sus siguientes veinticuatro horas.

Algunas veces un impedimento es muy simple: la pantalla de un computador está parpadeando, entonces usted va al departamento técnico y lo repara o lo cambia. Otras veces es más complejo o puede ser algo que está consagrado en la estructura empresarial y debe ser resuelto a un nivel incluso más alto que el *Scrum Master*. En el capítulo uno escribí acerca de una historia donde teníamos problemas constantes con la conexión a WiFi. Cada pequeño problema debía ser referido al departamento técnico y se resolvía en orden, aunque el problema era claramente sistemático. Había retrasos en nuestro progreso y cada vez nos decían que debíamos seguir el protocolo. Finalmente decidí invitar a uno de los altos ejecutivos a almorzar y el problema general fue resulto. Scrum motiva los cortes de la burocracia y la innovación en cuanto a la resolución de impedimentos. Mientras se enfrentan y resuelven los problemas se va dando un valor agregado, incluso mas allá de lo que pide el contrato.

Evento cuatro: Revisión del Sprint

La última parte de cada Sprint es la retroalimentación y es probablemente la más importante. Es acá cuando el equipo muestra su trabajo al cliente para que lo revise: ven su reacción, discuten lo que han aprendido y la información se usa para enfocar y mejorar el producto. Iteración tras iteración el producto va mejorando y evolucionando hasta que el trabajo está terminado, digno de la aprobación del chef Ramsay o del interés de un inversionista.

Esta retroalimentación se obtiene durante la revisión del Sprint, cuando el equipo muestra lo que ha hecho a todas las partes interesadas. ¿Qué ganamos?

¿Qué aprendizaje hubo que pueda cambiar el curso del proyecto? El equipo se sienta con el cliente para revisar el producto de este Sprint; en nuestro ejemplo sería el prototipo del vehículo. Algunas veces ha sido difícil para mi convencer a un cliente de que debe estar presente en los eventos de planeación y revisión, ya que es necesario confirmar que las prioridades del cliente no hayan cambiado, y si lo han hecho, se requiere ajustar las del equipo.

Este prototipo provee algo esencial que se puede inspeccionar y considerar, generará más ideas y de esta manera será exitoso. Estamos al inicio del proyecto, donde la incertidumbre es muy alta pero el costo del cambio es mínimo. Si encontramos los cambios sustanciales ahorramos tiempo y dinero en el futuro. La siguiente iteración, y en general el proyecto, tomarán la información que surja de la retroalimentación. Durante la revisión el *Product Owner* puede rastrear el progreso que el equipo ha hecho para cumplir la misión; cada Sprint sirve como plataforma de lanzamiento del siguiente y el *Product Backlog* se va completando ítem por ítem y Sprint por Sprint.

Volviendo a nuestro sistema de puntos, digamos que el equipo completó fácilmente los cuatro PBI con los que se comprometieron en la planeación, lograron completar los 41 puntos de valor y empezaron a trabajar en el quinto PBI; si alcanzaron a completar 41 puntos en este Sprint su velocidad es 41, luego ven qué más pueden lograr.

Evento cinco: Retrospectiva del Sprint

Llegamos finalmente a la retrospectiva del Sprint. Este evento representa la oportunidad que el equipo tiene de analizar su progreso y el PO actúa como otro miembro más del equipo. ¿Cómo trabajó el equipo? ¿Qué aportó valor realmente? ¿Qué retrasó al equipo? El Scrum Master facilita el evento, así como aporta sus propios comentarios. Es en este punto donde los miembros del equipo deben ser abiertos y se debe trabajar en dar crédito a los demás, al igual que analizar su propio rendimiento y considerar cómo mejorarlo. ¿Qué tan bien mantuvieron los valores de Scrum? ¿Dónde existió roce? He trabajado con varias culturas y he visto de primera mano las dificultades que puede tener una cultura que valora la puntualidad y honrar sus promesas y aquellos que vienen de una cultura donde las promesas son una amabilidad social más que un compromiso serio.

Este es el tipo de asuntos que las personas pueden discutir con buena voluntad y adaptarse. Suena difícil pero de hecho es una manera de crecer a nivel personal mientras hace su trabajo, de desarrollar relaciones con sus colegas y de entregar al cliente el mayor valor posible.

Scrum se trata de aprender y mejorar. En cada Sprint se espera mejorar con respecto al anterior, aunque no existe el proceso de Scrum perfecto y al principio de la implementación todo se sienta como un proceso caótico e incierto. De hecho, es acá donde cualquier proyecto inicia de verdad, pues mientras un montón de datos y planeación generen en algunas personas más seguridad, esto no es más que una percepción. La seguridad se logra al pensar de manera realista, trabajar con un equipo en el que confíe e ir al trabajo todos los días con sentido de pertenencia y entusiasmo.

Ponemos mucha atención en garantizar que el evento de retrospectiva se lleve a cabo en todos los Sprints ya que esto nos ayuda a hablar de lo positivo del trabajo y a encontrar las herramientas para ayudarnos a mejorar. Cuando no se lleva a cabo este evento pueden existir problemas que no se han enfrentado y se convierten más adelante en una pesadilla. La retrospectiva es la oportunidad del equipo para discutir lo que está bien y lo que se puede mejorar. Es posible que existan cinco sugerencias de cómo mejorar en el siguiente Sprint, pero implemente solo una. Si usted va al médico por un dolor y le receta cinco medicamentos no va a saber cuál de las cinco alivió su dolor. Es decir, si implementa una solución podrá tener la visibilidad del impacto que tuvo en su trabajo.

¿Qué pasa si el equipo dice que no hay nada que mejorar? No es posible, siempre hay espacio para mejorar, debe revisar mejor.

MIRANDO HACIA EL PRÓXIMO SPRINT

Un Sprint completo y una iteración completa han sido logrados en todas sus etapas. El Sprint dio como resultado un prototipo tosco, resolvió algunos problemas y ahora nos enfrentamos a otros nuevos; sin embargo, lo más importante es que fuimos capaces de producir valor. Ahora es tiempo de iniciar un nuevo Sprint. Cabe destacar que el resultado del Sprint no es solo la suma de las tareas completadas, sino el conocimiento adquirido con la ejecución de esas tareas y lo que revela el trabajo que hay por delante. A lo largo de este Sprint el *Product Owner*, con la ayuda del equipo, logró refinar el objetivo del producto y priorizar el *Backlog* del Sprint y del producto.

Siguiendo con nuestro ejemplo, supongamos que el equipo logró completar todos los PBI de este Sprint, es decir, los 41 puntos que fueron planeados. Y debido a que finalizaron su trabajo antes, completaron el primer ítem del siguiente Sprint que vale 8 puntos, así que terminaron el primer Sprint con 48 puntos. ¿Esto quiere decir que para el siguiente deberían apuntar más alto? Si usted es un gerente que se convertirá en *Product Owner* su respuesta probablemente sea: "¡Sí, claro! Debemos esforzarnos más. Vamos por 60 puntos". Por favor le pido que resista esa tentación. La filosofía Scrum cree que es importante establecer una velocidad meta basada en los resultados promedio de los últimos tres Sprints. Para ilustrarlo mejor supongamos que los tres Sprints anteriores tenían como meta una velocidad de 41 puntos, pero como el equipo terminó temprano cada uno de ellos, el primero dio como resultado una velocidad de 49 puntos, el segundo de 45 y el tercero de 50 puntos. En este orden de ideas la meta en velocidad del cuarto Sprint será de 48 puntos y el valor del trabajo se mantiene igual, justo como en el ejemplo del corredor. Lo que cambia mientras el equipo progresa es que son más rápidos, se acostumbran a trabajar juntos, entienden el estilo de trabajo de los demás y aumentan la productividad a medida que el enfoque se vuelve más claro.

En el siguiente capítulo encontrará algunos casos de estudio de la vida real y con bastantes sorpresas. Justo los retos para los que Scrum fue desarrollado.

SU LIBRO DE JUGADAS SCRUM

▸ Scrum practica el enfoque en acciones que nos llevan más cerca a la visión y a "terminado".

▸ Scrum tiene tres artefactos: Product Backlog, Backlog del Sprint e incrementos.

CREAR UN PRODUCT BACKLOG:

▸ Los mapas de historia identifican las necesidades del cliente en forma de historias. Cada una debe ser independiente, capaz de generar valor, estimable, lo suficientemente pequeña y comprobable.

▸ Los tres pasos para crear un mapa de historias son:
  – Crear la secuencia de uso del producto de izquierda a derecha.
  – Crear los pasos más largos (módulos de la columna vertebral) dentro de los cuales se incluirán los puntos anteriores.
  – Comunicar los detalles requeridos en cada módulo trabajando de arriba hacia abajo.

▸ El mapa de historias es utilizado para generar un *Product Backlog* con los ítems necesarios para lograr el Objetivo del Producto.

▸ Los ítems del Backlog son estimados, priorizados y rebanados en ítems del *Product Backlog*.

▸ La estimación se logra de diferentes maneras, *Planning Poker* es uno de los métodos más populares junto con los números de la secuencia *Fobonacci*.

▸ La duración de los Sprints y la definición de "terminado" son decididas antes de primer Sprint y continuamente refinadas.

▸ El Sprint Backlog, que es creado por los Developers, desglosa el Product Backlog en un Objetivo del Sprint y tareas. Este trabajo se vuelve visible al publicar estos ítems en una ubicación central.

LOS CINCO EVENTOS DE SCRUM SON:

▸ **El Sprint:** es un evento medido por una caja de tiempo donde ocurren todos los demás. La duración máxima de un Sprint es de cuatro semanas. Puede ser cancelado por el *Product Owner*, pero el objetivo y las medidas de calidad no pueden ser modificadas.

▸ **Planeación del Sprint:** es un evento compuesto por tres partes. En la primera el equipo completo clarifica por qué este Sprint es importante, entonces en la parte dos presenta y decide cuáles PBI va a incluir en su trabajo; el PO y los Developers llevan a cabo una negociación y el SM sirve de mediador. En la tercera parte los Developers deciden cómo van a hacer este trabajo y detalla los PBI en ítems y tareas. Un Sprint de cuatro semanas requiere una caja de tiempo de ocho horas, uno de dos semanas necesita una caja de tiempo de cuatro horas.

▸ Un **Scrum diario** de quince minutos tiene presentes a todos los Developers del equipo a la misma hora y en el mismo lugar para asegurar que se encuentran alienados con el Objetivo del Sprint y seguidamente, planean las siguientes 24 horas de su trabajo.

▸ A lo largo del proceso el PO prioriza y refina el *Product Backlog* continuamente.

▸ Cuando el Sprint termina se lleva a cabo una **Revisión del Sprint** con el cliente y todo el equipo con el propósito de inspeccionar los resultados, discutir y considerar lo que es necesario más adelante.

▸ Finalmente, el equipo lleva a cabo una **Retrospectiva del Sprint** donde consideran qué funcionó, qué no y qué debe ser modificado de ese punto en adelante.

Jugando su mano

Ahora tiene una idea clara de cómo crear un mapa de historias, priorizarlo, refinar el *Product Backlog* y estimar los PBI.

Aquí están sus ítems de acción:

○ Crear un Product Backlog usando las técnicas discutidas en este capítulo.

○ Con todo el equipo hacer un estimado de los puntos de sus historias para aproximar el número de PBI que requerirán los siguientes dos o tres *Sprints*.

○ Decidir la duración de su Sprint y definir "terminado".

○ Seleccionar una fecha para su primer Sprint e iniciar la planeación de ese Sprint.

CAPÍTULO SIETE

Haga sus apuestas: Definiendo y entregando valor

El precio es lo que se paga, el valor lo que se recibe.
—**Warren Buffet**[37]

Drew había hecho lo impensable: un estudiante de MIT que había tomado un año sabático de la universidad para trabajar en una compañía emergente que se dedicaba a la preparación para exámenes. Él había planeado usar el tiempo que tardaría su viaje en bus de Boston a Nueva York, algo más de cuatro horas, para adelantar trabajo. Se subió al bus, sacó su computador del maletín y en ese momento se dio cuenta de que se le había olvidado una pieza clave para poder adelantar la tarea: su memoria USB. No iba a poder trabajar como había previsto. Cuatro horas completamente perdidas. Frustrado empezó a pensar y se le ocurrió la brillante idea de empezar un nuevo proyecto, algo que volvería obsoleta la necesidad de una memoria USB. ¿Será posible que tuviera valor? ¿Alguien querría usarlo?

Scrum se trata de crear y agregar valor de la manera más rápida posible. En el capítulo anterior discutimos el concepto de valor. En el siguiente capítulo definiré más a fondo el concepto de valor, mostraré cómo el valor cambia con el tiempo y examinaré cómo evaluar sus teorías para determinar si el valor que usted percibe es real a los ojos del cliente. Ideas hay muchas, lo que importa es ponerlas en práctica. Muchas buenas ideas son puestas en práctica con tiempo, energía y dinero y sin embargo no producen los resultados esperados.

---

37 Zack Friedman, "Here Are 10 Genius Quotes from Warren Buffett," *Forbes*, Octubre 4, 2018, https://www.forbes.com/sites/zackfriedman/2018/10/04/warren-buffett-best-quotes /#220ca6d94261.

(¿Alguien recuerda los casetes de Betamax?). Todos hemos visto negocios que vienen y se van muy rápido y una de las muchas razones de su fracaso es la incertidumbre que tienen sobre el valor que agregan al cliente. Otro error muy común es la falta de entendimiento acerca de cómo el valor cambia y se adapta de acuerdo con los cambios que ocurren a nuestro alrededor.

EL VALOR SIN CONTEXTO NO ES VALIOSO

Imagine que usted está jugando póker y su mano incluye un as, un rey, una reina, una jota y un diez, y todos son diamantes. Esta es una mano que tiene gran valor, pero si usted se retira y se levanta de su silla, es decir nunca juega las cartas, se convierten solo en un pedazo de papel sin valor. Es igual en Scrum, el valor se refiere a lo que usted puede ofrecer a sus clientes. Su colección de partes o servicios solo generan valor si son ofrecidas como algo que el cliente pueda usar. Incluso el mejor de los automóviles no tendrá valor alguno para el conductor si le falta una rueda. La guía de Scrum no provee una definición de valor porque su mejor significado se encuentra en su contexto, así que debe considerar con cuidado qué significa valor para su equipo y su empresa.

La historia no termina ahí. Valor es una palabra que se usa a menudo sin darle mucha importancia: decimos que valoramos nuestra vida, nuestra familia o nuestras carreras, pero no cuantificamos este valor. Nadie dice: "El valor de mi familia ha aumentado un tres por ciento en el último trimestre". Pero la realidad es que el valor cambia con el tiempo. El primer computador portátil tenía una pantalla de cinco pulgadas, no contaba con batería y tenía muy poca potencia informática. Sin embargo, en 1981 salió a la venta por $1.795 dólares. Si hoy en día yo fabricara un duplicado de aquella máquina creo que nadie la recibiría ni siquiera como un regalo. Entendemos que el valor cambia en la vida diaria: su automóvil pierde valor en el momento en el que sale del concesionario al igual que aquella caja de cereal un poco rota en los estantes del supermercado, o la nevera de exhibición que tiene un pequeño golpe. ¿Por qué? Porque el valor percibido ha cambiado. El cereal sabe igual, la nevera cumple con la misma función y el computador funciona tan bien como lo hizo el primer día. Las cosas no han cambiado, pero nosotros sí.

Supongamos que usted tiene 100 dólares en su bolsillo y yo le ofrezco un vaso de agua a cambio, usted se reirá de mí. Sin embargo, si la misma situación ocurriera en medio del desierto del Sahara, después de un largo día bajo los rayos del sol, usted aceptaría mi oferta inmediatamente. Lo anterior significa que cambió el valor percibido del agua. En el primer escenario el agua está disponible y es abundante, se puede comprar en cualquier lugar por dos dólares, o sencillamente llenar su botella con agua de la llave; mientras que en el segundo escenario es escasa y puede salvarle la vida.

Nosotros entendemos esto a un nivel instintivo, pero por alguna razón este instinto se extravía en los negocios cuando se trata de ofrecer productos y servicios. Determinar el valor en la vida real, en situaciones de la vida diaria, es más complicado. Usted podría discutir: "Pero Scrum está enfocado en el cliente". O "no deberíamos preguntar al cliente lo que él valora". No es tan sencillo. Muchas veces el cliente dice que quiere algo, pero en realidad lo que necesita es completamente diferente.

Henry Ford logró que el sueño de tener un automóvil fuera posible para familias de clase media. Hoy en día la gran mayoría vemos el carro como una necesidad, una necesidad de vida o muerte en muchos casos. Le damos mucho valor al carro, pero antes las personas lograban movilizarse perfectamente a caballo. John McNeese, diseñador de cruceros, dijo: "Hay un problema si tratamos de identificar lo que las personas quieren por medio de encuestas o sondeos. Si Henry Ford hubiera realizado un sondeo sobre si construir -o no- un vehículo a motor, jamás hubiera desarrollado el automóvil, ya que pro-bablemente le hubieran dicho que lo que querían era un caballo más veloz"[38].

Si usted hubiera visitado Times Square, en Manhattan en el año 1905 habría visto muchos más carruajes de caballos que automóviles, debido a que en aquel entonces la diferencia entre el valor percibido y el gasto de tener un automóvil frente a un caballo era abismal. Los automóviles no eran muy rápi-dos, eran sucios, ruidosos, costosos y fallaban frecuentemente. Hoy en día es difícil imaginarse la vida sin ellos.

Veamos un ejemplo de valor percibido: pregúntele a un carpintero si nece-sita un taladro, sin duda responderá que sí, pero si yo insistiera en que no lo necesita, probablemente habría una discusión. Sin embargo el taladro no es la necesidad, sino la capacidad de hacer hoyos en diferentes superficies con diferentes diámetros y profundidades. Cada uno de estos propósitos requiere una broca diferente, entonces si le pregunto al carpintero: ¿qué le daría valor agregado a su capacidad de hacer hoyos? Diría que un taladro que permita intercambiar las brocas rápidamente. Cabe recordar que el valor real es la habilidad de hacer hoyos y no el taladro. Por lo tanto, ¿qué pasaría si en vez de un taladro yo le diera al carpintero una herramienta parecida a un sable de luz que pueda hacer hoyos limpios en cualquier material ajustando el diámetro y la profundidad? Asumiendo que tal herramienta tenga un precio similar al

---

38 Greg Miller, "Creating Cruise Ships with an Eye on Next Generation," *The Cruise Industry News Quarterly* 9, no. 37 (Verano de 1999), 67.

taladro, éste se volvería obsoleto. Suplimos la necesidad real del cliente y no solo lo que él quería.

Cuando se implementa Scrum, lo más importante es agregar valor más rápido. Ahora debemos ver cómo determinar el valor incluso cuando el mismo cliente no lo sabe.

RESULTADO VERSUS SALIDA

Mientras adelanta sus primeros Sprints (y en todo Sprint) es muy fácil concentrarse en velocidad y productividad y perder el enfoque del valor que se está creando y del porqué se produce. Cuando se obsesiona con una medida o una cantidad (salida) se pierde la oportunidad de entregar valor (resultado). Por ejemplo, crear más Blackberries más rápido en un mundo de teléfonos inteligentes es una receta para el desastre.

Así como mi amigo que construía sistemas de frenos para una compañía de carros de lujo, antes de la intervención de los consultores, él y sus colegas se enfocaban solo en la salida, en hacer la mayor cantidad posible de sistemas de frenos en una semana de trabajo. Cuando vieron las cosas desde una perspectiva más amplia y vieron por qué debían cumplir con las especificaciones de seguridad y funcionalidad. Su enfoque pasó a ser el resultado, que consistía en producir sistemas de frenos que sobresalieran en sus estándares de calidad para garantizar la seguridad de sus clientes.

En la implementación de Scrum los ítems del Product Backlog representan puntos que una vez completados proveerán valor. Cuando el Product Owner esté en el proceso de sintetizar todos los datos debe determinar si la rebanada que están produciendo provee valor al cliente y también cumple con sus necesidades incluso mejor de lo que él hubiera imaginado: un automóvil en lugar de un caballo más rápido.

Es posible determinar si usted está enfocado en salidas o resultados, si se cuestionan sus intenciones. ¿Por qué necesita lo que está produciendo? Hace años, cuando aún organizaba y entrenaba OGPs (Oficinas de Gestión de Proyectos), tuve como cliente a una compañía grande donde creamos nueve procesos nuevos. El cliente solicitó que fueran explicados en una presentación con gráficas que pudiera convertirse en un folleto para entregarlo a todos los ejecutivos de la compañía que asistirían a la presentación final. Cada uno de los procesos era complejo y cada visión general requería múltiples gráficas y páginas de explicación. Después de dos días trabajando, el colega que estaba encargado de esto expresó su frustración porque solo había podido completar el 20 por ciento del folleto.

En aquel momento me di cuenta de que estábamos enfocados en las salidas y no en el resultado. Por lo tanto, me comuniqué con el cliente para preguntarle cuál era el resultado que esperaba, en otras palabras, qué era lo que realmente necesitaba en esa presentación. El cliente respondió: "Quiero que mis ejecutivos entiendan muy bien los nueve procesos". Eso ya lo sabía, ahora tenía que aclararlo mejor: "¿Necesita una visión general detallada de cada uno de los nueve procesos?" Respondió: "No, no quiero algo tan complejo, solo necesito una visión general y saber cómo trabajan juntos".

Si yo no hubiera aclarado la expectativa del cliente y determinado lo que en realidad necesitaba, habríamos continuado perdiendo el tiempo (y matado árboles sin razón).

CREANDO VALOR CUANDO EL CLIENTE NO LOGRA DEFINIRLO

Volvamos por un momento a Drew, nuestro amigo que olvidó su memoria USB, y al que conocimos al inicio del capítulo. En el año 2007, cuando empezó a desarrollar el código para su gran idea durante su viaje en bus, ya había alternativas en internet para no tener que llevar una memoria a todos lados. Puntualmente existían varias aplicaciones con funciones para compartir archivos en la nube, pero solo aquellos inmersos en el mundo de la tecnología las usaban. Su diseño era complejo para el usuario, las interfaces complicadas, no eran confiables y muchos usuarios se quejaban de haber perdido información debido a errores.

Drew llegó a la conclusión de que codificar una aplicación que cumpliera con todas sus ideas (fácil de instalar y usar para personas no involucradas con tecnología, buen diseño y lo suficientemente segura para que no se perdiera información) tardaría miles de horas. Si bien existía la posibilidad de ser un negocio lucrativo se dio cuenta de que incluso con la ayuda de ingenieros que trabajaran gratis, podrían gastar mucho tiempo desarrollando una aplicación que al final la usarían solo algunos ingenieros informáticos y académicos. En otras palabras, podrían estar perdiendo el tiempo. En aquel entonces no había la necesidad de reemplazar la confiable memoria USB, ¿cómo podría obtener retroalimentación del cliente o definir el valor de un producto que aún no existía?

Drew no era el único con este acertijo: veamos por ejemplo a un grupo de estudiantes que también enfrentaba un dilema similar. Yo tomé algunas clases en gerencia de proyectos en la Universidad de Stanford, una de ellas dictada por el ícono de Silicon Valley e inversionista Steve Blank. Él compartió con nosotros una historia de una de sus clases en la que invitó al grupo de estudiantes de emprendimiento a participar en una competencia muy especial; Blank estaba dispuesto a invertir el capital inicial para fundar una empresa basada en una propuesta sólida de negocio presentada por cualquiera de sus estudiantes. ¡Mucho mejor que créditos extra! Y por supuesto, si ninguna de las ideas que se presentaran valía la pena, nadie recibiría ningún dinero.

Sin embargo, un grupo de estudiantes presentó una idea original: ellos querían construir un dron y usarlo en agricultura para tomar fotos panorámicas de los cultivos para que los agricultores pudieran planear de acuerdo con lo que lograban ver. Si mal no recuerdo, el modelo de negocio consistía en perfeccionar las funciones de un dron para que tuviera la capacidad de tomar fotografías aéreas y venderlo como un servicio a los agricultores. Ellos estimaron que gastarían alrededor de un millón de dólares para la construcción del prototipo.

Así que Blank les dijo: "Es una idea interesante, pero ustedes no han probado que el modelo de negocio funciona". Uno de los estudiantes contestó: "Debemos construir un prototipo para probar que funciona".

Esto no parece ser un caso donde el costo relativo del cambio es bajo. ¿Verdad? Ni siquiera un multimillonario arriesgaría un capital de un millón de dólares solo para probar que un modelo de negocio funciona.

Blank nos comentó que pensó por unos minutos antes de hacer una oferta y les dijo: "Voy a invertir 400 dólares para que ustedes prueben su hipótesis".

Muchos emprendimientos cometen el error de construir algo que creen que el cliente quiere solamente para luego ver su idea morir en el momento en el que presentan un prototipo o un producto funcional a un mercado escéptico. Pero no solo emprendedores cometen esta clase de errores: también lo hicieron la nueva Coca Cola, el Ford Edsel, el disco de video de RCA, Blockbuster y Blackberry, entre otros. Se trata de productos y compañías que cometen el grave error de no entender las necesidades de sus clientes o cómo el valor en el mercado va cambiando. Blockbuster, por ejemplo, fue en alguna época esa reluciente fuente de agua en el desierto para aquellos entusiastas del cine, pero luego se convirtió en una botella de agua muy costosa en un mundo hidratado. No lograron adaptarse al mercado y a las necesidades de sus clientes (por ello el nacimiento de Netflix).

El valor cambia con el tiempo

El problema más grande que tiene el modelo tradicional de cascada es la dedicación al proceso de planeación que puede tardar meses o incluso años antes de que el producto sea lanzado. Aunque los datos y las estimaciones sean 100 por ciento exactos en el primer día del diagrama de Gantt, las probabilidades de que todas las variables se mantengan estáticas (las necesidades del cliente, el mercado, los precios etc.), mientras el proyecto se completa, son tan remotas como el renacimiento de los dinosaurios.

Con Scrum, por el contrario, mediante la construcción de valor en cada Sprint, usted recibe retroalimentación mientras el incremento crece. Un buen ejemplo para ilustrar esto es un juego de dardos; si usted tira los diez dardos hacia el tablero en un solo lanzamiento los resultados no serán tan buenos como si los lanzara uno a uno haciendo pequeñas correcciones en cada lanzamiento, basado en la retroalimentación, que en este caso es ver qué tan cerca del blanco están llegando los dardos.

Cuando mi nuevo reloj de bucear, que debía decirme cuánto aire me quedaba no funcionó (y sí, lo había probado antes en tierra firme), me quedé sin una retroalimentación confiable que me dijera si tenía suficiente aire. Los buzos experimentados, como yo, consumimos menos aire que aquellos que están aprendiendo, de modo que mi solución fue mantenerme cerca de ellos. Cuando tuvieran poco aire ascenderían y yo también. El único problema sería perderme de diez o quince minutos de buceo.

Pero cuando el buzo líder decidió explorar una embarcación hundida, yo no me pude resistir; los aprendices no podían entrar, así que se quedaron esperando afuera. Seguí al líder diez metros más hasta el naufragio, dejé que mi curiosidad ganara a sabiendas de que, entre más profundidad, más aire consumiría. Así que lo seguí y salimos de allí para encontrarnos nuevamente con el grupo; pero me volteé hacia el naufragio para tomar algunas fotos y no me di cuenta de que el equipo estaba ascendiendo lentamente. Cuando giré para ver dónde estaban los demás ya era casi demasiado tarde. Me había quedado sin aire.

Lo peor de todo era que me encontraba a mucha profundidad y no podía subir rápidamente, si lo hiciera podría contraer la enfermedad por descompresión que es potencialmente fatal. Mi única oportunidad era alcanzar al líder para poder tomar su "pulpo", un segundo regulador utilizado en situaciones de emergencia. Sentía que mis pulmones ardían como si estuvieran a punto de explotarse mientras nadaba desesperadamente hacia el líder antes de que se desapareciera en la niebla azul del océano. Casi no lo alcanzo. No solamente puse en riesgo mi vida por no contar con la retroalimentación necesaria, sino que ahora vergonzosamente debía explicar al líder mi grave error de juicio.

El valor del aire cambió de ser bajo durante los primeros minutos del buceo, cuando perdí mi retroalimentación (indicador de oxígeno), a un alto valor cuando hubiera pagado con gusto un año de mi salario por usar el tanque de oxígeno del líder. Así como mi percepción de valor cambió, lo que el cliente valora, también cambia con el tiempo.

PRODUCTO, NO PROYECTO

Como ex gerente de proyectos sé lo difícil que es dejar esos diagramas coloridos y las montañas de preciosa documentación. ¿Cómo se puede completar un proyecto si no se ha estimado previamente su tamaño o su alcance? Es difícil dejar atrás lo que se sabe, aunque esto sea imaginario, y preferir vivir al borde de lo que podría sentirse como el caos. Aquí está la diferencia: mientras que un proyecto existe solo por el hecho de hacer algo, en Scrum un producto existe por lo que puede lograr, y esto es mucho más que semántica. Un proyecto es algo que está tan rígido que los cambios vienen con mucha resistencia, altos costos y en la mayoría de los casos, los entregables se producen al final o casi al final. Un producto es fluido, flexible y adaptable; inicia con la idea de un caballo más rápido y termina con el Ford Modelo T en su lugar.

Otra de las características que los diferencian (un proyecto y un producto) es cómo cada uno es concluido. Cuando un equipo de gerencia de proyectos concluye un proyecto es normal que se lo pasen a otro equipo para que cumpla funciones de mantenimiento. El problema es que este nuevo equipo tiene que aprender todo lo que el equipo del proyecto ya sabía, así que el trabajo en realidad no termina allí. La brecha de conocimiento entre el proyecto y el equipo de mantenimiento es costosa, ya que toma tiempo y dinero que ellos aprendan.

Por el contrario, cuando un equipo Scrum desarrolla un producto, ese mismo equipo es el que le hace mantenimiento continuo. ¡Es un muy buen concepto! En lugar de una curva de aprendizaje muy empinada y un nuevo equipo sin sentido de pertenencia, el equipo inicial continúa apoyando, construyendo y mejorando el producto sin tener que reinventar la rueda. Los equipos Scrum entienden que el trabajo solo termina cuando el producto es retirado del mercado.

Los proyectos siempre tienen su lugar, pero se podría decir que ese lugar se está reduciendo cada vez más. Hemos discutido su naturaleza y el lugar donde existen con el modelo Cynefin: donde hay muy poca incertidumbre y el costo relativo de cambio es muy alto. ¿Está construyendo un barco que ha hecho muchas veces con cambios muy pequeños? En este caso la visión de un proyecto funcionará perfectamente.

La dificultad se presenta cuando se cambia del pensamiento de proyecto al pensamiento Scrum. El objetivo de un proyecto es hacer algo, un barco, un vehículo, un paquete de software; mientras que el objetivo de un producto es crear y entregar valor. Es una diferencia sutil pero muy importante. ¿Recuerda el FrankenScrum? Cuando un gerente que duda u otro departamento solicitan documentación, diagramas, reportes de progreso, o cuando un líder sin entrenamiento decide usar Scrum normalmente se ve así: un Product Backlog en el que sus ítems no son más que tareas traídas desde la estructura de trabajo, es decir cada una dependiente de la anterior.

Para el ejemplo de GoTelecom, los ítems del Product Backlog eran cosas como cambiar los planes de datos, pagar cuentas y ver el consumo de datos. Con una estructura de proyectos tradicional, la contabilidad, las gráficas API (Application Programming Interface por su sigla en inglés), bases de datos, etc., serían todas interdependientes. No es posible cambiar una de ellas sin afectar otros sistemas y requerir un rediseño completo. Pero con Scrum, y rebanando de manera vertical, cada ítem es un producto completo y funcional que agrega valor cuando se agrega a la página web. Cuando el equipo decide agregar una función de compra de teléfonos móviles el módulo podrá ser usado en el desarrollo existente de la página web siempre y cuando la interfaz y los demás sistemas concuerden con lo que estaba predeterminado; es modular y puede ser usado de inmediato.

Si usted ha estado trabajando en gerencia de proyectos tradicionales durante mucho tiempo, podría ser difícil la transición a la mentalidad enfocada en productos. Sin embargo, cuando usted vea los resultados cada dos a cuatro semanas y tenga retroalimentación continua, le garantizo que estará feliz de haber adoptado la nueva mentalidad.

OBJETIVO DEL PRODUCTO: INICIANDO CON EL PANORAMA GENERAL

Definir y entregar valor empieza con tener una visión del panorama general. Cuando un Product Owner analiza los datos puede empezar a conectar las ideas y a sintetizar la información. Idealmente, los datos son recolectados mediante conversaciones con los clientes. Adicionalmente se pueden usar datos de análisis y reportes o de cualquier fuente disponible. Después compara la información con el entendimiento que tiene del proceso y el producto y de esta forma se crea el objetivo del producto, es decir, la visión ideal de la forma como el producto agregará valor al cliente. Es posible que este objetivo del producto logre llenar sus expectativas de una forma que nunca imaginó. No es necesario tener un gran objetivo para crear ítems del Product Backlog e iniciar un Sprint como lo hicimos al final del capítulo anterior. Sentar las bases del trabajo puede ser algo intuitivo, sin embargo, sí es posible aclarar que es lo que está tratando de lograr, el camino hacia adelante será menos empinado.

El Objetivo del producto no debe ser algo tan grande como el diseño de un Ipad o llevar el hombre al planeta Marte. Puede ser tan simple como crear un cepillo de dientes eléctrico que los niños quieran usar. En otras palabras, el producto no debe ser algo sorprendente para crear un objetivo del producto que sea capaz de motivar al equipo; la mayoría de las personas quieren trabajar duro y saber que desarrollaron algo que alguien en algún lado aprecia. El hecho de progresar incluso con un producto tan sencillo como un bolígrafo puede ser emocionante cuando el equipo unido está dispuesto a explorar las posibilidades.

Para nuestra compañía imaginaria, One Gallon, el objetivo del producto es simple: desarrollar un vehículo seguro y confiable que use solo un galón de gasolina por cada 100 millas recorridas (160 kilómetros). ¿Habrá demanda para un vehículo con estas características? Probablemente, mientras logre ser producido, de manera que el precio del mercado no minimice el ahorro en combustible. Existe una necesidad así el cliente aún no la tenga clara, adicionalmente debemos buscar formas de hacer este vehículo más atractivo que su competencia y amigable con el medio ambiente, como los carros eléctricos.

El objetivo es detallado en el Product Backlog. Cada ítem es una sección de valor como se ilustró en el ejemplo anterior, pero todos somos humanos, incluso aquellos que usamos Scrum. El trabajo viene con sus propias frustraciones, tendemos a desanimarnos cuando surgen los impedimentos o la solución a un problema parece imposible. Nos enfocamos en el obstáculo en lugar del objetivo del producto y así es parcialmente como el Product Owner mantiene motivado al equipo. Durante cada rebanada e incremento en One Gallon, mientras el equipo lucha por encontrar maneras de hacer que el chasis sea modular para que pueda interactuar con cada componente de manera individual, cumplir con el requerimiento de peso máximo o proveer la estructura necesaria para superar las pruebas de choque, el Product Owner les recuerda las razones de su trabajo. Piense en lo que mantuvo a Frodo y a Samwise caminando por el Monte Doom en la trilogía de El señor de los anillos. No fue la aventura o el hecho de ser héroes, estaban enfocados en que, si fallaban, perderían su hogar para siempre.

Una visión fuerte de por qué el equipo Scrum existe puede ayudarlos a moverse rápidamente y a trabajar para poder superar los retos. No están produciendo solamente sistemas de frenos, están produciendo componentes esenciales para salvar vidas. Por otro lado, Drew no quería solamente codificar una nueva aplicación, quería revolucionar la manera como las personas tienen acceso a sus archivos importantes.

Cuando trabajé con una compañía de minería su objetivo no era solamente perforar para encontrar petróleo. De hecho, sus directivos querían extraer petróleo para poder producir su propia electricidad y agregar el excedente al suministro eléctrico de Colombia, todo por una pequeña ganancia.

Enfocarse en la magnitud de la tarea y la dificultad para llegar al resultado, con seguridad desmotiva a cualquier equipo. La velocidad y a veces diversión de trabajar juntos, le permite al equipo producir valor más rápido, pero no puedo dejar de recalcar que los mejores equipos son los que se emocionan con sus logros. Nadie, sin importar que tan alto sea su salario o lo alegre que sea el ambiente laboral, quiere cavar huecos para que luego sean rellenados de nuevo. Todas las personas buscan en su trabajo un propósito, este es el objetivo del producto y está representado en el Product Backlog.

Este tema ya fue mencionado previamente. El truco es la creación de un Objetivo del Producto lo suficientemente irresistible para que el Scrum Team esté motivado a actuar. En el caso de productos emocionantes el resultado final es suficiente motivación, en cambio para productos y compañías más comunes la tarea de motivar al equipo es un poco más elaborada. El resto de este capítulo mostrará cómo se puede conseguir esto.

AHORRAR DINERO Y TIEMPO ANTES DEL PRIMER SPRINT

Existen muchas razones por las que usted está leyendo este libro. Su intención es aprender y aplicar Scrum en su empresa o lugar de trabajo. Probablemente está buscando cambiar un proceso de producción de tradicional a ágil, o tal vez como GoTelecom transformar un producto existente o crear uno desde cero.

Algunos líderes quieren subir la montaña tan rápido que ya desde el comienzo quieren iniciar el primer Sprint, producir valor y generar retroalimentación. Esto sin lugar a duda es Scrum. Pero cuando se considera la definición de "terminado" y la visión ideal del producto, ¿tiene sentido construir algo de valor real antes de recibir retroalimentación? Si usted fuera un constructor que debe construir una casa para su cliente, ¿tiene sentido construir el marco antes de haber recibido la retroalimentación del dueño? No. Usted quiere recibir una retroalimentación efectiva en cuanto a costo, incluso antes de iniciar, usted quiere crear un Producto Mínimo Viable (MVP por sus siglas en inglés). Este es un término expuesto por Eric Reis en su libro *The lean startup*. El MVP es un producto que asegura la retroalimentación del cliente con una inversión mínima y lo más rápido posible. Este concepto no es Scrum puro y no lo encontrará en la guía Scrum, sin embargo, el concepto *lean* es ágil de corazón y está alineado con sus principios.

Cuando Drew se dio cuenta de la enorme cantidad de tiempo requerida para hacer realidad su idea de eliminar la memoria USB, vio el problema que tenía su gran oportunidad. La primera pregunta que debía responder era si valía la pena la inversión. Como era un estudiante de MIT en vacaciones no tenía el dinero suficiente para invertir en una apuesta de ese tamaño. Había logrado asegurar un dinero inicial en Boston con un inversionista de riesgo experto en tecnología, pero como ingeniero y no emprendedor la tarea se veía dudosa. Antes de convertir la financiación colectiva en un pilar, Drew encontró la manera de probar su producto con su pequeño presupuesto. Haría un video corto en animación para mostrar todas las maneras en que su producto beneficiaría al usuario. Era una forma de mantener todo su contenido digital actualizado, seguro y accesible incluso desde su teléfono inteligente. El video mostraba el problema inicial (falta de accesibilidad y de seguridad) y el nombre de la solución propuesta: Dropbox.

Como este capítulo se trata de apuestas, yo estoy dispuesto a apostar una buena cantidad de dinero a que usted ha usado o actualmente usa Dropbox o alguno de sus competidores. Quiere decir que la idea de Drew Houston funcionó. En ese punto, con solo un prototipo básico, él fue capaz de medir el interés, para determinar si valía la pena invertir más tiempo y dinero en Dropbox. Todavía necesitaba de muchas horas de desarrollo para que fuera funcional en múltiples plataformas y transferir archivos de gran tamaño sin colapsar.

El video era animado y Drew grabó el audio en una sola toma. El primer día de su publicación 5.000 personas estaban dispuestas a facilitar su correo electrónico para tener una oportunidad de probar Dropbox y al día siguiente este número ascendía a 75.000 personas[39]. Con este apoyo, Drew logró seguir trabajando en su idea, encontró un socio, aseguró un capital y renunció a su trabajo de asalariado. Él tuvo éxito probando su teoría y junto con su socio y algunos inversionistas creó el primer servicio de almacenamiento e intercambio de archivos confiable, seguro y que funciona en todas las plataformas.

Zappos.com condujo un experimento similar. Antes de convertirse en la famosa marca Z, sus fundadores lanzaron una página web llamada shoesite. com (Esto sucedió cuando registrar un dominio era tan fácil como ponerle nombre a su gato). En lugar de crear una compleja base de datos, establecer

---

39 "How Dropbox Became the Startup Steve Jobs Wished to Own," Mixergy, Diciembre 21, 2011, https://mixergy.com/interviews/drew-houston-dropbox-interview/.

relaciones comerciales con marcas de zapatos y definir líneas de proveedores, sus fundadores tomaron fotografías de zapatos en algunas tiendas locales, las publicaron y crearon un carrito de compras sencillo con una promesa de envío gratuito. Todo sin empleados, gastos generales, inventario y con muy poco tiempo invertido. Cuando recibían una orden iban a la tienda, compraban el par de zapatos y lo enviaban, lo cual no era un modelo de negocio exitoso; pero al principio no estaba previsto que lo fuera.

Creando una página web sencilla y utilizando el inventario de las tiendas lograron probar con muy poca inversión que su concepto funcionaba. Digamos que perdían 10 dólares por transacción y establecieron una clientela de 100 personas. Así que perdieron 1.000 dólares, pero vieron que había suficiente interés en el público para hacer un lanzamiento oficial. ¿Qué pasaría si crearan alianzas estratégicas, líneas de suministro, contrataran empleados, montaran bases de datos y demás y su idea fuera un fracaso total? Probablemente aún estarían pagando la deuda si no es que se hubieran declarado en bancarrota.

Ahora veamos cómo funciona este concepto con una idea multimillonaria. Volvamos a nuestro equipo de estudiantes en la Universidad de Stanford, aquellos que no tenían idea de cómo 400 dólares los ayudarían a probar el valor de su producto, que, cabe aclarar, para ellos requería un prototipo de un millón de dólares. El profesor Steve Blank, su inversionista de riesgo, los guió hacia una dirección diferente: les aconsejó que compraran una cámara de buena calidad estilo GoPro y convencieran a un fumigador para que los dejara ir con él a tomar las fotos de los cultivos.

Debió haber sido un momento de iluminación para ellos porque no perdieron más tiempo. Con el sueño de volverse ricos y más entusiasmados que un niño en Navidad, hicieron exactamente lo que Steve propuso: fotografiaron los cultivos de varios agricultores y les presentaron las fotos.

De acuerdo con la historia que contó Steve en su clase, los agricultores no fueron igual de entusiastas: ¿Para qué necesito esto? fue la respuesta promedio. Ninguno estaba interesado en la oferta. Nunca sabré si su respuesta fue sencillamente porque no entendieron el valor que el servicio proveía o porque ya tenían la información disponible por medio de otras fuentes. Lo que sí sé es que en esta clase Steve dejó muy claro esta imagen: ahorre un millón de dólares apostando solo 400.

Imagino que el grupo de estudiantes quedó destrozado después de esto. Creyeron que tenían una idea extraordinaria y la pusieron a prueba solo para que les dijeran que era una idea estúpida. Pero yo lo veo desde otro punto de vista. En vez de ir a la quiebra y desperdiciar un año de sus vidas, recibieron una respuesta rápida invirtiendo lo menos posible. Yo lo veo como si alguien me hubiera perdonado una deuda de un millón de dólares y me hubiera regalado un año de vida extra. Estaría muy feliz. Y lo mejor es que esto también le puede pasar a usted.

MARCO DEL EXPERIMENTO: HIPÓTESIS, EXPERIMENTO Y ANÁLISIS

Cuando era niño amaba la ciencia, y sé que muchos de mis lectores no comprenderán mi entusiasmo. Sin embargo, todos los que han pasado por una clase de ciencias tienen una idea de lo que se trata el método científico: hacer una pregunta, investigar, formular una hipótesis (una idea de lo que funciona), probar esta idea por medio de un experimento, observar y analizar los resultados y al final, formular una conclusión. Este proceso debe repetirse tantas veces como sea necesario.

Alcanzar los objetivos, ser exitoso en los negocios y construir excelentes productos requiere del mismo proceso. Cada uno de los tres ejemplos mencionados anteriormente cumplió con estos pasos, aunque no de manera intencional. Cuando se hace intencionalmente es posible ahorrarse muchos dolores de cabeza y pérdidas recibiendo retroalimentación de la manera más rápida y económica posible. Esta es la esencia del MVP y también del Mínimo Producto Mercadeable (MMP por sus siglas en inglés), pero este no lo veremos aquí. Muchas veces estos tienden a ser confusos, pero la única diferencia es que el MMP se enfoca en un producto final que puede ser adquirido por un cliente, mientras que el MVP puede enfocarse solo en la retroalimentación que provee como en el ejemplo del dron agricultor o el video de Dropbox.

Antes de concentrarnos en las hipótesis y el experimento quiero aclarar que no todos los productos necesitan este proceso. Si usted está produciendo un nuevo lanzamiento de un producto existente basado en retroalimentación del usuario, crear un MVP puede no ser el mejor uso de su tiempo porque ya tiene una hipótesis sólida que funciona. Es mejor utilizar este proceso para probar nuevas ideas sobre productos emergentes y empresas como la de nuestro ejemplo, One Gallon. Veamos cómo funciona.

Considerando el Objetivo del Producto de One Gallon debemos determinar lo más rápido posible si podemos producir un vehículo que cumpla con el objetivo de 100 millas por galón, que sea atractivo para un público potencial, que pueda ser vendido a un precio igualmente atractivo y que produzca suficiente utilidad para sostener la compañía.

El equipo de One Gallon debe empezar por enmarcar el experimento y de nuevo aclaro que este método no es Scrum puro, pero está alineado con los principios de Scrum. Justo como el método científico, debemos empezar por hacer una pregunta, para que haya una necesidad existente o una idea para un producto o servicio nuevo que pueda suplir la necesidad y agregar valor. En lugar de apresurarse debe hacerse cuestionamientos acerca de lo que asume: ¿qué pasa si los agricultores no necesitan fotos panorámicas de sus cultivos?, ¿o si el mercado no tiene la necesidad de un vehículo sostenible con prácticamente cero emisiones? Es posible que usted ya hubiera desarrollado un lanzamiento o un nuevo producto que falló. Si es así, ese debe ser su punto de inicio.

¿Cuáles fueron sus errores? Es fácil defender su idea y culpar el mercado a la economía o a infinidad de factores que no estuvieron bajo su control. Incluso en estas circunstancias debe hacerse responsable de sus acciones reconociendo lo que pudo haber hecho para enfrentar mejor estas situaciones o analizando mejor el impacto de los factores.

7.1. Canvas de experimentos

1. PROBLEMA / OPORTUNIDAD	2. SEGMENTOS DE CLIENTE	3. SOLUCIÓN POSIBLE
¿Soluciones existentes / alternativas?	¿Los primeros en adoptar?	¿Qué lo hace costoso?
4. INCERTIDUMBRES / RIESGOS	**5. EXPERIMENTOS**	**6. CRITERIOS DE ÉXITO**
¿Cuál tiene mayor riesgo/es más seguro?	¿El experimento viable de menor costo? (*encuesta, prototipo de baja fidelidad, prototipo de alta fidelidad, conserje, MVP, prueba A/B*)	¿Cómo sería ser exitoso? (*objetivo / cuantificable*)

Paso Uno: Identificar el problema

El marco del experimento puede iniciar con una hoja en blanco que se vea como el diagrama expuesto anteriormente. Este diagrama se basa en un proceso creado por mi amigo y entrenador Brad Swanson[40], que fue inspirado por el *Lean Canvas* de Ash Maurya[41]. Para empezar, identificamos un problema en el mercado, puesto que muchos de estos problemas son oportunidades a la espera de ser desarrolladas. Usando el ejemplo de tener un carro base con el cual iniciar One Gallon, el problema puede ser descrito así: "No existen alternativas de vehículos sostenibles que ofrezcan una flexibilidad comparada con el automóvil tradicional". Luego hacemos una lista de las posibles soluciones que existen y otras alternativas como el Prius de Toyota o Tesla. Esto puede sonar a análisis DOFA (Debilidades, oportunidades, fortalezas y amenazas) pero no lo es. En el caso de Dropbox, el problema era la inhabilidad de acceder y actualizar archivos digitales. Las soluciones alternativas eran aplicaciones muy técnicas e inseguras que funcionaban la mayor parte del tiempo, pero se bloquean con transferencias de datos grandes, se perdía información y eran tan seguras como un banco en un iglú. Existía una oportunidad para una aplicación que resolviera todos estos problemas y les diera a sus clientes acceso confiable a sus archivos importantes.

Paso Dos: Segmentos del cliente

Luego debemos ver los segmentos de los clientes a los que le estamos apuntando o quién se beneficiaría de su solución (su idea). Para One Gallon puede ser movilidad en aumento, consumidores conscientes del cuidado del medio ambiente y empresas que proveen a sus empleados con una flota de vehículos empresariales. Para Dropbox el segmento de los clientes era más amplio ya que prácticamente cualquier persona con más de un dispositivo móvil se podría beneficiar de esta idea, pero más específicamente para un modelo negocio SaaS (*software as a service*), Drew y su equipo habían apuntado a profesionales en TI, gerentes y ejecutivos que viajan mucho y demandan acceso inmediato a archivos importantes, presentaciones y documentos que por cualquier razón podrían olvidar en su casa, en su oficina o incluso en un avión, al lado de la

---

40 Brad Swanson, "Validate It Before You Build It!: The Experiment Canvas" (Global Scrum Gathering, Minneapolis, 2018), https://www.scrumalliance.org/ScrumRedesignDEVSite/media/ScrumAllianceMedia/Global%20Scrum%20Gatherings/2018%20Minneapolis/Presentations/Brad-Swanson-swansonb_validate-it-before-you-build-it.pdf.

41 Ash Maurya, *Running Lean: Iterate from Plan A to a Plan That Works* (Sebastopol, CA: O'Reilly, 2012), 6.

revista de la aerolínea. Mientras más específico sea el segmento o segmentos del cliente mejor podrá probar su hipótesis potencial.

Paso Tres: Posibles soluciones

En el tercer paso el equipo debe hacer una lluvia de ideas para encontrar posibles soluciones al problema. En el caso de One Gallon podrían ser: un carro de batería, o una combinación entre batería y energía solar, así como un híbrido. Para el caso de Dropbox, la idea inicial pudo haber sido una aplicación con la capacidad de conectar todos sus dispositivos como una red en la nube o una memoria USB que pudiera sincronizarse automáticamente con sus dispositivos de manera confiable y portable, por ejemplo, en la billetera.

No es posible definir un número de soluciones posibles, pero sí puedo sugerir que escriba todas las soluciones que puedan imaginar por locas que parezcan con el único fin de estimular su cerebro. Una opción para One Gallon sería usar globos aerostáticos y, teniendo en cuenta que esto no es factible alguien dirá: "¿por qué no? Los automóviles funcionan con un tipo de gas como el hidrógeno por medio de células de combustión". No es una idea mala y vale la pena considerarla.

Paso Quatro: Evaluar el negocio, los riesgos y la incertidumbre

En este punto ya debe haber una idea establecida y ha considerado el mercado, al igual que otras posibles soluciones para estos problemas del mercado. Es tiempo de decidir los riesgos que están involucrados, la idea no es encontrar cada riesgo o incertidumbre, la idea es encontrar el riesgo para el negocio. Los riesgos para One Gallon, por ejemplo, podrían ser que la tecnología sea muy costosa para que existan suficientes compradores o que el rendimiento no cumpla con las expectativas del mercado. Un vehículo que pase de cero a sesenta millas por hora en dos minutos no impresionará a muchos clientes potenciales, sin importar lo económico que sea.

Quizás la idea de que el carro funcione con hidrógeno no sea lo suficientemente segura y las estaciones de servicio sean muy escasas para hacerlo atractivo al mercado.

Para Zappos.com el riesgo más obvio sería si sus clientes potenciales quieren -o no- comprar zapatos en línea, ya que este proceso es una experiencia íntima cuya decisión depende fundamentalmente de cómo se vean los zapatos y cómo se sientan en los pies del usuario. ¿Cómo podrían manejar las devoluciones cuando el cliente no se sienta cómodo con sus zapatos o con las garantías de satisfacción y pese a todo, generar utilidad?

Para Dropbox el riesgo más grande, entre muchos otros, fue que el mercado potencial era muy pequeño. Solamente algunas personas que trabajan con TI y algunos altos ejecutivos podrían estar interesados, es decir muy pocas personas para sostener el éxito de una empresa. Otro riesgo inherente al negocio era por ejemplo el nivel de seguridad a nivel digital que podría ofrecer. Sin la protección adecuada la compañía estaría expuesta a ser arruinada sin haber iniciado operaciones.

Siempre el desarrollo de un producto, cualquiera que sea, implica riesgos. Mientras analiza los que usted mismo ha identificado debe decidir cuál de ellos es el más grande o el que causa mayor incertidumbre. Cualquiera que éste sea va a ser la base de la hipótesis, así como de ahí parte la lluvia de ideas que ofrezca las posibles soluciones para minimizar el riesgo.

Paso Cinco: Lluvia de ideas del experimento

Con la hipótesis formulada debe decidir de qué manera será probada. El primer paso es preguntarse qué clase de experimentos puede llevar a cabo para probar su hipótesis y luego debe decidir cuál de estos es el más económico y rápido. Es probable que sea tan simple como un video, como en el caso de Dropbox, o como en el del dron agricultor, sustituir tecnología inexistente con algo parecido (una GoPro), para probar si la teoría es viable.

Algunos de estos experimentos podrían incluir entre otros: un bosquejo en 3D, una Característica Mínima Viable (MVF por sus siglas en inglés) que supone desarrollar una característica simple de su producto para ser probada, o una presentación de lanzamiento. Internet pone a disposición muchas maneras de probar nuestras teorías de manera económica y rápida y nuevas opciones aparecen, casi a diario, como las webs de financiación colectiva, las pruebas con anuncios en redes sociales para ver qué tan atractivas pueden ser las características del producto y las páginas web falsas que aumentan el interés. Existen infinidad de opciones económicas, tanto que Zappos hubiera podido hacer su experimento mucho más económico.

Paso Seis: Definir los criterios del éxito

Supongamos que todos sus sueños se hicieron realidad y la oferta inicial ha creado gran interés en sus clientes potenciales. ¿Cómo definiría usted el éxito? Así como con la definición de "terminado" usted debe definir los criterios y los puntos de referencia que deben ser alcanzados para que su experimento pueda ser calificado como un éxito.

Si Alexander Graham Bell solo hubiera necesitado escuchar un segundo de una conversación o Thomas Alva Edison solo hubiera necesitado producir un pequeño destello con su bombillo, ninguno hubiera sido exitoso. Por el contrario, el teléfono debía demostrar claridad suficiente para sostener una conversación y el bombillo debía proveer la misma o más luz que una vela y tener una duración más larga antes de quemarse. Para su producto, los criterios de éxito pueden ser alcanzar cinco mil suscripciones mediante publicidad en Facebook, alcanzar al menos mil pedidos anticipados o algo similar. Los criterios son cualquier cosa que tenga sentido para su compañía, el mercado o el producto.

Una prueba exitosa para One Gallon puede ser llegar a 500 clientes potenciales por medio de un video y asegurar sus depósitos reembolsables en ese momento. Cuando se definen los criterios del éxito piense en las medidas mínimas que puedan indicar que vale la pena desarrollar una versión completa de su producto.

7.2. Ejemplo de canvas de experimentos

1. PROBLEMA / OPORTUNIDAD	2. SEGMENTOS DE CLIENTE	3. SOLUCIÓN POSIBLE
Usar automóviles para el transporte produce muchas emisiones de CO_2	Las personas conscientes con el medio ambiente que necesitan un automóvil y comprarían un automóvil más amigable con el medio ambiente si tuviera permiso para circular en las calles y no costara más que un automóvil normal	Un carro que recorra 100 millas con 1 galón de gasolina, tenga permiso para circular en las calles y sea asequible
¿Soluciones existentes / alternativas?	**¿Los primeros en adoptar?**	**¿Qué lo hace costoso?** La prueba de choque del automóvil para obtener el permiso de circulación requiere destruir varios prototipos para cumplir con los requisitos.

4. INCERTIDUMBRES / RIESGOS	5. EXPERIMENTOS	6. CRITERIOS DE ÉXITO
El automóvil tiene que ser liviano y tener poca resistencia al viento para gastar menos de un galón de gasolina en 100 millas. Requiere materiales ligeros y un diseño particular, que pueden afectar negativamente los resultados de las pruebas de choque.	Cree un modelo de computadora CAD que cumpla con los criterios de resistencia al viento y peso y realice la prueba de choque en la computadora	Que el modelo de computadora cumpla con los requisitos de prueba de choque, que no pese más de 600 kg y tenga un coeficiente de arrastre menor a 0.22Cd
¿Cuál tiene mayor riesgo/es más seguro? ¿Se puede construir un automóvil liviano que cumpla con los requisitos de la prueba de choque?	**¿El experimento viable de menor costo?** *(encuesta, prototipo de baja fidelidad, prototipo de alta fidelidad, conserje, MVP, prueba A/B)*	**¿Cómo sería ser exitoso?** *(objetivo / cuantificable)*

EL VALOR ES SUBJETIVO

Hasta que usted no descubra lo que es en realidad el valor, Scrum le será de muy poca utilidad. Podrá perforar pozos vacíos todo el día o crear miles de líneas de código para una aplicación perfecta que nadie cree necesitar. También podrá crear una experiencia de compra en línea por un artículo que las personas preferirán comprar en persona o gastar un millón de dólares en un prototipo que no dará ni un dólar de utilidad.

Hemos visto la importancia de determinar valor y de tener a la vista una meta en caso de encontrarnos con cambios en el entorno. El hecho de criar caballos más rápidos o mejorar el servicio de alquiler de películas no funcionará cuando Henry Ford y Netflix ya existen en el panorama.

Pero más que el mismo valor, hemos visto cómo, mediante la experimentación, es posible crear una base para determinar dónde yace el verdadero valor de su producto. Solamente cuando Henry Ford hizo mejoras al automóvil, los adinerados y aficionados se dieron cuenta de que tenía muchas ventajas con respecto a los caballos y los carruajes. En el caso de Drew Houston la creación de su video ayudó a las personas a entender la importancia de tener acceso a sus archivos digitales.

Una vez tenga los resultados de los experimentos va a saber dónde está su valor y debe tomar una decisión. No algo al azar sino una decisión ponderada, puede ser reversible en caso de que sea necesario. A partir de esa decisión podrá obtener más retroalimentación y saber qué funciona y qué no, así como qué información no había tenido en cuenta.

SU LIBRO DE JUGADAS SCRUM

Descifrar valor teniendo en cuenta qué cambia con el tiempo, así como usar experimentos para probar las teorías de valor y la creación de un MVP no son propiamente Scrum. Sin embargo, estos pasos le ayudarán a ahorrar tiempo, energía y muy posiblemente a evadir costosos errores de juicio (como el Blackberry).

VALOR

- Es aquello que el cliente realmente necesita para resolver un problema, aunque no lo sepa.
- Las salidas no son lo mismo que los resultados. Debe saber lo que su cliente necesita.
- Es subjetivo y puede cambiar con el tiempo. Por ejemplo: agua de la llave en un restaurante versus agua de la llave en el desierto del Sahara.
- No se produce por medio de un proyecto, se define basado en la retroalimentación constante de las partes interesadas con cada iteración. Algo así como lanzar los dardos cada vez más cerca del blanco.
- Puede ser planteado en una hipótesis y ser probado.
- Es incorporado en el Objetivo del producto.
- Crea, mantiene y redefine el Product Backlog.

LOS SEIS PASOS DEL MARCO DEL EXPERIMENTO

1. Identificar claramente el problema/oportunidad y las posibles soluciones que existen.
2. Haga una lista de los segmentos de clientes que se beneficiarían de una solución.
3. Haga una lista de soluciones posibles al problema que agregarán valor al cliente y si existe algo que aumente el costo.
4. Identificar las incertidumbres y los riesgos inherentes del negocio por medio de experimentos: el mercado puede cambiar, los clientes pueden cambiarlo por su competidor, etc. Debe decidir cuál es su riesgo más alto y su mayor incertidumbre.
5. Haga una lluvia de ideas de los experimentos que posiblemente le ayuden a encontrar el valor y los riesgos y escoja el mejor experimento que sea bajo en costos, de producción rápida y lo suficientemente viable para arrojar resultados verdaderos.

6. Haga previamente una lista de lo que un experimento exitoso debe mostrar, por ejemplo, un porcentaje de compromiso por medio de publicidad.

Jugando su mano

- ○ Si aún no lo ha hecho, determine el valor percibido e intrínseco que su producto le ofrece a su cliente.
- ○ Ayude a su Product Owner a sintetizar el Objetivo del producto, para un producto basado en el valor que ha definido usando el mayor número de fuentes posibles.
- ○ Si su producto está basado en una hipótesis que no haya sido probada debe usar el marco del experimento para definir la manera más fácil, rápida y económica de probarla.
- ○ Incluso si tiene un producto que haya sido probado, es de gran ayuda que su equipo lo evalúe usando los pasos del marco del experimento con el fin de cuestionar nuevas suposiciones.

CAPÍTULO OCHO

Jugadas, alardeos y anuncios: Decisiones, retroalimentación y aprendizaje

Las decisiones sin acciones son inútiles. Las acciones sin decisiones son imprudentes.

–Coronel John Boyd, Piloto de la Fuerza Aérea de Estados Unidos en la base en Corea del Sur[42]

Es difícil imaginar hoy en día que existió una época, antes de los GPS o de teléfonos inteligentes, en que las personas confiaban en los mapas en papel o en indicaciones impresas para llegar a ubicaciones desconocidas. Si usted decidía irse de viaje, debía reunir la información necesaria (mapas), tomar una decisión informada (rutas), interpretar si iba por el camino correcto (observación y retroalimentación) y finalmente aprender y responder a esta retroalimentación. Bien podría ir por el camino correcto y no necesitaba implementar cambios o debía recalcular la ruta (claro está, sin la ayuda de un dispositivo que indica su error diciendo "recalculando").

Una vez el destino ha sido seleccionado debe tomarse el tiempo para planear la ruta que tomará. Sin importar cuánto tiempo haya invertido en la planeación siempre existirá el riesgo de que se pierda, y si esto pasa, el tiempo que le tomará volver a encontrar su camino depende del tiempo que le tomó percibir que estaba perdido. Esta apreciación dependerá de la retroalimentación

---

42 "Using Decision Management to Avoid Pointless and Reckless," JT on EDM, Agosto 11, 2015, http://jtonedm.com/2015/08/11/using-decision-management-to-avoid-pointless -and-reckless/.

que reciba de por ejemplo los sitios de interés, señales de tránsito, cuerpos de agua o nombres de pueblos.

Tal vez sabía que debía girar en determinado kilómetro o que no había cuerpos de agua en la ruta planeada y cuando se encontró con un muelle se dio cuenta de que se había confundido. Esta información (haber visto el muelle) le permitió orientarse y encontrar la ruta deseada, es decir, buscar un curso correctivo para su error. (Si es lo suficientemente humilde podría pedir indicaciones a un extraño).

Hoy en día tenemos voces como las de Google Maps y Waze con feedback inmediato acerca de los errores. Cada decisión que lo lleve a un giro equivocado es casi siempre reversible en algún punto de la ruta, incluso aunque este en un área inhóspita en la Florida y tenga que conducir otros 50 kilómetros hasta la siguiente salida, será posible regresar. Puede ser un inconveniente, pero no es el fin del mundo. Si por el contrario este giro erróneo le hace perder su vuelo o el matrimonio de su mejor amigo, o peor aún, el nacimiento de su hijo, este sí sería un error muy caro.

No es diferente en el caso de los proyectos o las empresas. Entre más rápido se puedan tomar las decisiones, obtener retroalimentación (positiva o negativa) y aprender de los resultados, más rápido se pueden hacer los cambios necesarios. Ya hemos discutido por qué Scrum es ideal en productos y procesos complejos e inciertos. Ahora discutiremos cómo el hecho de tomar decisiones con rapidez, actuar, recibir retroalimentación, aprender, conectar las ideas y cuestionar sus suposiciones le permitirá servir a sus clientes, responder mejor al mercado, evitar la competencia, y de hecho, agregar al valor que está creando.

TIPOS DE DECISIONES

La campeona de póker y estratega de decisiones Annie Duke dijo: "Una decisión es una apuesta sobre un futuro incierto"[43]. Pero, así como existen diferentes clases de apuestas, existen dos clases de decisiones y cada una considera los factores qué y cómo. Exploremos estas clases de decisiones y la mejor manera de tomarlas.

Un jugador de póker debe tomar muchas decisiones durante un juego: cuándo retirarse, cuándo apostar o subir la apuesta, cuándo esperar... Muchos jugadores toman estas decisiones basados en sus instintos (modelos mentales)

---

43 Annie Duke, *Thinking in Bets: Making Smarter Decisions When You Don't Have All the Facts* (New York: Portfolio/Penguin: 2018), 3.

que han adquirido de manera inconsciente durante muchos juegos. Algunos profesionales confían en un sistema o en un conjunto complejo de algoritmos para determinar o influenciar sus decisiones. ¿Qué hará un jugador cuando sucede algo extraordinario? Por ejemplo, cuando otro jugador hace una apuesta que no tiene sentido teniendo en cuenta las cartas comunitarias y la mano que usted tiene. En cualquiera de estos casos el jugador debe tomar una decisión y a veces lo más seguro es retirarse.

Retirarse no es una opción muy buena en los negocios, así que las decisiones deben tomarse con periodos anuales, trimestrales y diarios para asegurar la viabilidad del negocio. Existen decisiones muy grandes, por ejemplo, la creación de una nueva división, comprometerse con una nueva línea de producción o consolidar una alianza estratégica con un competidor. Hay también decisiones más pequeñas como qué ítem trabajar después, escoger un color para la interfaz del usuario o contratar un nuevo miembro del equipo.

Tomar decisiones es una operación tanto de la empresa como del individuo. A diario tomamos decisiones consiente e inconscientemente como qué ruta elegir hacia el trabajo cuando hay un accidente grave en la autopista, qué comer al almuerzo o cómo redactar un correo electrónico para que el destinatario no interprete sus palabras de la manera incorrecta. Algunas decisiones son tan pequeñas que son prácticamente automáticas (la decisión de aplastar a un mosquito que lo está picando), mientras que otras son tan grandes que siempre las dilata (montar un negocio). Más que por el tamaño, las decisiones se clasifican en dos grupos: reversibles e irreversibles. Definiré estos dos grupos a continuación.

Una decisión reversible es tal como suena: fácil de volver al punto inicial o retroceder. Tomamos esta clase de decisiones todo el tiempo, por ejemplo, escribir algunas líneas de código para ver si soluciona el problema, cortar una madera un poco más larga por si acaso o comprar muestras de pintura para ver cuál combina mejor con su pared.

Una decisión irreversible es aquella que, una vez se toma es imposible volver atrás, o implica grandes costos en términos de tiempo y/o dinero para retroceder. Puede ser la inversión en un nuevo sistema personalizado de compilación de código, cortar un trozo de madera muy corto o construir una pared. Cada una de ellas es reversible, pero hacerlo cuesta tiempo y dinero. Por otro lado la decisión de aplastar un mosquito no puede ser revertida (no se puede revivir a una criatura aplastada).

Por cada uno de estos dos tipos de decisiones existen dos subgrupos: *qué* y *cómo*. Estos definen *qué* trabajo se hará y una vez se decida esto, *cómo* se hará este trabajo. Por ejemplo, el Product Owner toma las decisiones sobre el *qué* cuando prioriza el Backlog, mientras que los Developers decide *cómo* hará el trabajo sin cambiar las prioridades.

Sin importar si su decisión es reversible como comprar un saco, o irreversible como seleccionar un lugar para alquilar durante los próximos cinco años, debe considerar el *qué* y el *cómo* para cada una. ¿Qué saco va a comprar? ¿Cómo va a pagar el que escoja? ¿Qué lugar cumple con todos sus requerimientos? ¿Cómo coordinará la logística para mudarse? Si el saco, por ejemplo, no cumple con sus expectativas lo puede devolver en un par de días. Sin embargo, cuando un contrato de arrendamiento es firmado, usted no se puede retractar sin incurrir en multas y la posible pesadilla de volver a mudarse.

Por ejemplo, una familia que tiene un vehículo recibe un bono de 10.000 dólares y han reducido sus opciones para gastarlo a dos: comprar otro vehículo o tomar unas agradables vacaciones en familia. (Para que los lectores que son responsables financieramente no se asusten, supongamos que la familia no tiene deudas pendientes y aseguraron la educación de sus hijos). Ahora la familia deberá evaluar dos opciones, ¿Cuál les da más valor por su dinero? El carro nuevo les ayudará a mejorar su movilidad, quitar la dependencia de los demás cuando el otro vehículo los esté usando otro miembro de la familia o esté en el taller y les dará a todos más flexibilidad en la planeación. Por otro lado, las vacaciones crearían experiencias únicas para la familia, recuerdos y un vínculo más fuerte entre ellos. ¿Cuál sería la mejor opción?

El carro es una solución a largo plazo para un inconveniente, mientras que las vacaciones son una escapada a corto plazo que genera un recuerdo para toda la vida y también provee tiempo para fortalecer el vínculo familiar y expandir su visión del mundo. Si compran el carro y no cumple con sus necesidades siempre lo podrán vender con una pequeña pérdida. Pero después que se vayan de vacaciones el dinero ya no estará, aunque fueran las peores vacaciones que hayan tenido. No es posible vender un paquete de vacaciones usado, y por favor, si estoy equivocado, díganmelo lo más rápido posible.

Para cada una de las decisiones anteriores también tenemos los subgrupos de *qué* y *cómo*. ¿Cuál es el mejor destino para sus vacaciones y cómo planeará el viaje? ¿Qué vehículo cumple con sus necesidades y cuánto tiempo tomará la entrega?

Entonces, ¿cómo es posible diferenciar los tipos de decisiones y quién las debe tomar? ¿Se debe demorar en tomar una decisión (como en el caso del alquiler a cinco años) o tomarla rápidamente como cuando compra un saco? ¿Quién toma estas decisiones en Scrum? ¡Qué bien que han preguntado!

Decisiones reversibles

Cómo sería la vida de maravillosa si tuviéramos la posibilidad de tomar decisiones ilimitadas sin sufrir ninguna consecuencia por las que tomemos mal. Cuando era niño y jugaba con mis amigos en el parque, si me equivocaba les pedía para repetir y así tenía otra oportunidad sin perder nada. Imagínese ahora un mundo con un sinfín de repeticiones: ¿quiere usted invertir todo su dinero en Bitcoin o cruzar la Antártida? Hágalo, que tiene derecho a repeticiones. Pero la vida no funciona así. Piratas cibernéticos o regulaciones gubernamentales pueden devaluar Bitcoin de un día para otro y usted solo tiene una vida para cruzar la Antártica sin sucumbir por hipotermia, hambre o agotamiento. Si falla en cualquiera de estas, morirá financiera o literalmente.

Mientras que muchas decisiones son como las anteriores y no deben ser tomadas a la ligera, muchas otras pueden ser tomadas y después deshacerlas en caso de que algo salga mal. Cuando usted vio que el saco que compró se ve terrible a la luz del día, lo puede devolver habiendo perdido solo un poco de tiempo y de dignidad posiblemente.

Una decisión reversible es cualquier decisión que, una vez tomada, es fácil de deshacer con poca o ningúna pérdida de tiempo. Es cuando hace un giro equivocado y simplemente cambia de ruta unos minutos más tarde. Como una puerta batiente que permite entrar y regresar con poco esfuerzo.

De acuerdo con el popular blog de Farnam Street, Jeff Bezos tenía en mente que su lanzamiento de Amazon era una decisión reversible. "Bezos usó su heurística (preguntarse si su decisión era reversible o no) para tomar la decisión de fundar Amazon. Él reconoció que si Amazon fallaba podría volver a su empleo anterior habiendo aprendido mucho y no se arrepentiría de haberlo intentado"[44].

Cuando se toman decisiones normalmente es fácil intuir si son reversibles o no, pero si usted no está seguro, la forma de hacerlo es preguntarse qué pasaría si inicia y se da cuenta de que no funciona. ¿Es posible tomar otro camino sin gastar mucho tiempo ni dinero? Si la respuesta es afirmativa entonces la decisión es reversible.

En el caso de la familia que está decidiendo qué hacer con su nueva fortuna, el carro es una decisión reversible: qué tipo de carro quieren y cómo deciden usarlo son decisiones que se toman después que han descartado las vacaciones y son decisiones que se deben tomar con cuidado. Decidirse por un convertible y sacarlo del concesionario sería un error si se dieran cuenta

---

44 "Go Fast and Break Things: The Difference Between Reversible and Irreversible Decisions," Farnam Street, Abril 29, 2018, https://fs.blog/2018/04/reversible-irreversible-decisions/.

que no tienen espacio para sus hijos en el puesto trasero y el espacio del baúl es casi inexistente. Una camioneta grande (usada sería posible por este precio) no funcionaría para sus necesidades si viven en la ciudad y rara vez llevan a más de cuatro personas.

Pero incluso después de estas consideraciones podrían comprar el carro que se ajusta a sus necesidades y luego darse cuenta de que lo querían eran las vacaciones. Cometerían un error. El carro aún no ha perdido valor, y salvo por el inconveniente de tener que negociar el precio de venta, pueden recuperar la mayor parte de su dinero. El carro es una decisión reversible.

Para su equipo Scrum las decisiones reversibles pueden ser intentos de resolver un problema o definir el trabajo que tomará completar el primer PBI durante la planeación del Sprint. Sin embargo, durante el Scrum diario al día siguiente el equipo puede encontrase con desafíos. La tarea que habían definido en tercer lugar tiene que ser completada en segundo lugar para que el equipo entienda mejor el siguiente paso. Se reagrupan y reversan su decisión y de tal manera han aprendido a manejar este tipo de situaciones cuando se vuelvan a presentar, y por medio de sus acciones fueron capaces de aprender de los resultados. (El anterior es un aspecto importante que revisaremos al final del capítulo).

Decisiones irreversibles

Ahora que sabe lo que es una decisión reversible, ¿cómo se define una decisión irreversible? ¿Existe un punto donde no hay retorno? Sí lo hay. Esta es la razón por la que es mejor mantener sus opciones abiertas por el mayor tiempo posible, pero en algún momento debe tomar una decisión. La situación y las circunstancias determinan si esta decisión es reversible.

Las decisiones irreversibles son aquellas que una vez son tomadas requieren compromiso total, entonces si una decisión reversible es la puerta de vaivén, una irreversible es aquella que queda asegurada cuando usted la cierra. Tal vez exista una manera de regresar a la habitación, pero no será económico ni fácil.

EL VALOR DE LAS OPCIONES

Con las decisiones irreversibles como ya lo mencionamos es bueno mantener las opciones abiertas durante el mayor tiempo posible. Si la decisión representa una apuesta a un futuro incierto, debe estar lo más cerca posible a algo conocido. Quiero decir, si puede asegurar una ganancia jugando para los dos bandos, ¿lo haría?

En el mercado de valores existen opciones llamadas *put* y *call*, las cuales le permiten reservar el derecho de compra o venta de una acción a un precio determinado sin la necesidad de arriesgar toda su inversión. Es muy complicado, lo sé porque tenía un profesor sádico que me hizo memorizar la formula Black-Scholes que se usa para su cálculo.

En lugar de acciones hablemos de la ruleta, un juego de apuestas real. Supongamos que usted tiene cien dólares para apostar y podría jugar todo al negro o al rojo, o en lugar de esto, podría apostar diez dólares al rojo y otros diez dólares al negro. En otras palabras, la opción roja le da la posibilidad de apostar si la bola cae en rojo, y la opción negra lo hará si la bola cae en negro. Así, al inicio del juego usted está veinte dólares por debajo de su capital inicial, la rueda gira y finalmente se detiene en negro 26. De tal manera usted descarta la opción roja y usa su opción negra para apostar el resto de su dinero al negro, teniendo en cuenta que ya obtuvo el resultado no hay forma de perder.

Los casinos no aceptan las opciones *put* y *call* por obvias razones: irían a la quiebra. En caso de que usted no esté familiarizado con el mercado bursátil voy a desinflarle sus sueños porque tampoco puede apostarle a las dos opciones. (Los cálculos probablemente nos darán una suma igual a cero para este juego, pero es preferible que perder toda su inversión). Ahora con las decisiones, especialmente las irreversibles, usted tiene opciones. Quizás no sean algo completamente seguro, pero si puede esperar lo máximo posible antes de comprometerse con una decisión de este tipo, puede ver el lugar donde la bola tiene mayor probabilidad de caer.

Toyota por ejemplo enfrentó esta enorme elección cuando empezaron a crear el modelo Prius. Sabían que se convertirían en pioneros de la industria de vehículos eficientes, pero como lo expusimos en el ejemplo de One Gallon, tenían un sinnúmero de opciones. En un punto llegaron a considerar la combinación de las celdas eléctricas y de combustible, pero se dieron cuenta de que no existía un soporte satisfactorio para este tipo de vehículos. Mantuvieron abierta la idea del sistema de transmisión mientras trabajaban en otras opciones del diseño, hasta que tuvieron que tomar una decisión. Eventualmente se comprometieron con el modelo híbrido porque ofrece los beneficios de la energía eléctrica y la opción de viajar distancias largas, que tanto querían sus clientes. Dado el éxito que ha tenido el modelo Prius parece que tomaron la decisión correcta[45].

En nuestro ejemplo de la familia, la compra de un carro no requiere de

---

45 Jeffrey K. Liker, *The Toyota Way: 14 Management Principles from the World's Greatest Manufacturer* (New York: McGraw-Hill, 2003).

un compromiso total. Aunque deben escoger un modelo, registrarlo y firmar los documentos que acreditan la propiedad, en cualquier momento pueden decidir venderlo o cambiarlo por otro. Cuando su equipo decide trabajar en un PBI y se bloquea, ellos tienen la opción de modificar cómo harán el trabajo.

¿Qué pasaría si en este ejemplo la familia se decidiera por las vacaciones? Sería una decisión irreversible ya que cuando las paguen el dinero se habrá gastado y el carro ya dejó de ser una alternativa. Después de que se vayan de viaje, tomen el avión, se queden en el hotel, usen el carro rentado y vean los paisajes, el dinero ya no existirá, la única decisión que podría ser reversible es la compra de *souvenires* porque estos se pueden devolver o vender en línea.

En el caso de nuestra compañía ficticia, One Gallon, antes de decidir el nombre, debieron haber analizado diferentes opciones para el concepto del vehículo que cumplieran con su visión de crear un carro para usuarios conscientes con el medio ambiente. Pudieron haber considerado carros eléctricos, celdas de combustible, energía solar o eólica (tal vez los carros con vela se volvieran de moda). Terminaron escogiendo el modelo extremadamente eficiente en combustible y quedaron comprometidos. Seguramente hubieran podido probar la tecnología de las celdas de combustible por un periodo de seis meses, para descubrir después que todavía no se encontraba al nivel que necesitaban, y durante este tiempo alguno de sus competidores hubiera proceso mucho con los híbridos. Entonces ellos cambiarían para tratar de alcanzarlos.

¿La decisión fue reversible? Depende de qué tan costoso resulta el cambio en términos de tiempo y dinero: si es muy alto entonces no es reversible. La decisión de cambiar de una tecnología a otra completamente diferente es costosa, es posible que una mala decisión de tal magnitud lleve a la compañía a la quiebra. Kodak, por ejemplo, se comprometió con mantener una parte de sus recursos en filmes mientras trataban de conquistar la tecnología digital, una decisión irreversible de diversificar que los llevó a su caída mientras que Fuji, su competidor, se acogió totalmente a la tecnología digital[46].

ESTADO LATENTE DE LAS DECISIONES:
CUÁNDO TOMAR UNA DECISIÓN

Existen tantas parábolas y dichos acerca de hacer las cosas muy rápido que creo que ideas como "mirar antes de saltar" o "del afán no queda sino el

---

46 Oliver Kmia, "Why Kodak Died and Fujifilm Thrived: A Tale of Two Film Companies," PetaPixel, Octubre 19, 2018, https://petapixel.com/2018/10/19/why-kodak-died-and-fujifilm-thrived-a-tale-of-two-film-companies/.

cansancio", pueden llevarnos a ser demasiado cuidadosos. Existe un elemento de sabiduría en estos refranes, pero si se toman demasiado en serio se tornan en malos consejos ya que todos sabemos que "el que piensa pierde". (La habilidad humana de proveer consejos conflictivos viene desde hace tiempo).

Existe un peligro inherente disfrazado de precaución; hay algunos estudios que sugieren que aquellos que no deciden rápidamente, están destinados al fracaso. El Internet de las cosas (IoT) junto con el mundo globalizado en el que vivimos, han hecho populares algunas frases en nuestro lenguaje moderno. Por ejemplo el eslogan de Facebook: "Muévete rápido y rompe cosas", pero si usted se mueve demasiado rápido y rompe demasiadas cosas puede terminar en un agujero del cual no puede salir. Veamos si podemos saber que es mejor: el remedio o la enfermedad.

La latencia de una decisión es la cantidad de tiempo que existe entre el momento en el que la decisión surge y el momento en que es tomada. La latencia de las decisiones es solo una forma sofisticada de decir "velocidad de las decisiones". Esto ocurre cuando permitimos que los ingenieros inventen términos. Latente o latencia viene del latín *latentem* que significa escondido o al acecho y tiene una raíz compartida con la palabra *letárgico*. Entre más tiempo se demore un equipo o una empresa en tomar una decisión (latencia alta) más letárgica se vuelve, mientras que entre menor sea la latencia, es más probable que el proyecto sea exitoso. Creo que todos hemos estado en una posición frustrante cuando el gobierno o un comité postergan las decisiones difíciles y ofrecen solo excusas.

Mientras tanto las revistas de negocios se jactan de aquellos emprendedores jóvenes que vieron las oportunidades y las capitalizaron tomando decisiones rápidamente. Como ya lo mencioné, los estudios muestran que las decisiones tomadas rápidamente llevan a una mayor probabilidad de éxito, mientras que si se tardan mucho es posible que terminen como el clásico del oeste de los años noventa, "Rápida y mortal".

Rápida

El grupo Standish, una compañía internacional independiente de asesoría e investigación en Tecnologías de la Información (TI) ha estudiado proyectos de software por veinte años. Probablemente su descubrimiento más importante es que los equipos que toman decisiones en una hora, o menos, tienen una tasa de éxito del 58 por ciento. El grupo Standish define la teoría de la latencia de las decisiones así: el valor del intervalo es mayor que la calidad de la decisión. En otras palabras, entre más lenta sea tomada la decisión, peores serán los resultados. Para mejores resultados, las decisiones reversibles se deben tomar lo más rápido posible[47].

Esto no significa que deba decidir sobre la estrategia de mercadeo o la construcción de un proyecto enorme u otras decisiones importantes de negocios en un día de trabajo solitario. Esto sería una tontería. Sin embargo, existen muchas decisiones que se dilatan en manos de un comité o quedan perdidas en el escritorio de algún ejecutivo, no por temas burocráticos sino por el miedo y la prudencia.

La muerte

¿Qué pasa si se tarda más de cinco horas? ¿Qué pasaría si sus procesos internos burocráticos requieren muchas firmas y reuniones para poder aprobar incluso cambios pequeños? De acuerdo con el mismo estudio del Grupo Standish los equipos que se tardan más de cinco horas en tomar una decisión solamente tienen una tasa de éxito del 18 por ciento. ¿Si se da cuenta? ¡Los equipos que toman decisiones rápidamente tienen el 300 por ciento más de posibilidades de éxito![48].

Por supuesto que, si usted se demora cinco horas y dos minutos en tomar una decisión no significa que va a fracasar. Sin embargo, los datos indican que tener agilidad en la toma de decisiones es la mejor manera de proceder.

TOMANDO DECISIONES

Ya hemos hablado extensamente de los diferentes tipos de decisiones reversibles, irreversibles, decisiones del tipo qué y cómo, así como el destino favorece a los valientes cuando discutimos el estado latente de las decisiones. ¿Quién está tomando todas estas decisiones y cuáles deben tomarse rápido? ¡Estas son buenas preguntas! Dependiendo del tipo de decisión y su contexto existen momentos para tomarlas de manera unilateral, en equipo, tomarlas rápidamente y otros momentos en los que es preferible mantener sus opciones abiertas por el mayor tiempo posible antes de tomar la decisión al final.

---

47 James Johnson, *Decision Latency Theory: It's All about the Interval* (The Standish Group, 2018).
48 Ibid.

El nivel más bajo

Todas las decisiones deben ser tomadas al nivel más bajo posible. Dentro del marco de trabajo Scrum e incluso en organizaciones grandes que usan Scrum a escala (Scrum@Scale), la jerarquía es relativamente plana, solo unos pocos niveles, cuando se compara con compañías tradicionales burocráticas. El equipo está alineado con la visión y la cultura de su compañía y créanme que ellos tomaran la mejor decisión posible.

Las decisiones reversibles, especialmente aquellas relacionadas a *cómo* se desarrollará el trabajo, deben tomarse rápidamente. La mayoría de las decisiones alrededor del trabajo que se llevará a cabo, experimentar para resolver un problema, o completar una tarea dentro de un Sprint, no necesitan de mucha consideración. Entre más fácil sea revertir la decisión más rápido debe tomarse.

El emprendedor y conferencista Taylor Pearson lo manifiesta asi: "Compare lo que siente por el servicio al cliente de Zappos, donde los empleados tienen permiso para usar su juicio para darle lo mejor al cliente, con el de United Airlines, donde se obliga a todos seguir lineamientos rígidos e inflexibles"[49]. El servicio al cliente de Zappos es elogiado constantemente mientras el de United es el último en los resultados de satisfacción del cliente de JD Power, una compañía de investigación de mercados que evalúa marcas y productos[50].

Probablemente usted no está tan preocupado con el servicio al cliente, pero el poder de tomar las decisiones al nivel más bajo va más allá del servicio. Entre más poder haya invertido para la toma de decisiones a un nivel bajo, más rápidas y económicas serán. Existen estudios acerca del tema, pero creo que es mejor si lo guío en un ejercicio mental.

Supongamos que una mujer de su equipo necesita una silla de oficina nueva que cuesta doscientos dólares porque la que ella tenía se rompió. Ella habla con su jefe quien le dice que debe llenar una solicitud, proceso que le toma diez minutos. Después su jefe la revisa, la firma y la entrega al área de compras, pero ellos quieren saber por qué se rompió su silla anterior, intercambian algunos correos electrónicos hasta que colocan la orden de compra de la silla. ¿Cuánto tiempo gastaron en comunicaciones que irrelevantes en vez de adelantar trabajo productivo? ¿Cuánto dinero fue desperdiciado?

---

49 Taylor Pearson, *OODA: How to Turn Uncertainty Into Opportunity*, accesado en Noviembre 11, 2019, https://taylorpearson.me/ooda-loop/.

50 Lauren Zumbach, "United Last on J. D. Power Customer Satisfaction Survey, but the Airline Is Improving," *Chicago Tribune*, Mayo 29, 2019, https://www.chicagotribune.com/business /ct-biz-united-airlines-ranked-last-jd-power-20190529-story.html.

Muy probablemente la razón por la que los niveles burocráticos fueron diseñados fue principalmente para intentar reducir costos y tener claras las responsabilidades, y mientras un nivel de controles y reportes es positivo, quitarles el poder de decisión a las personas del nivel más bajo disminuye notablemente la efectividad y en mi opinión solo logra dos cosas: primero, le comunica a sus empleados que no cree que sean lo suficientemente competentes para tomar decisiones inteligentes y aprender de sus errores y segundo, les dice que la responsabilidad de las malas decisiones no es de ellos. Ya que alguien más fue quien la tomó, no es su problema sino de la gerencia.

Si la familia de nuestro ejemplo compra el carro, la probabilidad de que la decisión haya sido tomada por los padres es alta. En algunas familias, dependiendo de su dinámica, esta clase de decisiones son normalmente tomadas por una sola persona.

Pero en los negocios, a veces algún miembro del equipo no tiene la experiencia y el conocimiento necesarios o hay alguien nuevo que no está todavía tan familiarizado con el producto. No existe ninguna razón por la cual un miembro del equipo no pueda pedirle ayuda a alguno de sus compañeros, al Product Owner o al Scrum Master cuando tenga que tomar una decisión. Hacer una consulta es diferente a llegar a un consenso.

Consenso: Cuándo se debe tomar una decisión en equipo

Aunque cualquier decisión puede ser tomada por cualquier persona en cualquier momento (asumiendo que tengan la autoridad de hacerlo), esto no está necesariamente bien. En la antigüedad algunos reyes decidían ir a la guerra, casarse con una mujer en particular o enviar a su enemigo a la guillotina con muy poco o ningún respeto por los consejos de sus servidores. Estos reyes eran probablemente expulsados por sus súbditos por medio de una rebelión o un golpe de estado. Esta es la razón principal por la que usted no debe comportarse como uno de estos reyes arrogantes.

De los dos tipos de decisiones, las irreversibles deben tomarse siempre que sea posible en consenso con su equipo. Incluso cuando el camino sea claro algunas decisiones requieren del aporte del equipo; aún cuando su cabeza no corra el riesgo de ser clavada en una estaca si no llega a un consenso, es muy importante que se alcance, para que el equipo tenga una opinión a favor y se comprometa con la decisión final. Tener en consideración las necesidades y los deseos de las partes interesadas, sean los miembros de una familia o en el caso de una empresa los diferentes departamentos, puede ayudar a aclarar las acciones necesarias.

Para que esté claro, consenso significa que cada uno de los miembros del equipo ha tenido la oportunidad de expresar sus creencias, dudas, opiniones o cualquier problema que pueda tener con una decisión en particular. Para seguir adelante no es necesario que cada uno levante el brazo empuñado y grite "victoria o muerte" para respaldar a su viejo y tirano rey. Solo se requiere que cada una de estas voces sea escuchada y tenida en cuenta durante el proceso de toma de la decisión.

Volvamos al ejemplo la familia. Ellos han decidido tomar las irreversibles vacaciones. Los padres siempre han querido visitar el este de Asia y le gusta especialmente Mongolia; los hijos están de acuerdo con visitar territorios exóticos, pero quisieran estar cerca al mar. Los padres son los líderes y tienen en cuenta la necesidad de sus hijos de estar cerca al agua y quieren llegar a un consenso. Podrían decidirse finalmente por Hong Kong que cumple con todas sus necesidades.

Para llegar a un consenso los líderes deben descubrir cuál es la intención que existe detrás del desacuerdo, considerar su validez y visualizar diferentes maneras de abordarlo. Sin embargo, el punto no es estar de acuerdo en todo, esto no es posible e incluso llegar al 99 por ciento tomaría mucho tiempo. Incluso quienes redactaron la Constitución de Estados Unidos quedaron felices con solo dos tercios de la votación para todas las futuras enmiendas.

Tomarse el tiempo de escuchar y considerar todos los puntos de vista le permite a todos comprometerse y trabajar juntos para tomar una decisión exitosa. En el caso de una decisión irreversible, usted quiere mantener sus opciones abiertas y recolectar información. Claro que la velocidad aún es importante, el mundo cambia, los hijos crecen y las vacaciones familiares no se pueden postergar por años. Si por ejemplo la familia planeara tomar las vacaciones antes de que su hijo mayor inicie la universidad en el siguiente semestre, tienen una fecha límite para hacer todas las reservas antes de que sus opciones se agoten. Podrían decidir, por ejemplo, reservar todo antes de 15 de junio para viajar el 15 de Julio antes de que entre a la universidad. De igual manera su unidad de negocio quiere lanzar una nueva consola de videojuegos, la decisión debe ser tomada antes de una fecha específica si quieren hacer el lanzamiento antes de la temporada de Navidad.

Con algunas decisiones es necesario tener un límite de tiempo, pero esto no significa que todas las opciones tengan que ser decididas en primera instancia. Decidir en enero sobre un viaje para Suráfrica en agosto no significa que todos los detalles también tengan que decidirse en enero. Esto le permite mantener algunas opciones abiertas. Qué vuelos tomar, en qué hotel hospedarse y qué lugares visitar pueden tener una fecha límite posterior, ya que mantener las opciones abiertas para encontrar promociones y paquetes puede disminuir los costos.

Es posible que suene un poco contradictorio, pero algunas veces es bueno retrasar las decisiones lo máximo posible para mantener sus opciones abiertas. Por ejemplo, suponga que decidió comprar una casa en 2007 y en ese momento descubrió que lo mejor que podía comprar con su presupuesto era un apartamento pequeño de dos habitaciones. En caso de que no fuera una necesidad inmediata comprar una casa en aquel año, usted podría esperar. Después que el mercado colapsó, con ese mismo presupuesto usted conseguiría una casa grande para su familia. Si esta decisión se hubiera tomado en el plazo de cinco horas para algo tan importante e irreversible como lo es la compra de una casa, lo más seguro es que usted se hubiera arrepentido del resultado.

A veces solo es posible tomar una decisión acerca de la siguiente acción que debe ser tomada y esto está bien. Al igual que un viaje de mil millas puede ser planeado con anticipación, existen muchas opciones que le permiten llegar a su destino. Para las primeras cien millas las opciones pueden limitarse a una sola autopista, pero después puede contar hasta con tres opciones. Puede ahora seleccionar una de las tres opciones, pero cosas como el tráfico, inundaciones y construcciones pueden presentarse antes de llegar al momento de tomar la decisión. Mi punto es que lo mejor es tomar rápidamente las decisiones reversibles y mantener sus opciones abiertas lo máximo posible para las irreversibles (aunque a veces existen fechas límites), pero cuando llega el momento de tomarlas escuche a su equipo, considere y evalúe sus aportes y después actúe.

La planeación del Sprint pone en práctica este tipo de consenso para la toma de decisiones irreversibles. Una vez el Sprint es planeado la decisión resulta irreversible ya que solamente en circunstancias extremas se puede cambiar el Sprint e incluso solo los cambios autorizados por el Product Owner pueden implementarse. La planeación del Sprint se trata de un evento en equipo para llegar a un consenso acerca de en *qué* se debe trabajar, el Product Owner puede priorizar un PBI sobre otro y cometer un error, refinarlo y hacer ajustes al siguiente PBI, mientras el equipo trabaja en los Sprints. Durante la planeación del Sprint las decisiones del *cómo*, tales como cuántos PBI trabajarán, son tomadas por los miembros del equipo y ellos tienen la última palabra.

La siguiente matriz ilustra algunas maneras de tomar decisiones reversibles vs irreversibles.

8.1. Matriz de decisión

EL VALOR DEL APRENDIZAJE

El aprendizaje se da por medio de la retroalimentación, por consiguiente, entre más rápido tome decisiones y actúe de acuerdo a ellas, más rápido podrá aprender; y solamente viendo lo que pasa, o sea la retroalimentación de lo que resulta por nuestras acciones y decisiones es que se aprende. Si usted ve los malos resultados solo como resultados en vez de fracasos, será posible hacer ajustes. Como en el juego de dardos que mencioné antes, solamente hasta cuando hacemos el primer lanzamiento podemos hacer los ajustes necesarios basados en que tan cerca del blanco llegó nuestro primer dardo. Un entrenador solo será capaz de hacer ajustes en nuestra técnica después de que hayamos lanzado el dardo. Para el siguiente lanzamiento apuntamos más alto y lanzamos con más fuerza de acuerdo con los aportes del entrenador. En el caso de One Gallon, durante el proceso de fabricación del chasis del primer modelo, la retroalimentación dice que no pasó las pruebas de choque. La información es útil para modificar el modelo computarizado de pruebas de choque con el que trabajan para apoyar en el diseño.

Si Scrum se trata de agregar más valor más rápido entonces el aprendizaje por medio de la retroalimentación es el super acelerador del proceso. Cuando un equipo trabaja en conjunto durante muchos Sprints, empieza a ver el desarrollo de patrones (algo que veremos en el capítulo diez). En lugar de un resultado por año, logran veinticinco resultados.

Por eso es crítico tomar decisiones rápidamente y actuar de acuerdo a ellas. ¿Cómo puede una desigualdad promedio de un par de horas en una decisión en estado latente marcar tanto la diferencia? Un equipo Scrum educado y experimentado por medio de la toma de decisiones rápidas y retroalimentación, puede comenzar a visualizar como un todo lo que podrían parecer problemas aislados. Mediante la toma de decisiones y acciones una y otra vez han desarrollado sus instintos y pueden actuar sobre ellos casi instantáneamente; se vuelve su segunda naturaleza. En conclusión, las acciones que se toman de manera informada, tras muchos años de observación, normalmente tienen una alta tasa de éxito. El más rápido gana. Si usted cambia más rápido y la otra persona no consigue acompañarlo, usted gana.

El cerebro humano es especialista en crear modelos mentales (encontrar patrones) para que podamos entender el sentido de algunas situaciones nuevas basados en experiencias pasadas similares. Nuestros antepasados aprendieron a correr cuando escuchaban ruidos en los arbustos sin importar si los ruidos venían de un león hambriento o una cabra débil, si corrían con seguridad sobrevivirían, así que por medio del instinto de correr aseguraban su supervivencia. El uso de modelos mentales nos ayuda en la mayoría de las situaciones, pero no en todas. (Si estuviéramos muriendo de hambre esa cabra débil nos hubiera servido de alimento). Como veremos a continuación, algunas veces hay que cuestionar nuestros instintos, incluso cuando todo parece perfectamente lógico.

Otro punto es que el aprendizaje será tan bueno como lo sea la retroalimentación, entonces si usted tiene una retroalimentación pobre, podrá aprender, pero no tan bien como hubiera querido. Por ejemplo, cuando yo era estudiante universitario me gustaba mucho jugar ajedrez y era bueno, pero no llegaba cerca de los campeones nacionales. En mi deseo de mejorar decidí crear mi propio programa de computador de ajedrez, ¡después de admirar mi creación empecé a jugar contra el computador y funcionó! Bueno algunas veces. Después que yo jugaba, el computador hacía una jugada como rendir a su rey, incluso si nunca ha jugado ajedrez puede imaginarse que este movimiento es el peor que alguien puede hacer. Después de un tiempo decidí rendirme con mi proyecto. Yo quería mejorar mi aprendizaje, pero incluso el programa que había diseñado estaba limitado a mi conocimiento, la retroalimentación que estaba recibiendo no era buena porque la máquina no podía aprender a jugar mejor que yo.

Los Spikes y cuándo usarlos

El aprendizaje es una parte importante del proceso de toma de decisiones. La vaca que no aprende de su decisión de constantemente irse contra la cerca eléctrica continuará sufriendo. Pero el aprendizaje no depende solo de las decisiones que tomemos. En ocasiones tenemos que aprender más de un ítem del Product Backlog antes de empecemos a estimarlo. ¿Cuándo debemos hacerlo?

Es en ese momento que debemos usar algo llamado "spike", una solución para abordar el aprendizaje durante un Sprint. Creado por el ingeniero de software Kent Beck, es usado cuando no se tiene ni idea de cómo estimar un ítem de Product Backlog. Supongamos que usted está dirigiendo un equipo Scrum en una empresa física tradicional con un viejo y confiable sistema de compras: toma de órdenes, cumplimiento y facturación. Su equipo está desarrollando el proyecto de digitalizar las ventas de la empresa, entonces usted quiere que sus clientes hagan la orden de compra y pago por medio de un portal web. Uno de los ítems del Product Backlog es: "crear el módulo de pagos" y todos coinciden en que debe contar con la funcionalidad para pagar por medio de débito bancario, PayPal o tarjeta de crédito. Hay un problema: ningún miembro del equipo ha creado nunca un módulo de pagos y cuando llega la hora de estimar los puntos de historia por medio de Planning Poker, los puntos están muy elevados y el equipo confiesa que nadie sabe lo que implica crear un módulo de pagos. Si no es posible estimar un ítem tampoco es posible que llegue a un Sprint ya que solo aquellos ítems que han sido estimados pueden ser incluidos en el Sprint.

Para este ejemplo podrían usar un spike. Algunos dicen que un spike es solo un patrón de Scrum, pero no estoy de acuerdo; lo veo más como una herramienta de refinamiento del Product Backlog. Los spikes proveen la oportunidad de explorar y aprender acerca de un PBI desconocido. Recuerde que el objetivo de un Sprint es producir un entregable que tenga valor agregado para el cliente. Aprender, aunque es valioso para el equipo no tiene valor para el cliente. Un spike le da la oportunidad de aprender durante un Sprint.

Para usar un spike debe tomar el PBI del módulo de pagos y dividirlo en dos. El primero de ellos se llamará "spike del módulo de pagos" y el segundo solamente "módulo de pagos" y luego agrega el primero a un Sprint.

Lo que se hará durante el spike es investigar (aprender) acerca de lo que es necesario para crear un módulo de pagos. Si usted es un entusiasta en la materia o simplemente le gusta investigar podrá tardarse horas en esta tarea, pero aconsejo no hacerlo, este PBI debe limitarse entre cuatro horas a medio día, suficiente para que el equipo aprenda todo lo necesario sobre el tema. El spike debe ser agregado al Sprint en la planeación de Sprint y el mismo equipo decidirá cómo quiere enfrentar la labor (el aprendizaje). Puede decidir tomarse más tiempo en las páginas educativas de PayPal, cotejar otras fuentes en Google y hablar con algunos contactos para encontrar más información. El objetivo real del spike no es aprender todo lo que pueda sobre el tema sino aprender solamente lo suficiente para poder estimar el número de puntos de historia que tomará el PBI.

Cuando ha completado el spike, el equipo puede estimar el PBI "módulo de pagos" durante la siguiente sesión de estimación, usando un conocimiento recién adquirido. Los spikes son útiles cuando un equipo se encuentra con un ítem que requiere trabajo en su mayor parte desconocido. He visto personas que usan Scrum en su vida diaria y usan los spikes, para aprender sobre un proyecto que nunca antes han hecho, como sembrar nuevamente el césped del jardín.

BUCLE OODA, DESAYUNO DE CAMPEONES

El coronel John Boyd, piloto de la fuerza aérea estadounidense en la base en Corea del Sur e instructor en la escuela de armas de la USAF, tenía la apuesta vigente de que era capaz de superar a cualquier piloto oponente en cuarenta segundos. ¿Cómo podría hacerlo? Aprendiendo, adaptándose y decidiendo con rapidez. Boyd sostenía que tras haber volado misión tras misión y habiendo aprendido mucho de cada una de ellas se entrenó a sí mismo para reaccionar a las acciones de los pilotos oponentes casi de forma instintiva. El piloto que aprende más rápido, se ajusta más rápido y responde más rápido, ganará la batalla. Boyd era conocido como "Boyd 40 segundos" o "Genghis Boyd" y sus ideas perduran hoy en día no solamente en la fuerza aérea sino también en el mundo de los negocios[51].

Boyd creó un marco de referencia llamado el ciclo OODA. La expresión es un acrónimo para Observar, Orientar, Decidir y Actuar. Un piloto de avión de combate observa a su oponente, reconoce sus maniobras y toma decisiones: puede intuir qué posición le dará más ventaja, tomarla inmediatamente y empezar a disparar. Este piloto no va a parar y pensar acerca de sus histórico de batallas; tampoco puede llamar a su superior y preguntar qué aconseja o llamar a su escuadrón para una reunión rápida. Estas acciones solo lo harían más débil ya que lo harán más lento; lo que él hará es actuar de acuerdo con su entrenamiento e instintos, tomar la posición y atacar.

---

51 Robert Coram, *Boyd: The Fighter Pilot Who Changed the Art of War* (New York: Hatchett Book Group, 2002).

El concepto OODA no funciona solamente en terreno aéreo enemigo. En la sala de juntas y en cualquier empresa la competencia puede ser tan feroz como en una batalla aérea y requiere algún proceso rápido de toma de decisiones. Boyd aprendió a transformar OODA en parte de su memoria muscular y a reaccionar perfectamente. Aprender a observar, orientar, decidir y actuar antes de entrar en una negociación acalorada quiere decir que está listo o lista para convertirse en un "gerente 40 segundos".

Observar

Observar suena fácil: observamos cómo pasa el tiempo, a las personas en el supermercado o a una ardilla que recolecta su alimento. Sin embargo, observar es mucho más que mirar los resultados, se trata de mirar con un propósito específico. Un jugador de fútbol puede ver a su compañero haciendo señas para que le haga un pase, pero también puede ver a un oponente llegando a interceptar su posición, y mientras tanto, otro de sus compañeros corre hacia el campo oponente destapándose de su marcación. El jugador de fútbol está observando tanto como puede.

Para los pilotos de combate observar significa tener una conciencia de la situación, no solamente del piloto oponente, la velocidad del aire, su altitud, trayectoria, los disparos del enemigo en tierra, su distancia a la embarcación base y el conocimiento de cuántas municiones quedan en su arsenal. Incluso debe considerar que la posición del sol puede darle una ventaja en el modelo de ataque. Y usted pensaba que manejar carro con palanca de cambios era complicado.

Una vez ha colectada toda esta información es fácil pasar a la acción, así como nuestro ancestro que huía de su depredador, nuestro cerebro usa un atajo de modelos mentales para escoger una acción predeterminada. Pero los modelos mentales pueden ser defectuosos y en lugar de estar corriendo del depredador podemos estar corriendo de la cena. Durante la toma de decisiones clave, por ejemplo, puede ser la decisión de asumir que el mercado de la finca raíz continuará creciendo después del 2007 ya que ha tenido este mismo comportamiento en los cinco años anteriores. Debemos cuestionar nuestras suposiciones y orientarnos hacia la información completa.

Orientar

Muchas personas se pierden en este punto, por eso pido su atención completa. Es aquí cuando usted conecta los puntos y sintetiza toda la información que ya tiene. Es importante buscar cualquier desajuste en su manera de pensar, evadir el "sesgo de confirmación" que Rusell Nickerson, profesor de la Universidad Tufts, define como cualquier cosa que "connota la búsqueda o interpretación de evidencia parcializada por las creencias, expectativas o hipótesis que tenemos a la mano"[52].

Es muy tentador ver las situaciones y los datos como nos gustarían que fueran, todos tenemos diferentes "filtros" por medio de los cuales vemos el mundo. Estos filtros que son la manera como interpretamos y hallamos sentido a nuestra realidad, están pintados por muchas influencias como la genética, experiencias pasadas y tradiciones culturales (incluyendo la cultura laboral). Cuando se trata de tomar buenas decisiones para Scrum, su empresa y hasta su vida personal, debe analizar y sintetizar de manera intencional la información nueva y cuestionar sus suposiciones; en otras palabras, no sea un autómata.

Existe una historia popular que puede sonar un poco exagerada, pero demuestra la facilidad con la que usamos información, incluso contradictoria, para confirmar nuestras conclusiones preconcebidas. Un hombre desarrolló una enfermedad mental y creyó que había muerto y regresado a la vida como un muerto viviente. Su esposa trató de convencerlo de que estaba vivo, pero no tuvo éxito, así que solicitó la ayuda de su suegra y el ministro de su iglesia, pero cada uno de los desafíos que le fueron impuestos fue fácilmente superado y finalmente su esposa pidió una cita con un sicólogo. El sicólogo apeló al lado lógico de hombre.

Le preguntó: "¿Usted dice que es un zombi?"

El hombre contestó: "Yo sé que soy un zombi".

Luego el sicólogo preguntó: "Bueno, entonces ¿los zombis sangran?", y se inclinó para ver su reacción.

El hombre contestó: "¡Claro que no! Estamos muertos".

El sicólogo sonrió y saco un alfiler del cajón de su escritorio y pinchó el dedo del hombre; su cara reveló su asombro en cuanto vio el goteo que salía de su dedo y finalmente el sicólogo preguntó con aire de suficiencia: "¿Qué me dice ahora?".

Después de un momento de silencio el hombre contesto: "¡No puede ser, los zombis sí sangran!"[53]. Lo más probable es que usted piense que hace parte

---

52 Raymond S. Nickerson, "Confirmation Bias: A Ubiquitous Phenomenon in Many Guises," *Review of General Psychology* 2, no. 2 (1998), 175–220, http://psy2.ucsd.edu/~mckenzie /nickersonConfirmationBias.pdf.

53 Robert Fritz, *The Path of Least Resistance: Learning to Become the Creative Force in Our Own Life* (New York: Fawcett Columbine, 1989), 140.

de la legión de muertos vivientes, pero el sesgo de la confirmación existe en la sala de juntas de la misma forma que en el estudio del sicólogo; una vez usted ha aprendido algo es difícil de desaprenderlo y pensar de una manera diferente.

Por ejemplo, una compañía de seguros tenía dificultad para retener a sus clientes. Tal vez haya un colapso financiero y ellos concluyen que sus clientes no pueden pagar las primas de sus seguros. Como esa idea es totalmente lógica, es una forma de pensar peligrosa. Una vez que la economía se recupere ven que las pólizas caducan en la misma medida y concluyen que es un tema de asequibilidad así que anuncian descuentos y sacrifican las comisiones de sus agentes con un efecto casi imperceptible. Esta empresa se basaba en información que en algún momento fue cierta y puede continuar por este camino perjudicial hasta que alguien cuestione el sesgo: ¿Será que las pólizas están caducando por otras razones?

Cuestionar las suposiciones es una buena manera de detectar un sesgo. Los ejecutivos con un poco de duda toman la decisión de contratar a alguien para que encueste a sus clientes que se fueron recientemente. En lugar de ser la asequibilidad la causa primaria de la disminución, las causas pueden ser que los clientes se sintieron abandonados por sus asesores o que la compañía no los educó en la necesidad de estar asegurados y a la hora de elegir entre en paquete de televisión por cable y el seguro, ganó el entretenimiento del hogar.

Los datos por sí solos no pueden mostrar todo el panorama, los números no mienten, sin embargo, es posible que los analistas sí lo hagan. Con esto no quiero decir que los analistas están creando falsas esperanzas con mala voluntad, pero incluso el análisis de datos puede ser influenciado por nuestros modelos mentales.

En mayo de 1997 el gran maestro de ajedrez ruso Garry Kasparov se enfrentó a un juego de ajedrez inusual, el primero de seis en la ciudad de Nueva York. Su oponente era un supercomputador de IBM conocido como "Deep Blue". Este juego tenía implicaciones grandes: por un lado Kasparov no solo era un gran maestro de ajedrez, sino que también había mencionado públicamente que nunca perdería contra una máquina. Kasparov había ganado el juego un año atrás, sin embargo, en el primer juego de la revancha Deep Blue realizó un movimiento sorpresivo: el computador sacrificó una de sus piezas. Kasparov miraba atentamente el tablero y algunos maestros que estaban viendo el juego pensaron que este movimiento era parte de una estrategia sofisticada a largo plazo. Después de todo Deep Blue era un computador, así que no cometía errores y no estaba limitado por las emociones humanas que pueden afectar el juego. Kasparov analizó y meditó antes de hacer su siguiente movimiento, estaba seguro de que el movimiento de Deep

Blue había sido tan humano que existía un nivel más profundo de inteligencia detrás de la máquina.

Eventualmente Kasparov hizo su movida y ganó la partida, pero luego perdió la revancha. Años después uno de los diseñadores del súper computador admitió que la movida no fue algo sofisticado que solo hacían los computadores; de hecho, había sido una falla en el programa, un bug hizo que el computador seleccionara un movimiento al azar.

Muchos especularon que el bug había enfadado a Kasparov porque no tenía sentido, pero él lo refuta en su libro "Deep thinking", admitiendo que cometió un error en la revancha y subestimó la estrategia de Deep Blue que había sido especialmente basada en el estilo y el historico de juegos de Kasparov[54].

Hay dos lados de la historia: la noción de estar confundido no queda por fuera de la ecuación para muchas personas. Conozco personas que se han frustrado en otros juegos donde enfrentan computadores porque asumen que el computador no jugó limpio.

¿Qué pasaría si no nos orientamos y revisamos nuestros sesgos? Es posible que continúe invirtiendo esfuerzo y dinero en un problema que no existe como el de la compañía de seguros o la pérdida de un juego de ajedrez porque el movimiento del computador no tiene sentido como lo que supuestamente le sucedió a Garry Kasparov.

Cuando cuestionamos nuestras suposiciones, incluso aquellas que han sido probadas cientos y cientos de veces, podríamos probar una vez más que estamos en lo cierto o podríamos darnos cuentas de que no estamos tan muertos como pensábamos.

Decidir

Este paso sucede cuando ha considerado la mayoría de sus opciones (tal vez no todas), y ya es tiempo de tomar una decisión. Aunque queremos tomar decisiones con rapidez, para algunas decisiones es mejor esperar hasta el último momento posible para tomarlas.

En este punto ya ha observado, se ha orientado, ha revisado sus puntos ciegos (sesgos de confirmación) y evaluado el terreno. En el caso de los pilotos de armas y los héroes del deporte la decisión debe ser tomada en segundos. Un jugador atacante de fútbol americano observa el campo, los corredores, revisa sus receptores y de manera intuitiva analiza los patrones de cobertura de la

---

54 Garry Kasparov, *Deep Thinking: Where Machine Intelligence Ends and Human Creativity Begins* (New York: Hachette Book Group, 2017), 176–80.

defensa. Y en cuestión de segundos lanza el balón a un compañero, o fuera de los limites si no tenía otras opciones.

El grupo Standish, la misma organización que hizo el estudio de la latencia de la decisión, escribió un análisis acerca de Tom Brady, jugador de ataque de los Patriotas de Nueva Inglaterra, que en 1,9 segundos fue capaz de sacar el balón de su área, encontró un receptor y lanzó el balón. El receptor logró atrapar el pase y corrió diez yardas en otros 1,1 segundos. Todo en solo 3 segundos; si Brady hubiera sostenido el balón por otro medio segundo, podría haberlo lanzado a su ala cerrada o hacia su último hombre en la línea ofensiva cuarenta yardas, excepto que en ese momento ya estaría en el piso después de ser derribado por un defensa del equipo contrario. Medio segundo más y el equipo habría perdido yardas en lugar de darle a los Patriotas sus primeros seis puntos[55].

En béisbol se dice que los mejores bateadores deciden si moverán el tronco o cambiarán un poco de posición, incluso antes de que el lanzador haya tirado la pelota. Ellos tienen más que segundos, pero no quiere decir que se puedan tardar todo el día.

Actuar

Existe un viejo y mal chiste que dice: tres sapos estaban sentados en un árbol, uno de ellos decide saltar, ¿cuántos sapos quedan? La respuesta es tres, ya que el sapo solo decidió saltar, hasta que no actúe nada habrá cambiado.

Existen numerosas razones por las que buenos gerentes retrasan las decisiones y toman acciones. En mi opinión esto se debe principalmente al miedo. Miedo a perder dinero, respeto, posición, miedo del fracaso o simplemente miedo de ser despedido. Si usted ha desarrollado una cultura de autonomía y seguridad sicológica, entonces su equipo se sentirá más empoderado y tomará riesgos calculados para ver qué pasa.

La clave es moverse a través del OODA, suave y rápidamente a la vez. Cuando se enfrenta a una situación similar en los negocios, observe y mida la situación como un piloto de avión de combate, oriéntese (conecte los puntos y cuestiónese sus suposiciones y sesgos), decida y finalmente actúe. Al igual que el piloto Boyd, practique este ciclo hasta que se enganche automáticamente cada vez que haya una decisión por tomar. Es muy probable que usted no apueste como lo hizo Boyd, pero pasará la etapa de parálisis que tanto frena el liderazgo.

---

55 Johnson, *Decision Latency Theory*, 1.

DECISIONES, OODA, APRENDIZAJE Y SCRUM

Ya lo he dicho antes, Scrum ayuda a agregar valor más rápido. Mientras que algunos empezaron a usar Scrum por temas de cultura, productividad o incluso para hacer que sus empleados sean más felices, al final funciona porque la cultura Scrum combinada con sus métodos le dan la capacidad al equipo de tomar decisiones más rápidamente.

Las decisiones que se estancan en comités ejecutivos o que son postergadas perjudican al equipo y a la empresa. Pero sobre las decisiones tomadas no necesariamente se tomó acción. Tomar la decisión de contratar a alguien no quiere decir que ya se haya sentado con esa persona y haya negociado los términos de su contrato. En lugar de esto "crear un aviso de empleo" se queda en la lista de quehaceres de alguien mientras que el trabajo duro llena su calendario.

Ya ha aprendido a parar ese ciclo letárgico de burocracia, con las simples herramientas y marcos de trabajo expuestos aquí. Ahora reconoce las diferencias entre los tipos de decisiones, cómo tomarlas rápido como individuo u obtener un consenso como equipo, actuar sobre las decisiones tomadas, cuestionar sus suposiciones, orientar, aprender y tomar otras decisiones basado en la retroalimentación. Aunque el ciclo OODA no es Scrum, su marco de referencia para la toma de decisiones es como un primo cercano de Scrum. Suficiente aprendizaje es hora de tomar decisiones.

SU LIBRO DE JUGADAS SCRUM

Tomar decisiones rápidamente depende de un gran número de factores y su habilidad de incorporarlos en el proceso. Saber qué clase de decisión será tomada y quién debe estar involucrado es solamente el inicio del proceso. Comprometerse con la retroalimentación, aprender lo que se debe saber y desarrollar los modelos mentales necesarios para llevar un proceso rápido de toma de decisiones puede marcar toda la diferencia entre acciones de calidad que lo llevan hacia adelante y decisiones pobres que no lo llevan a ningún lado.

FACTORES PARA LA TOMA DE DECISIONES

- ¿Es una decisión individual o en consenso?
- Las decisiones reversibles pueden ser retrocedidas sin perder mucho tiempo y dinero, como comprar un carro y luego venderlo.
- Las decisiones irreversibles requieren compromiso total, por ejemplo, irse de vacaciones. Una vez que el dinero se gasta, desaparece.
- Las decisiones deben ser tomadas en su mayoría en el nivel más bajo, particularmente las reversibles.
- Las decisiones irreversibles deben tomarse en consenso para incentivar el compromiso completo de equipo y validar todos sus aportes.
- Los objetivos del Sprint son decisiones irreversibles tomadas en consenso.
- Todas las decisiones se dividen en dos sub grupos:
  - Qué es lo que se hará (durante un Sprint, por ejemplo).
  - Como se logrará (las decisiones reversibles tomadas por individuos en la medida de lo posible).
- La retroalimentación es el super acelerador de la toma de decisiones, es donde ocurre el aprendizaje y se construyen nuestros modelos mentales para tomar decisiones más rápidas en el futuro.
- Un spike es un bloque de tiempo de aprendizaje enfocado sobre un tema para lograr mejor planeación y toma de decisiones (por ejemplo, agregar un módulo de pagos en una página web).
- Ciclo OODA: Observar, orientar, decidir y actuar.

Jugando su mano

- ○ Observe que pasa y que tiene que ser cambiado para lograr el objetivo.
- ○ Oriéntese hacia el problema
  - — Cuestione sus suposiciones.
  - — Esté atento a los desajustes.
  - — Tenga cuidado con el sesgo de confirmación.
- ○ Decida su curso de acción.
  - — Hágalo rápido pero razonablemente.
  - — Para decisiones irreversibles mantenga sus opciones abiertas por el mayor tiempo posible, pero tenga una fecha límite.
- ○ Tome acción
  - — La incapacidad de actuar se debe normalmente a algún temor. Encuentre el temor y enfréntelo.

CAPÍTULO NUEVE

Obstáculos y medidas: Cómo saber si está ganando el juego

No le temo al hombre que ha practicado 10 mil patadas una vez, le temo a aquel que ha practicado una sola 10 mil veces.

—Bruce Lee[56]

Espero que usted vaya al doctor regularmente para asegurarse de que no tenga ninguna enfermedad que ponga en riesgo su salud. Durante una visita de rutina, el doctor toma sus signos vitales y algunas medidas como peso, estatura, indicadores de masa corporal y ordena algunos exámenes de sangre para medir sus niveles de colesterol y triglicéridos. Luego vienen los resultados: usted presenta obesidad y sus niveles de colesterol, triglicéridos y su presión arterial están altos. El pronóstico no es bueno si no hace cambios drásticos en su ejercicio y su dieta.

Una semana después, sale a almorzar con un amigo y ordena algunas comidas fritas con adición de crema agria. Su amigo preocupado dice: "No estoy seguro de que esa sea la decisión más saludable". Usted le contesta: "Yo estoy saludable: después de todo voy al médico cada año".

Suena un poco absurdo pensar que una persona es saludable porque visita al médico de manera regular. Nunca será saludable a menos que siga las recomendaciones del doctor y haga los cambios necesarios para mantener sus niveles bajo control.

Aunque parezca tonto pensar que solo con la visita al médico se hará más

---

56 Abishek Kumar, *The Life and Times of Bruce Lee* (New Delhi: Prabhat Books, 2008).

saludable, así no siga sus recomendaciones, conozco personas que piensan que su organización es ágil solo porque "usan Scrum". Antes mencionábamos que Scrum es una manera de ser ágil, pero Scrum no lo hace ágil por sí solo. Scrum le muestra aquellas áreas donde su empresa aún no es ágil, a medida que lo vaya implementando van a surgir problemas, pero en vez de verlos como un dolor de cabeza debe darles la bienvenida porque, así como la obesidad y la presión arterial alta, esos problemas cuentan una historia. Si la ignora, sus esfuerzos por convertirse a las metodologías ágiles lo llevarán a una muerte temprana.

Los impedimentos no son otra cosa que indicadores que le muestran dónde todavía no es ágil o dónde puede serlo aún más. Se anticipan especialmente si usted está iniciando con el proceso de implementación. Algunos gerentes tratarán de pedir "prestado" a su antiguo personal, el PMO solicitará reportes u otros departamentos le informarán que su solicitud de apoyo ha sido rechazada hasta que entregue una solicitud de presupuesto y espere su aprobación. Estos impedimentos le podrán causar frustración en algunos momentos, pero todo hace parte del proceso de aprendizaje.

En este capítulo cubriremos algunos impedimentos y sus soluciones, aunque no son los únicos que se pueden presentar. Al inicio funcionan como una guía y mientras crece en su aprendizaje y maestría en Scrum logrará desarrollar prácticas intuitivas para crear soluciones únicas.

En este punto puede que ya juegue: entrenando a su equipo y posiblemente planeando o desarrollando su primer Sprint. Tal vez quiera terminar de leer este libro y pensarlo un poco (no es en realidad el espíritu de Scrum que dice que el aprendizaje se encuentra en las acciones). Aquí ya habrá aprendido demasiado y ojalá lo estuviera poniendo en práctica.

Recapitulemos brevemente lo que debe entender en este punto: ha aprendido los valores de Scrum y cómo cambiar la cultura por medio de la implementación de Scrum; la cultura se basa en comportamientos y éstos pueden ser cambiados por medio de acciones. Ha aprendido cómo crear una burbuja protectora e independiente en la cual formar a su equipo; también acerca de los roles, eventos y artefactos y cómo ensamblar su equipo y su estrategia. Su Product Owner ya sabe cómo crear un Product Backlog por medio de mapas de historia que incluyen cortar, refinar y sintetizar el Objetivo del Producto. Adicionalmente ha aprendido acerca de los eventos cruciales de Scrum como planeación del Sprint, Scrum diario, revisión del Sprint y retrospectiva.

Probablemente usted sea una persona que ha estado involucrada y ya ha asistido a algunos Scrum diarios. Su equipo ha empezado a hacer una lista de problemas (impedimentos) en el tablero que el Scrum Master trabaja, posiblemente, con la ayuda del patrocinador. Con el uso del marco de referencia bucle OODA, tal vez el Scrum Master ha logrado orientarse acerca de los impedimentos y revisar si existen desajustes en sus modelos mentales.

SHU-HA-RI: LA FILOSOFÍA JAPONESA DE MAESTRÍA

Si usted es de aquellas personas que lee un libro completo desde el inicio habrá notado que hice una breve mención acerca del shu-ha-ri como un concepto de artes marciales y se preguntará por qué lo incluí en un libro de sistemas de negocios. El término tiene sus raíces en la cultura japonesa antigua y es utilizado para definir el camino de aprendizaje desde aprendiz a maestro. En una entrevista el maestro de akido, Endo Seishiro Shihan, define este término de la siguiente manera:

Es bien sabido que cuando aprendemos algo o nos entrenamos en algo pasamos por las etapas de *shu*, *ha* y *ri*. Estas etapas se explican así: en *shu* repetimos las formas y nos disciplinamos para que nuestro cuerpo absorba las formas que nuestros antepasados crearon, somos fieles a ellas sin desviarnos. Luego, en la etapa *ha*, como tenemos la disciplina de las formas y movimientos podemos innovar, en este proceso es posible descartar o romper algunas de ellas. Finalmente, en *ri*, nos salimos completamente de las formas, abrimos la puerta a técnicas creativas y llegamos a un lugar donde actuamos de manera acorde con lo que nuestro corazón y nuestra mente quieren sin trabas, pero sin pisotear las leyes[57].

Alistair Cockburn introdujo la idea de la comunidad Ágil en su libro "Agile Software Development"[58]. Las tres palabras anteriores traducidas del japonés significan algo como: mantener, romper y dejar. En *shu* primero aprendemos los cimientos y nos "mantenemos" con los principios originales que nos han sido presentados. En las artes marciales estos son los bloqueos, puños, patadas, etc. Durante el estado *ha* alcanzamos un entendimiento sólido de las bases y hemos demostrado firmeza en la aplicación técnica de lo que aprendimos; podemos "mantener" el núcleo fundamental en algunas situaciones y empezar a experimentar con nuevas maneras para usar lo aprendido. En el último estado, el *ri*, habremos alcanzado la maestría: no solamente sabemos

---

57 "An Interview with Endo Seishiro Shihan by Aiki News," trans. Daniel Nishina y Akiya Hideo, *Dou*, no. 144 (Primavera de 2005), Internet Archive, accesado en Enero 8, 2020, https://web .archive.org/web/20110610205348/http://homepage3.nifty.com/aikido_sakudojo/Shihan_ Interview_Dou144-e.html.

58 Alistair Cockburn, *Agile Software Development: The Cooperative Game* (Upper Saddle River, NJ: Addison-Wesley, 2006).

las reglas y los fundamentos, ya podemos apartarnos de ellos e incluso introducir otros conceptos que se mezclen bien con lo que ya sabemos.

Cuando niño, era fanático de Bruce Lee, aunque no conozco muchos niños de mi generación que no lo fueran. El argumento típico de sus películas no difería mucho de los clásicos del oeste americano: una pequeña comunidad trata de ganarse la vida cuando un personaje malvado (narcotraficante, líder de una pandilla o un político tirano) llega a sus vidas pidiendo retribución y respeto. Eventualmente el personaje de Bruce Lee se hace defensor de la comunidad venciendo primero a los secuaces del villano y luego a él mismo.

El trayecto de Bruce Lee de niño a leyenda de las artes marciales es el ejemplo perfecto del concepto *shu-ha-ri*. Cuando él estaba aún muy joven su padre le enseño las bases de t'ai chi ch'uan, un estilo Wu de artes marciales. Poco tiempo después empezó a aprender Wing Chun del legendario Yip Man (que se volvió popular por la película del 2008 Ip Man). Por varios años, Lee continuó su entrenamiento junto con los estudiantes de Yip hasta que alcanzó la maestría en Wing Chun. Luego, cuando se mudó a Seattle, abrió una escuela de artes marciales que se llamaba Lee Jun Fan Gung Fu, la cual evolucionó en la filosofía de pelea de Bruce Lee llamada jeet kune do basada en gran parte de wing chun. En ese punto Lee era un experto de la anterior disciplina, pero aún así adoptó elementos de otras filosofías[59].

Lee inició su educación con Yip Man como un estudiante en el estado *shu*. Man le enseñó a apegarse a los fundamentos del estilo y después de que había dominado lo básico Lee fue capaz de romper algunas de las reglas y experimentar con otros estilos incluyendo la danza y el boxeo. Lo anterior lo llevó a desarrollar su propia filosofía, o en esencia, a dejar el estilo de su niñez tomando los fundamentos y construyendo algo distinto con otros enfoques que lo complementaron.

Este es el núcleo de *shu-ha-ri*: los impedimentos que se encuentren en el camino le ayudarán a aprender y a afinar su entendimiento y maestría. Luego de entender las reglas de la Guía Scrum y que haya alcanzado la maestría en ellas podrá hacer cambios de manera efectiva y experimentar sin destruir el corazón ágil de Scrum.

---

59 Bruce Thomas, *Bruce Lee: Fighting Spirit: a Biography* (Berkeley: Frog Books, 1994).

IMPEDIMENTOS: IDENTIFICANDO Y RESOLVIENDO LOS MÁS COMUNES

Existe una cantidad interminable de impedimentos. Cualquier cosa que altere el curso o frene la velocidad y el progreso del equipo hacia el objetivo es un impedimento. Aquellos que no son revisados y resueltos pueden acabar con la motivación del equipo. Pueden ser tan simples como el ficcional Estado Total del Proyecto (TPS por sus siglas en inglés) presentado en la película de 1999 "Enredos de oficina" (Office Space) cuando el jefe de Peter, el personaje principal, constantemente lo hace llenar un documento con este nombre que no tiene ninguna validez ni uso; o tan complicado como nuestro problema técnico con Software Giant cuando no se lograron cumplir nuestras órdenes de servicio en un tiempo razonable.

Mientras los posibles impedimentos pueden parecer infinitos, existen algunos que son comunes y de los que debe permanecer vigilante. Por ejemplo: un mal Scrum, falta de enfoque, escasa o inexistente seguridad sicológica, equipos distribuidos, falta de arquitectura clara, pruebas manuales, entregas manuales y burocracia.

Habiendo aprendido acerca del ciclo OODA en el capítulo ocho, ahora somos muy buenos en las etapas de observar, decidir y actuar; lo que es realmente difícil es ver un poco más allá de nuestros modelos y sesgos mentales. Para poder resolver impedimentos algunas veces es necesario orientarnos, cuestionar lo que suponemos y ver más allá de lo que conocemos para conectar todos los puntos. Supongamos que usted se enfermó y contrajo una fiebre que resulta en escalofríos, dolor y cansancio extremo; es posible que usted se auto medique con ibuprofeno y además tome mucho café para luchar contra el cansancio. En otras palabras, puede analizar y tratar los síntomas de manera individual y puede sentir algún alivio, pero como el café es diurético le causará deshidratación. Esto no es bueno cuando usted tiene gripa, como es posible que haya concluido por el conjunto de sus síntomas.

Si tuvo la oportunidad de examinar todos los síntomas y llegar a la conclusión de que la causa es la gripa, es posible que haya visitado a su doctor en un hospital para recibir tratamiento con un medicamento antiviral, algo que pudo evitar su sufrimiento durante las últimas dos semanas.

Hacer una lista de impedimentos

Parte del trabajo de un Scrum Master es identificar y remover los impedimentos. Algunos que surgen durante el Scrum diario son triviales; otros son más sustanciales y apuntan a algo más parecido a una "gripa" organizacional: requieren que el Scrum Master los presente a personas dentro de la compañía con más autoridad, bien sea para minimizarlos o eliminarlos.

Por esta razón, muchos equipos crean una lista de Impedimentos, que detalla de manera clara los obstáculos que el equipo va encontrando en el camino y que requieren acción de personas fuera del equipo para ser resueltos. Como mi problema con Software Giant.

Es importante mantener esta lista cerca de la de prioridades del Sprint, a la vista de las partes interesadas y del equipo. ¿Alguna vez ha asistido a una de estas reuniones de relleno y expresado un problema con un compañero de trabajo para que algún gerente le conteste "voy a revisarlo"? La mayoría de las personas han estado en dicha situación y se preguntan: ¿qué pasó? Probablemente, con la mejor de las intenciones, el asunto fue revisado y pasado a la lista de quehaceres de alguien más, o peor aún, fue escrito en la agenda de alguien que jamás lo volvió a mirar. Este tipo de comportamiento lleva al cinismo o a la falta de compromiso. Por medio de la técnica de mantener los impedimentos visibles se muestra al equipo que no han sido olvidados.

El Scrum Master mantiene la lista, tal como el Product Owner refina el Product Backlog. El Scrum Master ordena los impedimentos por prioridad de modo que los más críticos reciben la mayor atención. Esta lista nunca debe estar vacía. Estoy de acuerdo con el equipo de "Published Patterns" cuando dice: "Una lista de impedimentos vacía significa que no están revisando lo suficientemente bien"[60].

Como ya hemos usado la metáfora de la gripa y el doctor para describir la salud ágil de Scrum, y vimos los síntomas de los impedimentos como síntomas potenciales de una gripa más severa, observaremos a cada uno de los impedimentos más comunes usando el siguiente formato:

- ▸ Cuál es el impedimento.
- ▸ Por qué es un impedimento.
- ▸ Síntomas del impedimento.
- ▸ Cura: Cómo puede un Scrum Master o patrocinador abordar este impedimento común.

Entremos en materia.

---

60 Jeff Sutherland, James O. Coplien, y el Grupo de Patrones de Scrum, *A Scrum Book: The Spirit of the Game*, ed. Adaobi Obi Tulton (Raleigh, NC: Pragmatic Bookshelf, 2019), 196.

Impedimento número uno: Mal Scrum

QUÉ ES EL MAL SCRUM

El peor de los impedimentos es afanarse a usar técnicas de Scrum sin construir primero sus pilares y valores. Usted puede instalar un timón, una vela y una quilla en su automóvil pero aún así no flotará. El mal Scrum es Scrum parcial o FrankenScrum: es tomar una estructura de trabajo que tiene caminos críticos y múltiples dependencias para cada entregable y llamarlo Product Backlog, o entregar valor al cliente cada seis meses, pero mantener reuniones diarias. El mal Scrum se muestra de muchas formas y cada una de ellas es un monstruo.

POR QUÉ EL MAL SCRUM ES UN IMPEDIMENTO

Sumergirse en Scrum usando solamente algunas de las técnicas es una receta para el desastre. Algunos pueden volver a mi ejemplo de Bruce Lee y darse cuenta de cómo él combinó elementos del jeet kune Do con otros estilos que incluían kenpo, taekwondo e incluso boxeo. Y también existen personas que aplican Scrum a empresas e industrias donde el uso del Scrum Puro es difícil. Sin embargo, estas personas tienen años de experiencia con Scrum y son fieles al marco de referencia Scrum mientras hacen algunos cambios.

El mal Scrum (Franken o Scrum mal desarrollado) solamente usa algunas partes de Scrum y lo mezcla con partes que son anti ágiles. Es algo así como un luchador de MMA (Artes Marciales Mixtas) quiere entrar a un campeonato habiendo entrenado solo en boxeo. Un verdadero campeón de MMA es maestro en varios estilos y acondiciona su cuerpo para todos ellos. Tal como un luchador completo de MMA el verdadero Scrum usa la estructura 3-5-3 (tres roles, cinco eventos y tres artefactos) y adopta las reglas descritas en la Guía Scrum.

Sin embargo, si nos apegamos al concepto de *shu-ha-ri*, una vez usted ha alcanzado la maestría, no solo en la práctica sino en el entendimiento completo, puede agregar un experimento. Como Bruce Lee lo hizo con wing chun, está siendo fiel al concepto y los cambios se vuelven intuitivos, pero esto solo sucede una vez usted haya alcanzado la maestría en los principios y las técnicas, es decir todo Scrum, incluyendo un cambio en el marco de trabajo y la cultura.

SÍNTOMAS DE MAL SCRUM

Los síntomas de que un mal Scrum se presenta pueden incluir la necesidad de reportes, miembros del equipo asignados a tareas estimadas, un Product Owner que actúa como un gerente de proyectos, un PBI que no tiene ningún valor o Sprints que no producen un producto que pueda ser probado. El mal Scrum también se puede manifestar con síntomas más sutiles o en otros impedimentos como enfoque y burocracia (temas que cubriremos después).

Finalmente, la mejor prueba para el mal Scrum es cualquier acción o proceso que esté visiblemente en contra en las reglas fundamentales descritas en la Guía Scrum. Ya he ilustrado los incidentes del mal Scrum en nuestro ejemplo de One Gallon. Estas son simulaciones de ajustes de la vida real que algunas veces se hacen, el punto es darles espacio a las variantes y luego volver al verdadero Scrum lo más pronto posible.

CURA PARA EL MAL SCRUM

Hay que identificar la fuente del mal Scrum. Puede ser un Product Owner volviendo a sus antiguas prácticas cuando la presión es alta o un gerente de alto nivel que interfiere en su propia agenda. En algunas ocasiones resultan otros impedimentos que el equipo no sabe cómo abordar lo que los lleva a volver a sus antiguas prácticas con el fin de resolver el problema, en lugar de confiar en el equipo y el proceso para resolverlos.

La causa más común de mal Scrum es la falta de entrenamiento sólido. ¿Es el entrenamiento absolutamente necesario? No, pero recibir entrenamiento sólido y fundamental puede resolver muchos problemas con la implementación.

Cuando se encuentran los impedimentos de este tipo debe eliminar la fuente del mal Scrum o proveer entrenamiento adicional. El Scrum Master es el entrenador que asegura que el marco de trabajo es seguido, pero incluso un Scrum Master puede cometer errores. Ningún miembro del equipo está por encima de ningún reproche; como una mala hierba el mal Scrum puede asfixiar la agilidad de su equipo, debe resolverlo antes de que sus raíces crezcan.

Impedimento número dos: Falta de foco

QUÉ ES LA FALTA DE FOCO

El foco es un valor principal de Scrum y su falta va mucho más allá del malestar que a veces se siente después del almuerzo en cualquier lugar de trabajo. Falta de foco es cuando se lleva a cabo cualquier trabajo que no aporta para alcanzar el objetivo, o no está concentrado en el resultado. Esta definición suena un poco rígida y es que debe ser así. Por supuesto que algunas situaciones surgirán: sus compañeros le enviarán chistes o solicitudes de un pequeño favor por correo electrónico, otras veces usted deberá hablar con un compañero acerca de un "problema" pero en realidad lo que necesita es un descanso mental y busca una distracción. Tales situaciones están bien cuando son limitadas. La verdadera falta de enfoque es peor ya que se expresa en la forma de trabajo, bien sea al hacer multitareas y concentrarse en una docena de ellas a la vez, o el trabajo engorroso que no se mueve durante el Sprint.

POR QUÉ ES LA FALTA DE FOCO UN IMPEDIMENTO

¿Recuerda el concepto de costo de oportunidad de su clase de economía? Un dólar que ha gastado no puede volver a gastarse; lo mismo aplica con el tiempo. El tiempo que se ha usado en una prioridad, tarea, o distracción no puede ser usado en nada más. Si usted tiene dos semanas para poder alcanzar cien puntos de historia, cada minuto usado en tareas que no contribuyen a la meta es una oportunidad perdida: nunca va a volver a tener estos minutos disponibles.

No se trata de que cada minuto deba ser usado con la intensidad de una oficina draconiana; al contrario, en Scrum la felicidad y el compromiso del equipo son de vital importancia: solo aquellas tareas que no contribuyen al objetivo bajan la efectividad del equipo en general. Esto incluye los intentos de hacer las cosas en modo multitarea que lo único que hacen disipar el foco. Earl Philip Stanhope escribió un consejo para su hijo: "Hay suficiente tiempo para todo en el curso de un día si haces una sola cosa a la vez, pero no habrá suficiente tiempo en un año si decides hacer dos cosas a la vez"[61].

La falta de foco producirá resultados pobres. Entre más tareas o proyectos se trabajen simultáneamente, más diluidos son sus esfuerzos. Ya hemos resaltado los estudios que demuestran el costo del cambio de tareas, pero incluso si es posible cambiar de tareas de manera fácil, se pierde mucho más que el tiempo invertido en la nueva tarea, se pierde la habilidad de enfocarse o aprender y sus niveles de estrés se incrementan al mismo tiempo[62 63].

SÍNTOMAS DE LA FALTA DE FOCO

Los síntomas de la falta de foco pueden darse en múltiples instancias en el Scrum diario, como cuando miembros del equipo inician múltiples tareas pero no las completan. Mire hacia su tablero. Si solo algunas tareas son movidas de la columna "en progreso" a la columna "terminado" es posible que exista

---

61 Henry B. Wheatley, "Letter-Writers," en vol. 10 de *The Cambridge History of English Literature*, ed. por A. W. Ward y A. R. Waller (Cambridge: Cambridge University Press, 1913), 258.

62 Cynthia Kubu y Andre Machado, "Why Multitasking Is Bad for You," *TIME*, Abril 20, 2017, https://time.com/4737286/multitasking-mental-health-stress-texting-depression/.

63 Gloria Mark, Daniela Gudith, y Ulrich Klocke, "The Cost of Interrupted Work: More Speed and Stress," *Proceedings of the SIGCHI Conference on Human Factors in Computing Systems* (Abril 2008), 107–10, https://www.ics.uci.edu/~gmark/chi08-mark.pdf.

falta de foco. Al tiempo, si usted está moviendo muchas tareas muy rápido a la columna "en progreso" experimentará falta de foco ya que cada miembro del equipo está tratando de concentrarse en múltiples tareas.

Con nuevos equipos estos síntomas pueden venir de sus antiguos supervisores que piden favores para abordar un asunto "pequeño" o un equipo demasiado entusiasta que trata de concentrarse en muchas tareas al mismo tiempo. Estas situaciones pueden ser síntomas de mal Scrum también si el enfoque multitarea viene de dependencias entre los PBI. Aunque esto pasa algunas veces, las dependencias entre los PBI deben ser mínimas. Si ocurren frecuentemente su problema es algo más que falta de foco.

LA CURA PARA LA FALTA DE FOCO

La mejor manera de curar la falta de foco es tener las prioridades bien definidas por parte del Product Owner. Si los primeros cinco PBI deben ser completados en el primer Sprint el equipo de Developers debe empezar a trabajar de manera exclusiva en el primer PBI en cuanto la planeación del Sprint se haya terminado. El equipo ha decidido cómo realizar el trabajo en ese punto y su foco debe fijarse en el primer ítem del Product Backlog. Pero cuando existen interrupciones en el foco que vienen de fuera del equipo Scrum, es cuando el Scrum Master actúa para minimizar la influencia exterior. Específicamente debe tener conversaciones con aquellos que interrumpen el trabajo y además debe establecer límites.

Impedimento número tres: Falta de seguridad sicológica

QUÉ ES FALTA DE SEGURIDAD SICOLÓGICA

Ya hemos discutido este valor y su efecto en el lugar de trabajo. Cuando existe un fuerte sentido de seguridad es fácil ver un equipo comprometido con disposición para tomar riesgos saludables, así como un elemento inmensurable de energía positiva donde se puede sentir que los miembros del equipo realmente disfrutan su trabajo. Como una luz que entra en una habitación donde no hay ventanas, usted no debe ser un sicólogo organizacional para saber si la seguridad sicológica existe en su lugar de trabajo: es algo visceral, no hay necesidad de palabras.

POR QUÉ LA FALTA DE SEGURIDAD SICOLÓGICA ES UN IMPEDIMENTO

Para que un equipo pueda florecer debe sentirse seguro y que está haciendo una contribución. Cuando surge un problema el equipo debe sentir que puede definir el problema sin ser atacado, rechazado, o criticado. Esto es particularmente importante durante la retrospectiva del Sprint, cuando evalúa el trabajo en equipo. Sin este sentido de seguridad sicológica usted verá una ruptura o completa falta de comunicación, retroalimentación y aprendizaje.

SÍNTOMAS DE LA FALTA DE SEGURIDAD SICOLÓGICA

Cuando no existe seguridad sicológica los síntomas son generalmente pasivos: ausentismo alto, menor contribución e interacción entre los miembros del equipo, decrecimiento en la velocidad del equipo, menos objeciones o preocupaciones en eventos como la planeación y el refinamiento del Sprint, poca o inexistente toma de riesgos (nadie se atreverá a tomar ni siquiera una decisión reversible).

Los síntomas pueden aparecer también de manera más agresiva: discusiones frecuentes, sobrenombres ofensivos o comportamientos agresivos como amenazas o violencia física.

Todos estos síntomas pueden ser sutiles o evidentes, pero definitivamente se sienten. Si el comportamiento de su equipo se vuelve tóxico, apático o ambos, usted tiene un problema aún más grande que la falta de productividad.

CURA PARA LA FALTA DE SEGURIDAD SICOLÓGICA

Es complejo sobrepasar una instancia de pérdida de la seguridad sicológica. En ese momento hay temores y dolor, dependiendo de la escasez de esta seguridad se puede sentir como una infidelidad en un matrimonio, donde volver a ganar esta confianza requiere de trabajo duro y un esfuerzo constante. Sin importar si la falta de seguridad está en la sensación de ser criticado o disminuido, el Scrum Master debe abordar el "elefante en la sala" por ser tan visible que no se puede negar su existencia. Si es un problema entre empleados se requiere de la ayuda del equipo responsable de recursos humanos y es posible que uno de los miembros del equipo deba ser despedido. Suena terrible pero la mejor manera de asegurar una cultura positiva de Scrum es la contratación de personas que reflejen los valores en los que se basa Scrum.

Scrum se trata en gran parte de equipos que sean capaces de auto organizarse, y cuando la toxicidad del miedo está presente en cualquier nivel, disminuye la habilidad. Ojalá el culpable no sea consiente del daño que hace con sus acciones. En una de las compañías donde trabajé tuve un patrocinador que amenazó con despedir a todo aquel que no estuviera a la altura de sus ideales; lo que no tenía idea era de la manera como esta amenaza estaba impactando el desempeño de su equipo hasta que el Scrum Master y yo lo confrontamos con el problema. La cura no es fácil, pero es ejecutable.

Impedimento número cuatro: Equipos distribuidos

QUÉ ES UN EQUIPO DISTRIBUIDO

Encontré este impedimento cuando hacía consultoría con Drummond, el gigante de la minería. Yo había ayudado a establecer su PMO años atrás, antes de comprometerme con Scrum, cuando mi contacto en la empresa, Alberto García, en ese entonces vicepresidente de una división y ahora gerente regional para Drummond Colombia, leyó acerca de Scrum y pensó que podría ayudar a su división. Él estaba feliz de que yo estuviera enseñando Scrum.

Evaluamos rápidamente algunos de los problemas de su equipo: resaltaron la falta de colaboración y comunicación. Con un equipo disperso en la oficina principal, una oficina en otra ciudad y trabajadores en las minas era muy fácil saber por qué.

Pero los equipos no tienen que estar a cientos de kilómetros de distancia para tengan el impedimento de estar distribuidos. El impedimento existe incluso estando en pisos separados o en esquinas opuestas del mismo piso; entre más cerca puedan trabajar los miembros del equipo, mejor se comunican.

POR QUÉ LOS EQUIPOS DISTRIBUIDOS SON UN IMPEDIMENTO

Scrum se apoya en la retroalimentación rápida y la comunicación, así que cualquier cosa que interfiera con la comunicación es un detrimento. Compartiré un poco más acerca de esto en el siguiente capítulo con el Modelo de Equipos Colocados. Por ahora puedo decir en general que entre más lejos estén los equipos y las personas es menos probable que hablen entre sí. Entre más cerca estén las personas, con más frecuencia entablan conversación.

SÍNTOMAS DE EQUIPOS DISTRIBUIDOS

Cuando un equipo Scrum está separado por cubículos o largas distancias sus miembros no estarán en la capacidad de mencionar puntos críticos o preguntar si ha habido cambios. Su Scrum diario (asumiendo que esté en capacidad de llevarlo a cabo) revela falta de conocimiento, personas que no están de acuerdo, o suposiciones erróneas acerca del trabajo que se realiza. Otros síntomas pueden incluir impedimentos que han sido pasados por alto por el hecho de que no existe un tablero central, tareas que son llevadas a cabo por dos personas de manera simultánea sin que tengan conocimiento del asunto o solamente una disminución en la velocidad. En lugar de rapidez todo se siente como si se moviera en cámara lenta.

CURA PARA EQUIPOS DISTRIBUIDOS

La mejor solución es que el equipo esté en la misma oficina. Si usted tiene múltiples oficinas, redistribuya a sus empleados de manera que cada equipo Scrum esté en el mismo sitio. No siempre es posible, pero si se puede lograr es ideal. La segunda solución, aunque menos efectiva, es contar con videoconferencias sólidas de banda ancha y otras herramientas de comunicación en línea que puedan captar todas las formas de comunicación humana, incluido el lenguaje corporal y otras señales no verbales. Actualmente están surgiendo investigaciones que muestran que es preferible mientras sea posible tener a los equipos juntos en un mismo lugar y particularmente que los equipos virtuales están más propensos al conflicto y se sienten menos satisfechos con su trabajo[64].

En el momento de escribir este artículo, estábamos viendo la posibilidad de una pandemia mundial, que podría hacer inevitables los equipos distribuidos. En una oficina totalmente remota o virtual, se pierde uno de los aspectos más importantes de la comunicación: esas conversaciones accidentales en torno al refrigerador de agua que pueden hacer surgir ideas y resolver problemas por casualidad. Tengo la esperanza de que surjan nuevas tecnologías para fomentar este tipo de comunicación en los equipos distribuidos.

Impedimento número cinco: Arquitectura, la falta de estructura para manejar Scrum

QUÉ ES LA ARQUITECTURA

Mientras que este impedimento puede evocar visiones de espacios de trabajo abiertos con mesas de pingpong, luz natural y espacios de trabajo visualmente agradables, no nos referimos a este tipo de arquitectura. Para los desarrolladores de software tampoco estamos hablando de bloques de código, o al menos no del todo.

La arquitectura tiene que ver con el producto. Para alejarse del pensamiento de gerencia de proyectos tradicionales debemos rebanar un producto de manera que cada uno de los PBI agregue valor. Y para lograr este objetivo se necesita eliminar al máximo posible las dependencias y esto se logra mediante un diseño modular. En vez de un diseño sobrepuesto o unificado, cada componente puede ser actualizado independientemente de los otros componentes.

---

64 Shikha Gera, "Virtual Teams versus Face to Face Teams: A Review of Literature," *IOSR Journal of Business and Management* 11, no. 2 (Mayo–Junio 2013), 1–4, http://www.iosrjournals .org/iosr-jbm/papers/Vol11-issue2/A01120104.pdf.

Saab logró esto con su avión de combate JAS 39E Saab Gripen. Mientras que un avión de combate normal es un enredo de sistemas interdependientes, los equipos Scrum en Saab lograron crear un jet con arquitectura modular y cada equipo era responsable de uno o varios módulos. Cada componente podía ser actualizado con un nuevo lanzamiento sin tener la necesidad de cambiar ningún otro sistema. Si el equipo encargado del radar era capaz de incrementar objetivos con colores adquiridos (o algo parecido) podrían cambiar el viejo sistema de radar. Solo deberían mantener las dimensiones generales, las conexiones y las interfaces de los instrumentos iguales a las del avión anterior. En otras palabras, solo deberían hacer coincidir las interfaces del radar, sin preocuparse por los otros equipos hicieran con sus módulos.

De hecho, Paolo Sammicheli comparte una historia en su libro *Scrum para hardware* (Scrum for hardware) acerca de unos ingenieros que estaban probando un nuevo sistema de radar antes de que el nuevo jet estuviera listo. Ellos aseguraron la unidad de radar con un cinturón de seguridad a una silla vacía del modelo antiguo de dos puestos para obtener los registros necesarios[65]. ¿No les suena similar a nuestros estudiantes de Stanford tomando fotografías con una GoPro desde una aeronave de fumigación? Esta es la parte divertida de Scrum, su paso rápido.

POR QUÉ LA ARQUITECTURA ES UN IMPEDIMENTO

Usted tendrá problemas cada vez que un ítem del Product Backlog no es independiente, no puede ser mejorado de forma separada del resto, o no puede ser actualizado sin tener que cambiar las otras partes.

Los equipos Scrum entregan valor en cada Sprint. Si lo que están trabajando (pueden ser jets de combate o un código para un módulo de pagos) depende de los entregables de otros equipos, Scrum es inexistente. Usted tiene una compleja red de interdependencias, como una casa de naipes que es exitosa o falla completamente. Lo mejor que tendrá es mal Scrum o en el peor de los casos estará sufriendo con la gerencia tradicional de proyectos.

SÍNTOMAS DE PROBLEMAS DE ARQUITECTURA

Los problemas de arquitectura implican tener varios puntos en la columna "esperando". Si incluso uno de los miembros del equipo espera algo diferente a información es muy probable que su empresa esté mostrando síntomas de problemas de arquitectura. Si un equipo está esperando a ver cómo su parte

---

65 Paolo Sammicheli, *Scrum for Hardware* (Leanpub, 2019), 147.

interactúa con otra, o espera la entrega de un sub-ensamblaje, entonces la arquitectura es la culpable.

Otro síntoma es la incapacidad de abordar la retroalimentación del cliente porque crear un nuevo lanzamiento para una característica en particular requerirá la actualización de muchas otras. Imagine que su pareja quiere cambiar la nevera de la casa, pero para lograrlo requiere un cambio en el sistema eléctrico y modificar los gabinetes y mesones de la cocina. Enfrenta un grave problema. No hay ninguna diferencia con la arquitectura del producto.

CURA PARA LA MALA ARQUITECTURA

Para remediar este impedimento se requiere que todo el equipo analice el diseño del producto en general. Para sistemas heredados, es decir un software desarrollado en un periodo muy largo sobre experiencia acumulada, probablemente deba iniciar de cero, y si es posible, con un diseño modular.

Volviendo al ejemplo de One Gallon, nuestro equipo debe crear interfaces para cada módulo del vehículo. Cualquier motor funcionará desde que pueda ser encajado en el espacio designado, se pueda conectar a la interfaz del tren motriz y provea la retroalimentación correcta de energía que necesita la interfaz del tablero de control. Esta idea en su fase más simple es similar a la de los bloques de Lego: sin importar el color o el conjunto de piezas que use todas las piezas funcionan juntas.

Usted solo compraría una nevera que funcione con los mismos requerimientos de energía que la que tenía y también que tenga las mismas dimensiones, en otras palabras, que encaje con las interfaces de su cocina.

Impedimento número seis: Pruebas manuales

QUÉ SON LAS PRUEBAS MANUALES

Si con cada nuevo lanzamiento todos los miembros del equipo deben inspeccionar de forma manual cada producto y sus características, entonces usted tiene pruebas manuales; puede que esto no sea un problema dependiendo de su industria, pero sí tiene puede causar estragos.

El impedimento descrito es casi exclusivo de la industria de software, y digo "casi" porque no he experimentado todos los problemas del hardware con Scrum, así que solo puede ser que no haya encontrado problemas de pruebas manuales en hardware. Las pruebas manuales son exactamente como suenan: una persona o equipo debe inspeccionar o probar cada ítem nuevo de manera manual. Si usted por ejemplo está creando el backend para una página web con numerosas bases de datos, campos de entrada, módulos de búsqueda etc. Cuando entonces prueba cada caso nuevo, debe probar también el que lo antecede para asegurarse de que el nuevo código no interfiera ni inhabilite nada de lo que se ha hecho previamente.

POR QUÉ LAS PRUEBAS MANUALES SON UN IMPEDIMENTO

Cada uno de los Sprints permite que el incremento se dé, entonces si usted tiene una página web muy grande con numerosos ítems individuales esto se traduce en tener que hacer muchas pruebas ya que con cada uno de los Sprints se deben probar todos los anteriores. De esta manera, a medida que el producto va creciendo, el equipo disminuye su velocidad en lugar de incrementarla.

Por ejemplo, en la empresa ecuatoriana de telecomunicaciones que mencioné anteriormente teníamos doscientos casos de prueba, mi iniciación con Scrum. Nuestro cliente estaba probando cada uno de forma manual y se veía así: prueba del caso uno, una prueba; prueba del caso dos, prueba uno y prueba dos; prueba del caso tres, prueba uno, prueba dos y prueba tres. Aquí ya es posible visualizar el problema, con cada nuevo caso su departamento de prueba se estaba viendo más y más atrasado.

SÍNTOMAS DE PRUEBAS MANUALES

Los síntomas de los problemas con las pruebas manuales son obvios. En lugar de aumentar la velocidad su equipo se adormecerá: si usted tiene en su equipo una persona experta en garantizar calidad, lo más probable es que esté llena de trabajo mientras los demás están libres, como también es posible que todos los miembros del equipo estén trabajando y no exista ningún progreso. Dicha situación se verá reflejada en los Scrums diarios de manera explícita o implícita por medio del nivel de frustración, malestar o el sentimiento general de improductividad. El tablero no mostrará ningún tipo de avance en la columna "en progreso" y las tareas que requieren pruebas continúan creciendo.

CURA PARA LAS PRUEBAS MANUALES

La solución para este impedimento es sencilla: automatizar las pruebas. Los desarrolladores de software pueden comprar o desarrollar sistemas que prueben de manera automática cada una de las piezas en lugar de tener una persona revisando los casos uno, dos y hasta tres veces. Con cada nuevo lanzamiento el sistema hace la revisión de forma automática.

Impedimento número siete: Entregas manuales

QUÉ SON LAS ENTREGAS MANUALES

Este es otro impedimento común para los desarrolladores de software. Si posee cualquier elemento de una marca grande de software, por ejemplo, un sistema operativo, está familiarizado con el agobio de esperar una actualización: mientras algunos ofrecen la opción de esperar otros lo hacen de forma automática sin preguntar. Este es un ejemplo de entrega de las que existen dos tipos: entregas Push y Pull. Las entregas Push son muy parecidas a las notificaciones que aparecen en su computador: aparecen, y dependiendo de su proveedor de software, las instala sin preguntar si quiere o no esperar.

Cualquiera de estos dos tipos de entrega puede realizarse de manera manual o automática: usted no sabrá de qué forma ya que esta es una decisión del desarrollador.

Algunos desarrolladores, especialmente aquellos que se dedican a aplicaciones pequeñas, lanzan las actualizaciones de manera manual. Significa que alguien aprueba y mueve el software de forma manual de pruebas a producción para que llegue al cliente.

Uno de los bancos con los que trabajé recientemente desarrolló cada aplicación en un ambiente cerrado de pruebas antes de pasarla al servidor de producción donde podía finalmente hacer lo que el código había diseñado. Ellos debían revisar los parámetros de manera manual para asegurarse de que todo lo que funcionaba en el ambiente de pruebas funcionara en el ambiente de producción.

POR QUÉ SON LAS ENTREGAS MANUALES UN IMPEDIMENTO

Justo como las pruebas manuales, las entregas manuales requieren tiempo y enfoque para pasar el código de pruebas a producción. Si su equipo Scrum está optimizado, pero todavía se apoya en un solo miembro o un departamento completamente aparte para llevar a cabo las entregas manuales, entonces esta persona o departamento experimentará cuellos de botella. Este procedimiento debe ser automatizado por un software diseñado para revisar los parámetros que el equipo defina.

SÍNTOMAS DE ENTREGAS MANUALES

Cuando los cuellos de botella con un miembro del equipo o departamento no son abordados como un problema podría ocurrir que su empresa llegue en segundo lugar a la línea final de la competencia. Un banco que conozco bien hizo grandes avances con respecto a su competencia cuando logró desarrollar el modelo de apertura de cuentas de manera digital mucho antes que su competencia directa; sin embargo, luego lo pasaron al departamento de pruebas y entrega donde tenían un Backlog de tres meses. Tres meses después cuando estaban finalmente listos para lanzar su producto al mercado su competidor ya lo había hecho. Ahora, en lugar de haber sido los primeros estaban jugando a alcanzar a la competencia, incluso parecía que habían copiado a su competidor.

LA CURA PARA LAS ENTREGAS MANUALES

Cierre su departamento de lanzamientos y automatice el proceso de entregas. Sin importar si su cliente es una división o un departamento interno o cientos de usuarios finales de un software, establezca una plataforma que permita que los lanzamientos sean ingresados o actualizados de manera automática a pedido del usuario.

Impedimento número ocho: Burocracia

QUÉ ES LA BUROCRACIA

Usted definitivamente no necesita que yo le explique lo que es la burocracia y los problemas que esta trae consigo. Si usted es ciudadano de cualquier país democratizado, desarrollado o en vía de desarrollo, entiende los graves problemas que conlleva la burocracia. Se origina por las partes interesadas y su necesidad de recibir miles de datos, métricas, documentación y múltiples capas de aprobación con el fin de mantener el control.

POR QUÉ LA BUROCRACIA ES UN IMPEDIMENTO

Scrum es sinónimo de velocidad: en un mundo ágil Scrum es el medallista olímpico Usain Bolt mientras que la burocracia es un bloque de concreto que ha sido atado a sus pies. Imagine a Usain Bolt tratando de correr los cien metros planos teniendo que reportar a su entrenador todo su progreso cada veinticinco metros; de manera tradicional burocrática, su entrenador le exigirá explicaciones de porqué terminó la carrera en último lugar.

Como lo hemos visto a lo largo de este libro la implementación de Scrum requiere de observaciones rápidas, retroalimentación, respuesta y ajustes constantes que son realizados, incluso, el mismo día que la información ingresa. El grupo Standish ha evidenciado el sufrimiento que genera en las empresas la toma de decisiones lentas, causado en gran parte por los niveles de aprobación.

Si usted está creando un modelo de equipo Scrum en una empresa grande quizás se le pida que entregue diagramas de Gantt, reportes de proyecto, presupuestos, estimados y proyecciones de ventas de su PMO a otros departamentos. Cada minuto que usted pase respondiendo correos electrónicos que nadie leerá o trabajando en algo nada productivo, es menos tiempo que tiene para alcanzar su objetivo.

SÍNTOMAS DE LA BUROCRACIA

Los síntomas de la burocracia son predominantes: miembros del equipo que se quedan pegados a su correo electrónico, documentación superflua, recibir llamadas de otros gerentes (probablemente porque el Product Owner los ignora); todas son señales de que la burocracia está metiendo sus largas manos en su burbuja.

Es muy importante que todos traten de mantener la burocracia lo más lejos posible de la burbuja Scrum. Existe la posibilidad de crear seguros para proteger a su equipo del monstruo de la burocracia mientras alienta a sus miembros a mantener la comunicación constante con sus clientes, usuarios finales y otros equipos cuando sea necesario.

LA CURA PARA LA BUROCRACIA

Crear esta burbuja de protección de la que ya he hablado es la solución. Minimizar la influencia de la burocracia por medio de conversaciones con los jefes y gerentes de cada departamento que estén requiriendo cualquier clase de reportes o documentación.

Si usted tiene un patrocinador fuerte de Scrum, su influencia en la organización es un aporte muy grande a la hora de sobrepasar los poderes de la burocracia. Algunas veces deberá adaptarse un poco y realizar actividades que no aportan ningún valor para satisfacer un protocolo o cumplir con requerimientos legales del gobierno. El objetivo de Scrum no es ser perfecto, sino ser capaz de ajustarse y adaptarse.

De todos los impedimentos que se pueden presentar durante la "infancia" de Scrum, la burocracia es probablemente el peor ya que por naturaleza va en contra de Scrum. Un Scrum Master o patrocinador debe hacer todo a su alcance para asegurarse de que aquel monstruo se quede fuera de la burbuja protectora del equipo modelo de Scrum. Lo anterior puede significar que usted debe hablar e influenciar a la alta gerencia por medio de una demostración de cómo la burocracia impide que su equipo sea capaz de proveer el valor agregado tan importante para ellos.

Otros impedimentos

Existen cientos de razones que pueden ser impedimentos para el equipo Scrum. Desde actualizaciones simultáneas en los computadores hasta conflictos entre miembros del equipo o problemas más graves. Recuerde que un impedimento es cualquier motivo que evita el progreso del equipo hacia el objetivo.

Recomiendo muy especialmente que los impedimentos no triviales sean incluidos en la lista de impedimentos después de ser tratados en el Scrum diario ya que allí el Scrum Master y/o el patrocinador pueden verlos y el equipo también los tendrá visibles para que no sean olvidados. ¿Qué es un impedimento trivial y uno no trivial? Si es algo que se resuelve fácilmente por uno o máximo dos miembros del equipo o es algo que solo sucede una vez: por ejemplo, la red de internet que se cae hasta que alguien reinicia el *router*. No vale la pena incluirlo, aquellos problemas sencillos de resolver con una llamada o un correo electrónico son impedimentos triviales. Los impedimentos no triviales incluyen aquellos problemas relacionados con sistemas, procesos, hardware, software, proveedores u otros asuntos que no pueden ser resueltos dentro del equipo Scrum.

No todos los impedimentos pueden ser resueltos, pero se debe intentar tanto como sea posible. Puede ocurrir que usted deba lidiar con un poco de burocracia o equipos distribuidos como en Drummond, porque son parte de la naturaleza de su trabajo. Pero minimizar estos problemas resulta mejor que pretender que no existen, e incluso minimizándolos, disminuirán la velocidad de su equipo.

Utilizando lo que ha aprendido acerca del proceso del ciclo OODA es posible ver de forma más detallada las causas e identificar los síntomas que son descritos por su equipo. Puede que haya problemas pequeños o tal vez exista algo tan grave como una neumonía que requiere intervención inmediata. Observe, oriéntese, decida, actúe y luego vea y analice la retroalimentación que usted recibe acerca de su intento de eliminar algún impedimento; si el primer intento falló debe tratar algo más.

MÉTRICAS E INCENTIVOS

Uso de las métricas

Cuando usted identifica y elimina impedimentos algunos de ellos obviamente están interfiriendo en la cohesión y velocidad de su equipo, sin embargo, otros impedimentos pueden ser intrínsecos de su organización. En el capítulo cinco mencioné algunos de los problemas que trae el hecho de tener una cultura estrella. En mi opinión un equipo que sea capaz de auto organizarse y donde sus miembros sientan que están contribuyendo a algo más grande es mucho más saludable, aunque he conocido algunas personas que no están de acuerdo con esta idea. Dicho esto, me preguntan con frecuencia sobre cómo medir el rendimiento del equipo y crear incentivos. ¿Deben los incentivos estar basados en el desempeño de equipo o en el individual?

Las métricas traen muchos beneficios, en Scrum existen métricas como la velocidad (estimación de cada Sprint por medio de puntos) o la medida de la felicidad (procurar el compromiso, esto se describirá en el siguiente capítulo). Yo recomiendo que el Product Owner preste atención a por lo menos dos de estas métricas: valor y calidad. La manera de medir el valor y la calidad van de acuerdo con su compañía y su producto.

Otra de las métricas que pueden ser útiles pero que muchas veces es difícil de calcular es la del tiempo que cada uno de los PBI tarda dentro de un Sprint. Específicamente se encarga de medir el número promedio de días o semanas desde el momento en el que cada uno de los PBI es agregado al Product Backlog hasta el punto en el que es finalizado y entregado al cliente. Si usted es capaz de capturar esta métrica, el resultado puede ser una medida de tiempo que debe considerar mejorar.

Existe un límite de métricas que usted debe usar para sus medidas: algunas no le dicen nada que ayude a producir valor, por ejemplo cuántas horas se demora en la realización de cada tarea (si estamos midiendo Sprints y puntos las horas en realidad no importan), mientras que otras medidas pueden proveer información engañosa; pero incluso más que la calidad de las medidas, como seres humanos solo somos capaces de prestar atención a cierta cantidad de información. Algunos estudios han situado el número de asuntos en los que podemos concentrarnos en algún momento entre tres y siete; aunque aún existen discusiones acerca de ello, una buena regla puede ser entre tres y cinco[66]. Una sola medida es muy estrecha para tener un buen contexto y profundidad, pero muchas pueden confundir a los miembros del equipo.

El hecho de sentirse abrumado es real, se conoce como una carga cognitiva o básicamente la cantidad de asuntos a los que posiblemente podemos prestar atención en algún momento. Similar a la memoria RAM de nuestro cerebro. Por ejemplo, una vez trabajé con el departamento de informática de un fondo de pensiones y estaba encargado de medir ciertas alarmas como ataques DoS o registros fallidos. Hay que recalcar la importancia de medirlas,

---

66 Clara Moskowitz, "Mind's Limit Found: 4 Things at Once," Live Science, Abril 28, 2008, https://www.livescience.com/2493-mind-limit-4.html.

pero yo estaba recibiendo alrededor de mil alarmas diarias, cada una de ellas enviada a la bandeja de entrada de mi correo electrónico. Me sentía tan abrumado por la cantidad que decidí moverlas a una carpeta designada exclusiva al propósito. Aunque no fue la mejor solución por lo menos mi bandeja de entrada permanecía en orden.

Ahora que entiende las métricas, ¿cómo crearía incentivos?

Esta parte es un poco difícil. ¿Cuáles de estas métricas pueden ser usadas como metas? Cuando se trata de métricas creo que varias de ellas pueden contar una historia importante. Sin embargo, cuando se trata de metas para estas métricas, creo que la Ley de Goodhart funciona muy bien. Propuesta por el economista Charles Goodhart y parafraseada mejor aún por la antropóloga británica Marilyn Strathern cuando escribió: "Cuando una medida se convierte en una meta deja de ser una buena medida"[67]. Es posible medir los ingresos, pero si lo hace una meta, puede opacar la utilidad. También puede medir por ejemplo la pérdida de peso, pero si solo se enfoca en los números de la báscula puede terminar haciendo una dieta no saludable y perdiendo masa muscular. El programa de televisión "The Biggest Loser" ha sido criticado por expertos en salud por sus métodos poco saludables para lograr que sus competidores pierdan peso en tiempo récord y ganen un premio.

Incentivos

Si no estamos usando las métricas como metas entonces la pregunta es: ¿Qué podemos usar como incentivo? Es aquí donde posiblemente me haga algunos enemigos ya que creo que la mayoría de los sistemas de incentivos no funcionan. En cualquiera de los lugares donde he visto sistemas de incentivos noto que aquellos que se benefician luego se aprovechan de cualquier escapatoria posible o se comprometen con actividades que en general perjudican a su equipo, lo cual incluye robar clientes, engañar o maquillar cifras, etc. Un buen ejemplo es el caso de estudio de Enron en el capítulo cinco donde los incentivos se salieron de control. Otro ejemplo importante es el caso de Wells Fargo cuando sus empleados abrieron cuentas a nombre de clientes existentes para poder colectar

---

67 Marilyn Strathern, "'Improving Ratings': Audit in the British University System," *European Review* 5, no. 3 (Julio 1997), 305–21, https://www.cambridge.org/core/journals/european-review/article/improving-ratings-audit-in-the-british-university-system/FC2EE640C0C44E3DB87C29FB666E9AAB.

los bonos que la compañía ofrecía por apertura de cuentas nuevas[68].

Yo he visto estos sistemas de incentivos fallar en mi propia empresa. Nuestro sistema de cobranza es por horas y se venden paquetes de horas. Supongamos que algunos de nuestros clientes compraron un paquete de ochenta horas al mes con uno de nuestros consultores y algunos de ellos no estaban usando las ochenta horas completas, probablemente usaban sesenta de las ochenta. Una manera de ver esta situación es que nos entraba dinero gratis, nos pagaban por veinte horas en las que no trabajamos. Pero esto se sentía mal, yo obviamente quería que los clientes estuvieran felices con el valor que recibían y que usaran las ochenta horas contratadas.

Para contraatacar la tendencia de ser llamado, inventé un sistema de incentivos: por cada hora que el consultor pasara en la oficina de un cliente, éste recibiría un pequeño bono. En otras palabras, mis consultores recibirían un pago extra por el tiempo que pasaran con los clientes asignados y ¡funcionó! Los consultores empezaron a utilizar los paquetes de horas de manera más efectiva y los clientes sentían que estaban recibiendo más valor por su dinero, excepto que . . .

Algunas veces es necesario que los consultores estén en nuestras oficinas realizando labores que no tienen que ver con los clientes directamente. Con la implementación del incentivo de visita a los clientes no lograba hacer que desempeñaran otras labores y en realidad no lo pude evitar: la naturaleza humana indica que la persona se queda donde la recompensa sea más alta. Afortunadamente la decisión fue reversible y yo aprendí la lección.

La mayoría de los sistemas de incentivos no funcionan ni traen efectos secundarios al resultado deseado y ya que las métricas y los incentivos son algo propio de su propia compañía usted debe estar en la capacidad de medir los pro y contras de la creación de incentivos. Solo debe tener en cuenta la ley de Goodhart. Considero que no tener incentivos es lo mejor, pero no en todas las industrias se pueden dar ese lujo, especialmente si su competencia ofrece bonos lucrativos a sus empleados.

Si usted crea incentivos debe tener cuidado de los falsos positivos, este término es normalmente usado en medicina cuando alguien es diagnosticado de manera errónea con una enfermedad o un embarazo.

Seguramente el peor ejemplo de falsos positivos o de incentivos que no funcionan se presentó en el Ejército colombiano. Cuando entrevisté a un coronel retirado del Ejército, él compartió conmigo una historia real de guerra. Hasta

---

68 Josh Barro, "Wells Fargo's Scandal Is a Cautionary Tale about Incentive Pay," Business Insider, Septiembre 9, 2016, https://www.businessinsider.com/wells-fargos-scandal -is-a-cautionary-tale-about-incentive-pay-2016-9.

hace muy poco en Colombia se libraba una guerra civil en contra de uno de los más numerosos grupos rebeldes conocidos como guerrillas de las FARC y uno de los incentivos que los comandos el Ejército decidieron usar fue cuerpos de rebeldes guerrilleros. Puede sonar mórbido pero cada división era recompensada según el número de muertes confirmadas; cada división tenía una meta y estas métricas fueron aplicadas tanto a subdivisiones como a individuos. Un soldado podía ganar incluso tiempo de licencia, mejor entrenamiento o la posibilidad de estudiar fuera de país. Los incentivos eran repartidos según el número de cuerpos tendidos en el suelo, casi como los concesionarios de carros proveen comisiones a sus vendedores.

Esto funcionó en principio: mataron a muchos rebeldes de las guerrillas. Desafortunadamente, también murieron civiles a los que disfrazaban de guerrilleros y los contaban para alcanzar sus metas. Algunos estudios sugieren que alrededor de diez mil civiles murieron durante una década[69].

La moraleja es que, si usted escoge usar incentivos, debe tener mucho cuidado cuáles va a usar. Cualquier cosa que use como incentivo, como vimos en el ejemplo de Wells Fargo o con el Ejército Colombiano se cumplirán al final. Si se cumple de manera ética para la compañía es otro tema.

En lugar de incentivos

Mi filosofía se basa en pagar a los empleados por encima del promedio, crear una cultura enfocada en el trabajo en equipo, generar trabajo gratificante y ocasionalmente ofrecer una bonificación por algo que estén haciendo particularmente bien. Detrás de esto existe algo más grande que solo mi instinto: el libro insignia de Daniel Pink, Drive, incluye un argumento que dice que lo que motiva a las personas no son los incentivos tipo "zanahoria y el palo"; luego de que nuestras necesidades financieras están satisfechas somos motivados por un propósito, la autonomía y la maestría[70].

Scrum tiene estos tres elementos en su esencia. Con un objetivo fuerte un equipo tiene el propósito de trabajar hacia su meta, el enfoque manos libres del Product Owner se provee al equipo con la autonomía que necesita para poder hacerse responsable de como hacen el trabajo y ellos mismos buscan la

---

69 Joe Parkin Daniels, "Colombian Army Killed Thousands More Civilians Than Reported, Study Claims," *The Guardian*, Mayo 8, 2018, https://www.theguardian.com/world/2018/may/08/colombia-false-positives-scandal-casualties-higher-thought-study.

70 Daniel H. Pink, *Drive: The Surprising Truth about What Motivates Us* (New York: Riverhead Books, 2009).

maestría en sus roles individuales por medio de la multi funcionalidad.

Así, los incentivos solo pueden hacen las cosas más lentas para el equipo. Pink comparte un estudio en su libro donde a los participantes se les solicita instalar una vela prendida sobre una pared de tal manera que no caiga cera a todos lados[71]. Se les entrega solamente una vela, una caja de tachuelas y algunos fósforos; uno de los grupos fue medido por tiempo (para control) y al otro se le ofrecieron incentivos financieros, al ganador con el mejor tiempo se le ofreció el premio mayor de veinte dólares. Finalmente, el grupo que tenía incentivos financieros fue tres minutos más lento que el equipo de control.

No quiero implicar que Scrum sea solo felicidad y luz. Aún es trabajo, con sus debates, estrés y frustración inherentes y algunos miembros del equipo actuando de manera irritante, pero en realidad creo que los equipos Scrum en general están más motivados y felices que aquellos en las burocracias tradicionales.

Pero incluso después de que presente toda esta evidencia usted puede querer usar incentivos, tal vez son necesarios para aumentar la competitividad en su industria. Por ejemplo, algunas compañías han tratado de ofrecer incentivos grupales en lugar de individuales, lo cual puede parecer al principio una buena solución. Sin embargo, el peligro sigue presente ya que algunos equipos se sentirán motivados por los incentivos y otros no tanto, o algunos miembros del equipo pueden sentir que trabajan más duro que otros así que merecen más incentivos.

El peligro más grande que existe con los incentivos de desempeño grupal es lo que en economía se conoce como el problema del consumidor parásito, que describe a alguien que no es capaz de llevar su propio peso; puede que esté o no holgazaneando, pero la onda hará que los incentivos no funcionen pues ¿quién quiere trabajar duro solo para que aquel que no hizo nada disfrute de la misma recompensa? Tal vez aquellos trabajadores que están por encima del promedio continúen trabajando fuertemente, pero es probable que guarden rencores.

En otras palabras, los incentivos pueden funcionar si son combinados con métricas, balanceados y diseñados con cuidado. Así que proceda con precaución.

DIAGRAMAS BURNDOWN: PROGRESO VISUAL Y PROYECCIONES DE FINALIZACIÓN

Mientras discutimos las métricas es una buena idea mencionar el diagrama Burndown o también conocido como diagrama de quemado o trabajo

---

71 Ibid., 41.

pendiente. Permítanme aclarar que este diagrama no es una métrica, sino una representación visual de los puntos que quedan pendientes en el Backlog. Es una buena manera de mostrar el progreso del equipo y qué tan lejos están de cumplir el objetivo.

Un verdadero diagrama de quemado empieza con la cantidad de puntos estimada para el Product o Sprint Backlog en el eje *y* mientras que el tiempo se representa en el eje *x*. Para el Product Backlog el diagrama de quemado muestra el número de puntos faltantes y empieza a mostrar tendencias. Si por ejemplo su producto refinado tiene un total de mil puntos al inicio y el equipo está completando un total de ochenta puntos por Sprint usted puede dibujar líneas descendientes hasta una fecha de terminación proyectada. En este caso, cada uno de los Sprints era de dos semanas entonces el Product Backlog debe ser completado entre veinticuatro y veintiséis semanas.

El diagrama perteneciente a un Product Backlog puede ser actualizado al final de cada Sprint mientras que con aquel perteneciente a un Sprint puede hacerse durante el Scrum diario. De tal manera el equipo puede tener visibilidad del progreso que hace con cada tarea que completa y también mantiene el seguimiento para completar los ítems del Sprint actual.

9.1. Gráfica de trabajo Pendiente (Burndown) del Sprint

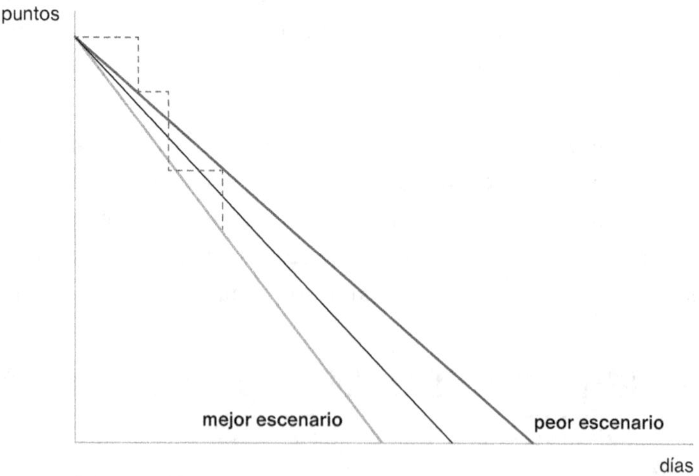

Sin embargo, un Product Backlog no es una lista estática de elementos, sino que se agregan nuevas cosas a medida que surgen nuevas ideas o necesidades y el proceso de refinamiento se lleva a cabo y los picos se completan agregando un poco al total de puntos. Existen dos formas de manejar estos cambios: una es agregarlas al eje y en negativo, es decir, si usted inició con mil puntos y agrega otros tres ítems que representan otros cien puntos, expanda el diagrama hacia abajo del diagrama inicial, desde mil positivo hasta cien negativo. Algunos equipos optan por el diagrama inverso conocido como el diagrama *Burn Up*. Tal como su nombre sugiere, se inicia con cero puntos y va creciendo a medida que se van completando las tareas o Sprints según sea el caso con los puntos que representan. Con cada revisión del Backlog solo ajustará la línea del objetivo hacia arriba.

Las métricas y los diagramas nos ayudan a contar historias del trabajo que ha sido realizado, indican velocidad, eficiencia y tendencias. Algunos asuntos por el contrario pueden interrumpir las tendencias y las métricas pueden mostrar problemas. Afortunadamente alguien que trabaje con Scrum ya habrá experimentado el problema o uno similar en el mismo contexto. Entonces necesitará un modelo Scrum y esto es lo que cubriremos a continuación.

SU LIBRO DE JUGADAS SCRUM

- Scrum no es ágil, solo revela aquellas partes donde usted no es ágil todavía.
- *Shu-ha-ri*: Conozca y practique los fundamentos para que los entienda por completo antes de hacer cambios. Se refiere al camino de aprendiz a maestro.
    - *Shu*: Repetición de las formas y la disciplina del maestro para internalizar las formas que fueron creadas.
    - *Ha*: Tener la disciplina propia para seguir las formas al pie de la letra, ahora podemos empezar a innovar, romper o descartar aquello que no funciona para nosotros.
    - *Ri*: Ahora empezamos a personalizar nuestro propio proceso para hacer nuestra propia práctica actuando de acuerdo con nuestra técnica creativa individual.

IMPEDIMENTOS

- Puede ser cualquier cosa que desvíe o impida la velocidad y el progreso del equipo hacia su objetivo establecido.
- Identificarlos como equipo durante el Scrum diario.
- Explorar la enfermedad detrás de los síntomas.
- Mantenga la lista de impedimentos a la vista del equipo y las partes interesadas.
- El Scrum Master es responsable de buscar la cura.

IMPEDIMENTOS COMUNES

- Mal Scrum.
- Falta de enfoque.
- Falta de seguridad sicológica.
- Equipos distribuidos.
- Falta de arquitectura clara.
- Pruebas manuales.
- Entregas manuales.
- Burocracia.

RECAPITULACIÓN DE MÉTRICAS E INCENTIVOS

- ▸ Las métricas proveen herramientas para medir la efectividad del equipo.
- ▸ Muchas métricas pueden ser perjudiciales.
- ▸ Muchos sistemas de incentivos no funcionan como se espera.

Jugando su mano

- ○ Si aún no lo ha hecho es recomendable que mantenga una lista de impedimentos en algún lugar visible para todo el equipo.

Responda estas preguntas:

- ○ Basado en lo que sabe hasta ahora, ¿cómo lo ha ayudado Scrum a revelar aquellas áreas en las que aún no es ágil?
- ○ ¿Qué impedimentos de la lista es capaz de identificar en su empresa sin hablarlo con los demás miembros de su equipo?
- ○ ¿Qué otros impedimentos pueden identificar el equipo?
- ○ ¿En qué área se siente su equipo desmotivado, frustrado, inseguro o abrumado? ¿Qué puede hacer para que esto no suceda o para minimizar estos síntomas?
- ○ ¿Qué métricas siente que sean apropiadas para medir su progreso teniendo en cuenta que una vez se convierten en metas, las métricas tienden a fallar?
- ○ Considere con cuidado las consecuencias de cualquier tipo que pueden tener los incentivos teniendo en cuenta que muchos sistemas de incentivos tienden a fallar o corrompen la atmósfera del equipo.

CAPÍTULO DIEZ

Tácticas y patrones de Scrum: ¿igualar, retirarse o aumentar la apuesta?

La felicidad no es la ausencia de problemas, es la habilidad de lidiar con ellos.

—Steve Maraboli[72]

Tómese el tiempo de observar por un rato a un artesano mientras trabaja y le aseguro que se impresionará de la manera cómo administra su labor. Sin importar si es construir gabinetes, soldar metales o cualquier otro oficio, siempre me maravilla la velocidad y calidad de su trabajo y es aún más interesante la manera como resuelven sus problemas. Por ejemplo, una persona que construye gabinetes e instala cocinas encuentra con frecuencia una pared sin resanar, pisos desiguales o pequeños hoyos en el enchape, todos problemas frecuentes para los que esta persona ya tiene una solución rápida. El artesano posee un amplio número de trucos bajo la manga que ha aprendido de sus mentores y con su propia experiencia. Un problema que puede causar malestar a una persona normal toda una tarde puede ser solo un pequeño inconveniente para un artesano veterano.

Los seres humanos son muy buenos viendo y creando patrones en nuestras vidas. Desde las semanas, pasando por las estaciones climáticas y las rutinas de la mañana hasta los estampados en las telas, nos gusta encontrar relaciones y medidas. Esta es una de las razones por las que muchas veces vemos animales en las nubes. Si yo por ejemplo corto cuadrados de una tela con patrones y los pego en una hoja de papel en blanco y luego la entrego a un niño

---

72 Steve Maraboli, *Life, the Truth, and Being Free: Anniversary Edition* (Port Washington, NY: A Better Today, 2014), 64.

de ocho años, es muy probable que él logre extender el patrón en la hoja. Tal vez lo haga de manera un poco rústica pero efectiva.

Nosotros también somos artesanos y nuestro arte es Scrum. Justo como el artesano que mencioné anteriormente, hemos encontrado los mismos problemas de manera frecuente y hemos desarrollado soluciones estratégicas para lograr una implementación exitosa. No importa qué tan bien pensadas estén nuestras estrategias, necesitamos tácticas específicas (trucos bajo la manga) para apoyarlas. Haciendo referencia a nuestra analogía del póker, su estrategia puede ser ajustada, valorando la precaución sobre todo lo demás y tomando algunos riesgos. Una táctica que la soporte puede ser un plan predeterminado para retirarse en ciertas condiciones dependiendo de la fortaleza de su mano. Un artesano experimentado o un jugador de póker es experto en identificar aquellos patrones y referenciar su arsenal de trucos para manejarlos.

Las estrategias de implementación de Scrum no son diferentes. También requieren un arsenal de tácticas para asegurar que Scrum sea implementado y que cada equipo tenga los recursos, el conocimiento y las habilidades para ejecutar la estrategia.

Es normal que se presenten problemas a medida que va implementando Scrum y su equipo se acostumbra a trabajar en conjunto, puesto que todos están aprendiendo y adaptándose. Tal como las oportunidades, los problemas requieren de un proceso de toma de decisiones rápido y usted ya tiene las herramientas y puede elegir procesar un problema usando el ciclo OODA. Pero, ¿qué sucede cuando es un problema que se ha presentado cientos o miles de veces en otras compañías que usan Scrum? En otras palabras, existe la posibilidad de que el problema que usted experimenta ya haya sido enfrentado y resuelto por alguien más. Esto es conocido como patrones y fue un término usado por primera vez en Scrum por James Coplien y Neil Harrison en su libro publicado en el año 2004[73].

Antes de seguir adelante con este concepto veamos la definición. Un patrón es la solución a un problema en un contexto particular. Si usted resuelve un problema en un contexto, la solución puede no funcionar en uno diferente. Para el constructor de gabinetes la solución para los pisos desiguales puede ser diferente si los pisos son de madera en lugar de concreto, de modo que el contexto es importante cuando se trata de la aplicación de patrones.

Los patrones no son una solución definitiva a un problema en particular, sin embargo, pueden ser vistos como un punto de referencia por dónde iniciar.

---

73 James O. Coplien y Neil B. Harrison. *Organizational Patterns of Agile Software Development* (New York: Wiley, 2004).

Considerando que Scrum se trata de las personas, su cultura, el trabajo en equipo y las emociones, los patrones también se tratan principalmente de las personas. Y ya que nosotros no somos perfectos tampoco lo son los patrones. Un buen entrenador puede ayudarle a resolver sus problemas, pero usted debe trabajar en ellos e intuir algunas de las decisiones que se ajusten a su caso. Los patrones no son diferentes.

En la actualidad existen alrededor de noventa patrones que han sido descubiertos por diferentes autores durante el proceso de usar Scrum. Usted puede enfrentar un problema para el que aún no existe un patrón y su equipo puede proponer una solución que sea repetible; en tal caso, usted habrá descubierto otro patrón así que por favor hágalo saber a la comunidad ágil.

En este libro no hay espacio ni tiempo suficiente para describir en detalle todos los patrones principalmente porque se acaba de publicar un libro excelente basado en el tema titulado "A Scrum Book"[74]. Mientras puede buscar los patrones en aquel libro, o en línea, voy a explicar algunos conceptos del tema y a repasar algunos de los más comunes para que pueda empezar a usarlos en su trabajo.

Nos centraremos en once patrones en tres grupos diferentes: patrones que hacen estable a su equipo, patrones que le ayudan a lograr un resultado predecible y patrones que le ayudan a mejorar el desempeño de su equipo. Dicha secuencia de estabilidad, predictibilidad y desempeño se basa en el trabajo de Jeff Sutherland[75]. Primero va la estabilidad y con ella se logra la predictibilidad, cuando se ha logrado un nivel estable de predictibilidad su equipo puede concentrarse en mejorar su desempeño haciéndolo de manera más rápida. Existen también tres áreas donde usted, el lector del estado Shu, está más expuesto a tener problemas. Como con muchos cambios, las dificultades ocurren en las primeras etapas cuando los problemas, retrasos y frustraciones alcanzan su punto más alto. Los patrones en particular le ayudarán, no solamente a resolver problemas en aquellas áreas, también le ayudarán a usar Scrum todavía mejor.

---

74 Jeff Sutherland, James O. Coplien, y el Grupo de Patrones de Scrum, *A Scrum Book: The Spirit of the Game*, ed. Adaobi Obi Tulton (Raleigh, NC: Pragmatic Bookshelf, 2019).

75 Jeff Sutherland, Neil Harrison, y Joel Riddle, "Teams that Finish Early Accelerate Faster: A Pattern Language for High Performing Scrum Teams," *2014 47th Hawaii International Conference on System Sciences* (Enero, 2014): 4722–728, https://ieeexplore.ieee.org /document/6759182.

PASO UNO: ESTABILIZARSE

¿Alguna vez ha visto la primera inmersión al agua de una gran embarcación? El gigante de muchas toneladas se mantiene en una plataforma en tierra firme hasta que llega el gran día. Para muchas embarcaciones grandes es un espectáculo que incluye miles de asistentes y en algunos casos, significativa presencia de la prensa. La nave se mantiene en una plataforma que se activa con un sistema hidráulico que la ayuda a deslizarse hacia el agua. La embarcación se balancea y entra al agua causando un pequeño tsunami en tanto miles de litros son movilizados. La gran mayoría de los lanzamientos ocurren perfectamente gracias a la gran precisión de la ingeniería, pero algunas veces la base no se mueve con el resto de las piezas lo que causa que la embarcación entre ladeada al agua y se vuelque. Es raro, pero ha ocurrido.

El lanzamiento de un equipo es muy similar al de una embarcación: es muy importante y también se pueden producir oleajes ya que hay muchos elementos impredecibles porque somos seres humanos. A menos que al inicio su organización fuera pequeña y tuviera varias personas en roles diferentes en lugar de departamentos, lo más probable es que, aunque los miembros de su equipo se conozcan unos con otros, sea la primera vez que trabajan juntos. Aparte de acostumbrarse a Scrum deben habituarse a los demás miembros del equipo. Personalidades, modos de trabajo y estilos de comunicación diferentes, al igual que diversos niveles de conocimiento de los individuos. Todos en un mismo espacio. No podemos olvidar que al mismo tiempo estamos implementando el cambio en la cultura a través del cambio en el comportamiento. Por todo esto pueden surgir problemas, con suerte nuestro equipo contará con personas optimistas y dispuestas a apoyar el cambio de manera voluntaria: es una implementación mixta como lo discutimos en el capítulo tres. Incluso bajo todas estas condiciones encontrar la estabilidad tomará tiempo y trabajo.

Patrón de equipos estables

Si usted ha trabajado en un departamento por algún tiempo quizás haya tenido la experiencia de ser reasignado. Puede que algún supervisor lo haya querido tener más cerca, que haya ocurrido una restructuración, o que estén recurriendo a la gerencia pasiva y quieran aislar algún empleado/problema, pero sin que se sienta relegado. Quizás usted estaba en un proyecto con un equipo muy unido, pero al terminar Tomás le preguntó si quería hacer parte de otro proyecto donde usted no conoce a nadie, excepto a Felipe, un personaje algo extraño.

Todos hemos estado en una situación parecida, pudo ocurrir en el trabajo o en el colegio cuando algún profesor lo forzó a trabajar con algún compañero que usted no quería. Los equipos cambian, es parte de la vida; pero si usted está tratando con equipos cambiantes durante el proceso de implementación, su jornada se alargará aún más.

A pesar de las recomendaciones de los expertos en Scrum, algunas organizaciones aún intentan hacer que Scrum funcione con varios miembros que cambian de un equipo a otro, o peor aún, cuando un equipo intenta usar Scrum medio tiempo, y el otro medio vuelve a sus roles originales. La estabilidad significa que todos los miembros del equipo trabajan en lo mismo todo el tiempo, nadie trabaja dos días en un proyecto y un día en otro distinto, y lo más importante, nadie es parte de varios equipos al mismo tiempo. Usted es parte de un solo equipo estable. Esto evita la multitarea y reduce el desperdicio que ella causa.

Si usted es fanático de los deportes profesionales se habrá dado cuenta del problema que causan los equipos que no son estables. Su equipo favorito logró superar la temporada y al final alcanzó los cuartos de final o incluso la final del campeonato. En este punto los ejecutivos del equipo o algún agente ambicioso llega a dañar todo el progreso introduciendo nuevo "gran" talento al equipo para iniciar la siguiente temporada y el equipo se desmorona.

El investigador sicológico Bruce Tuckman escribió acerca de las cuatro etapas del desarrollo de los equipos: orientación, conflicto, establecimiento de normas y producción[76]. Todos los equipos pasan por estas cuatro etapas, y cada una toma tiempo y energía emocional hasta que se alcanza la etapa de producción. Tuckman explica cómo cada una de las etapas afecta al equipo; de ser muy reservado pasa a tener mucho alboroto (conflicto) hasta que los miembros del equipo resuelven sus diferencias y se acostumbran a trabajar juntos. Sin leer este estudio académico probablemente usted se identifique con estas etapas así las haya experimentado solamente en su equipo de fútbol de su juventud.

Cada vez que ingresa un nuevo miembro, el proceso de construcción del equipo empieza desde cero. Puede ser que esto no parezca muy importante así que entremos en las grandes ligas: la NASA.

Un estudio de la NASA mostró que las tripulaciones que tienen experiencia

---

76 Bruce W. Tuckman, "Developmental Sequence in Small Groups," *Psychological Bulletin* 63, no. 6 (1965), 384–99, https://psycnet.apa.org/doiLanding?doi=10.1037%2Fh0022100.

trabajando juntas cometen menos errores que las nuevas[77]. En una entrevista con el *Harvard Business Review* el profesor J. Richard Hackman dijo lo siguiente acerca del estudio: la NASA encontró que equipos fatigados y que tengan una historia de trabajo juntos cometen cerca de la mitad de errores que aquellos compuestos de tripulantes descansados que nunca habían volado juntos[78]. Estos resultados son muy significativos, de hecho, una de las razones propuestas en el estudio indica que aquellas tripulaciones que se conocen tienden a comunicarse mejor.

El patrón de equipos estables[79] crea una mayor predictibilidad, producción y reduce el desperdicio que trae la falta de comunicación, el conflicto y el entrenamiento. Una vez que el equipo se forma, no cambia. Tal como lo evidenciamos con las fuerzas especiales del Ejército colombiano en el capítulo cinco, los equipos fueron formados y las unidades hacían todo juntas: entrenamiento básico y avanzado, comidas, reuniones, etc. Siempre que permanezca junto habrá muchas cosas que se añaden al equipo naturalmente, no se trata solamente del trabajo, también deben definir la manera como se comportan y su estructura social.

Una vez usted ha creado su equipo Scrum trate de no cambiarlo bajo ninguna circunstancia. No incurra en comportamientos como "tomar prestado" personal para un proyecto aparte o cambiarlos de departamentos, evite incluso despedir personal. Este tema es crítico. Solamente teniendo equipos que trabajan juntos de manera consistente puede esperar llegar a la cuarta etapa, la de producción. Dele tiempo a su equipo para definir cómo trabajar juntos y entender las personalidades de los demás. Una vez los miembros estén juntos y estables el progreso de Scrum puede iniciar.

Patrón de equipos consolidados

Ya hemos discutido acerca del impedimento de los equipos distribuidos en el capítulo anterior, un problema para el que la única solución es consolidar el equipo. Drummond por ejemplo tenía equipos administrativos en dos ciudades diferentes y uno en los campamentos de perforación, pero algunas veces

---

77 H. C. Foushee, J. K. Lauber, M. M. Baetge, y D. B. Acomb, *Crew Factors in Flight Operations: III. The Operational Significance of Exposure to Short-Haul Air Transport Operations*, Technical Memorandum No. 88342 (Moffett Field, CA: NASA-Ames Research Center, 1986).

78 Diane Coutu, "Why Teams Don't Work," *Harvard Business Review*, Mayo 2009, https://hbr.org /2009/05/why-teams-dont-work.

79 Sutherland, Coplien, y el Grupo de Patrones de Scrum, *A Scrum Book: The Spirit of the Game*, 82–85.

el problema de la distribución no es tan obvio como en Drummond.

¿Alguna vez ha necesitado algo de un compañero de trabajo que está del otro lado de la oficina? ¿Caminó usted hacia la persona? Probablemente no lo hizo a menos de que ya se dirigiera hacia allá. Pudo haber llamado pero lo más probable es que haya decidido hacerlo de la forma más discreta, con un correo electrónico. Es rápido, evita la interrupción y posiblemente la incomodidad social. Pero los correos electrónicos son muy impersonales y no tienden a generar relaciones. De otro lado, van al grano y no dejan espacio para que surjan otros temas importantes.

En otro escenario, si usted necesita algo de su compañero del cubículo del lado puede simplemente levantarse y preguntarle: "Oye, ¿Tienes un segundo?". Con esto puede lograr entablar una conversación con Juanita quien se encuentra al lado suyo y no con María ubicada al otro lado de la oficina, sin importar qué tan importante sea ella para el proyecto.

En la década de los 70, mientras estudiaba la proximidad de los trabajadores, el profesor Thomas J. Allen realizó un descubrimiento interesante: los miembros del equipo que están más próximos se comunican con más frecuencia. No necesariamente sean datos trascendentales, pero Allen lo llevó un paso más allá: midió las distancias entre los trabajadores y sus interacciones semanales y notó una relación directa muy fuerte, la frecuencia de la comunicación disminuyó mucho cuando la distancia entre los trabajadores aumentaba. La distancia perfecta para la comunicación ideal es alrededor de cincuenta metros[80].

La distancia disminuye a medida que nos volvemos más dependientes de los dispositivos electrónicos, pero la frecuencia de la comunicación parece que está relacionada con la distancia incluso a través de otros medios. "Entre más frecuentemente veamos a alguien en persona es más posible que llamemos a esta persona o nos comuniquemos por otros medios", explica Allen[81]. Pero él no es el único en la investigación: Alistair Cockburn, firmante del Manifiesto Ágil, lo ha denominado el Principio de la distancia del bus de la comunicación. Asegura que la comunicación entre personas disminuye radicalmente en cuanto la distancia a pie entre ellas sea más grande que un autobús escolar[82].

El patrón de equipos consolidados[83] es simple: para poder lograr la estabili-

80 Thomas J. Allen, *Managing the Flow of Technology: Technology Transfer and the Dissemination of Technological Information Within the R&D Organization* (Cambridge, MA: MIT Press, 1984).

81 Allen, *The Organization and Architecture of Innovation* (New York: Taylor & Francis, 2007), 58.

82 Alistair Cockburn, *Agile Software Development*, 102.

83 Sutherland, Coplien, y el Grupo de Patrones de Scrump, *A Scrum Book: The Spirit of the Game*, 50–54.

dad del equipo los miembros deben trabajar juntos lo más cerca posible. Obviamente no quiero decir que deban amontonarse en un solo cubículo, pero sí que estén dentro de la distancia mencionada de la medida del autobús escolar.

Como en Drummond entiendo que a veces es imposible lograrlo, pero en la medida de lo posible se debe hacer el esfuerzo. El consultor Donald G. Reinertsen ha dicho "la ubicación es lo más parecido que tenemos al polvo de hadas para mejorar la comunicación en un equipo de desarrollo"[84]. No hay nada que facilite más una cultura de alto desempeño que cuando los miembros del equipo trabajan cerca entre ellos.

Si es imposible tener a todos los miembros de un equipo compartiendo un mismo espacio la otra posibilidad, menos efectiva, es facilitar la conversación por medio de la tecnología. Después de la conversación cara a cara la otra opción es la video conferencia, pero debe tener un sistema bueno y estable. Por ejemplo, si usted tiene una red de internet deficiente no puede usar Skype en su teléfono para comunicarse, las llamadas se caen y esto solo lleva a aumentar la frustración y a disminuir la dinámica comunicacional.

Si la comunicación de su equipo es un problema use este patrón. Llévelos a todos a una habitación o un área. Incluso GoTelecom tuvo que reorganizar a sus equipos para que pudieran ser agrupados, con equipos divididos en dos ciudades, Bogotá y Medellín. Si los equipos A y B tenían personal en las dos oficinas, intercambiaron personal con el fin de que todo el equipo estuviera en la misma oficina. Si este tipo de reorganización no es posible en su empresa trate de utilizar toda la tecnología que tenga a su alcance para facilitar la comunicación, aunque todos terminen hablando del clima.

El patrón del clima de ayer

De todos los términos gerenciales que se han empleado en las últimas décadas probablemente el más molesto para Scrum es la idea de "ampliación de la meta". En su esencia la idea de establecer metas agresivas, retarse a sí mismo, a sus empleados y a su organización para ir más allá de lo posible, puede parecer una idea noble. Si usted no está familiarizado con el concepto se basa en esto: cuando se establecen metas con un empleado o un departamento para el siguiente mes o trimestre usted toma una meta que sabe que es factible y la vuelve más ambiciosa. Si cree que es factible un incremento en los ingresos del 4 por ciento, usted amplía la meta y la hace del 10 por ciento.

---

84 Donald Reinertsen, *Managing the Design Factory: A Product Developer's Toolkit* (New York: Simon & Schuster, 1997), 113.

Más que lenguaje gerencial, es normal para los seres humanos querer mejorar el desempeño. Si su mejor puntaje en bolos es de 198 usted querrá llegar a los 200; si el fin de semana anterior usted logró 82 en el campo de golf el siguiente querrá romper la barrera de los 80, o si usted ganó 80 mil dólares el año anterior, el actual querrá llegar a los 90 mil dólares. ¿Es algo tan malo? Puede ser.

La ampliación de las metas y otros objetivos agresivos deben ser evitados por las organizaciones saludables. En la mayoría de ellas los investigadores aconsejan establecer metas para pequeños triunfos. El profesor de administración Sim B. Sitkin dijo: "Los pequeños triunfos funcionan ya que generan impulso, energía, recursos y fomentan un aprendizaje que permite que una organización se atreva a alcanzar metas más ambiciosas después"[85].

El patrón del clima de ayer[86] aborda la manera de predecir la velocidad del siguiente Sprint. A diferencia de los departamentos (especialmente ventas) los cuales toman su desempeño anterior e incrementan sus cuotas y objetivos métricos, este patrón se enfoca en lo que el equipo ya fue capaz de lograr.

Las personas usan metáforas del clima. Los patrones del clima cambian, pero son usualmente predecibles y se mantienen en ciertos rangos de temperatura dependiendo de la estación, aunque esto no funciona en Bogotá la capital de Colombia donde el clima es prácticamente el mismo todo el año. La única diferencia es si llueve o no. En Alemania por el contrario existen estaciones: en verano las temperaturas oscilan entre los 30 y 35 grados centígrados y en invierno pueden descender hasta veinte grados centígrados bajo cero. Si yo le pido predecir el clima de hoy y usted no es meteorólogo es muy posible que se base en el clima de ayer. Si ayer por ejemplo la temperatura fue de 30 grados lo más probable es que hoy el clima ronde esa temperatura con algunos grados más o menos. Es casi imposible que si ayer la temperatura fue de 30 grados en promedio, hoy tengamos temperaturas bajo cero. Como dice el dicho: "Todo el mundo se queja del clima, pero nadie hace nada al respecto". El clima puede ser bueno o malo pero sus patrones en general son predecibles, aunque a veces ocurran cambios drásticos.

En Scrum pasa algo similar: la velocidad del Sprint anterior es normalmente similar a la del que viene. Si usted completó cinco PBI en el último Sprint con un total de cien puntos, planee cien puntos para el siguiente.

---

85 Sim B. Sitkin, C. Chet Miller, y Kelly E. See, "The Stretch Goal Paradox," Harvard Business Review. Enero–Febrero 2017, https://hbr.org/2017/01/the-stretch-goal-paradox.

86 Sutherland, Coplien, y el Grupo de Patrones de Scrum, *A Scrum Book: The Spirit of the Game*, 324–25.

Lo único que debe tener en cuenta cuando usa este patrón es que usted debe balancear la variabilidad. Ya que el equipo se está estabilizando puede haber picos o vacíos más altos en sus puntos. En este caso, es recomendable que use un promedio entre los últimos tres Sprints. Por ejemplo: ochenta y cinco, ciento cinco y noventa y cinco puntos respectivamente. Saque un promedio de los tres, le dará noventa y cinco y úselo como su objetivo para el siguiente Sprint.

Usted dirá: "Pero Fabian, yo pensaba que Scrum se trataba de ser más rápido. ¿Cómo podemos ser más rápidos si seguimos apuntando a la misma meta?". Me alegra que me formulen esta pregunta. Como veremos, en realidad queremos planear para terminar temprano (vea el patrón del Buffer interrumpido que funciona para las situaciones de emergencia). Si las cosas funcionan bien, las estimaciones son correctas y el equipo está logrando la estabilidad, usted empezará a completar temprano los PBI. Y cuando esto pasa, el equipo puede empezar a trabajar en el siguiente PBI del Product Backlog.

PASO DOS: SER PREDECIBLE

Mientras se estabiliza un equipo y los miembros se acostumbran a trabajar juntos, aumentan los niveles de comunicación y con ello aparecen problemas tanto en el trabajo como en el espacio donde se realiza. Puede que usted se encuentre en una nueva ubicación o reubicándose en la actual. Adicionalmente su Product Owner también se acostumbra a su nuevo trabajo definiendo y refinando el Product Backlog y estimando los puntos de los PBI con el equipo. En otras palabras, hay mucha actividad alrededor. Si el Product Owner era en el pasado un gerente de proyecto, ahora se puede sentir como un pez fuera del agua.

Estos cambios pueden causar problemas con los artefactos y eventos de Scrum, especialmente con el trabajo realizado en cada Sprint. Veamos algunos patrones que abordan problemas comunes en este contexto.

Patrón de la definición de listo

Imagine que usted es un pastelero que se especializa en pasteles de boda y recibe una llamada de una novia entusiasta que le da las siguientes instrucciones: "Quiero un pastel blanco con glaseado de crema de chocolate para mi boda y debe ser para alrededor de cien personas". Usted empieza a tomar nota cuando de repente ella pregunta: "¿Cuánto cuesta y cuándo necesita de deposito?"

No se debe ser un pastelero para saber que la información que tiene hasta el momento no es suficiente para empezar a trabajar y menos para elaborar una cotización. Un pastel con estas características puede ser tan simple como un pastel de vainilla o tan complejo como un pastel de tres capas con un diseño del coliseo romano y figurines de la novia y el novio vestidos de gladiadores.

En el capítulo seis cubrimos la definición de terminado, pero quiero reiterar que un PBI está listo cuando el Product Owner ha aclarado todo hasta el punto de que el equipo entienda el trabajo necesario para llevar el PBI a ser terminado, de manera que agregue valor a usuario. Así como con "terminado" el equipo completo debe definir lo que significa "listo" y esto debe ser logrado antes de la planeación del Sprint. En el caso de nuestro pastelero si la novia no define suficientes detalles antes de una fecha específica, él puede rechazar la orden. Si el Product Owner no ha logrado que un ítem esté listo antes de la planeación del Sprint, éste no podrá ser incluido.

El problema que el patrón listo del Backlog[87] resuelve es que el equipo de Developers esté adelantando tareas que no debería. Por ejemplo, el ítem A depende del B y usted no ha completado el ítem B todavía, entonces A no estará listo para ser incluido en el Sprint. Un ítem no puede ser incluido en un Sprint si el equipo no tiene suficientes detalles acerca del trabajo que debe hacer. En resumen, la definición de terminado significa que el equipo debe saber cuándo algo está realmente terminado y normalmente significa que el usuario final puede usarlo, mientras que la definición de listo se refiere a que el PBI esté listo para incluirse en la planeación del Sprint.

En síntesis, el patrón de Backlog listo asegura que se cumplan los siguientes seis criterios antes de que un PBI esté "listo" para la planeación del Sprint:

1. El trabajo puede ser accionado inmediatamente por el equipo. Se proveen suficientes detalles con el PBI para que el equipo pueda empezar a trabajar sin información adicional.
2. El entregable planeado tiene valor. El PBI debe tener valor acorde con las necesidades del cliente.
3. El Product Owner y el equipo de Developers han discutido el ítem en la etapa de refinamiento.
4. El ítem ha sido estimado y le han sido asignados los puntos.
5. El ítem debe poder ser probado cuando esté terminado.
6. El equipo ha creado cada parte del tamaño apropiado. Cada ítem debe ser tan pequeño que pueda ser completado en un Sprint idealmente con otros PBI adicionales.

---

87 Ibid, 316–19.

El anterior problema es aún más notorio si alguno de los Developers debe hacer investigación para poder obtener la información necesaria a fin de iniciar su trabajo. La investigación del mercado o de temas afines, es la que fija la dirección del Product Owner: si existe alguna situación que no sea un Spike definido en donde algunos de los miembros del equipo están realizando algún tipo de investigación, el Product Owner no entiende o no está dispuesto a ejecutar su trabajo. El equipo puede acercarse al Product Owner para aclarar asuntos, pero jamás debe realizar investigación durante un Sprint normal.

El patrón de la buena limpieza

Este patrón no tiene nada que ver con la famosa revista del mismo nombre (Good Housekeeping en inglés), ni se limita a su primer pensamiento que lo lleva a la cáscara de banano que dejó sobre su escritorio al lado del labial que tiene cinco años, aunque la limpieza de su espacio de trabajo es uno de los elementos.

El patrón de la buena limpieza[88], antes conocido como el código limpio, tiene que ver específicamente con programación. En cierto sentido, si usted está trabajando en una función particular o encuentra un Bug que necesita ser corregido, es mejor que estas correcciones se realicen a la mayor brevedad posible en vez de dejarlas documentadas para abordarlas más tarde. Tome acciones ahora que la plancha está caliente como dice el dicho porque más tarde puede que olvide exactamente lo que iba a hacer.

Este patrón ya no es solamente acerca de Bugs. En la actualidad, también se refiere a la limpieza en general e incluye su espacio de trabajo. Si usted tiene un ambiente laboral desordenado tiende a desperdiciar tiempo y energía tratando de encontrar aquello en lo que estaba trabajando, identificando dónde debe continuar o en ambas cosas. Puede ser su espacio de trabajo físico como un cubículo o una estación, o un espacio de trabajo virtual como una carpeta digital o su ambiente de codificación. El patrón se trata de mantener un producto y ambiente laboral limpio todo el tiempo.

El patrón también tiene raíces en Lean y el sistema Toyota, específicamente aquel llamado el sistema de 5S: Seiri, Seiton, Seiso, Seiktsu y Shitsuke. Si su japonés está al mismo nivel que el mío, estos términos han sido redefinidos en español como: clasificación, orden, limpieza, estandarización y autodisciplina.

El sistema de las 5S es simple en su esencia, al final de cada día de trabajo el espacio de cada uno debe quedar en orden, cualquier equipo que haya

---

88 Ibid, 374–76.

sido usado debe ser puesto nuevamente en su lugar y la labor debe quedar finalizada. De tal manera, si usted o alguien más trabaja en el producto la persona sabrá exactamente dónde empezar. Si la tarea o el producto no fue completado por lo menos deje alguna documentación que le indique a usted y al equipo lo que falta.

Cuando los ambientes de trabajo son desordenados o usted vuelve a trabajar en un producto sin estar seguro del estado en el que quedó, habrá un desperdicio de energía y tiempo hasta que logre establecer las tareas con las que deberá continuar. Usted tendrá que sentarse y volver a pensar en dónde había dejado su trabajo. El adecuado uso del patrón de la buena limpieza evita que la velocidad disminuya debido a la falta de organización.

Patrón del enjambre

¿Alguna vez ha visto hormigas en acción? No importa si es un insecto muerto o la mitad de un sándwich en el piso, las hormigas son una ráfaga de actividad. En el transcurso de un día una colonia de hormigas puede reducir ese sándwich a nada a medida que lo van guardando en diferentes sitios de su colonia.

Pero ¿qué pasaría si fueran dos sándwiches, uno a cada lado de su hormiguero? ¿O si fueran cinco o seis? Yo estaría dispuesto a apostar que la mayoría quedarían prácticamente intactos en relación con aquel que estaba solo, algo que en realidad está bien para las hormigas que no intentan lograr ninguna meta de producción. De igual manera, colectarán la misma cantidad de productos azucarados.

Pero nosotros no somos hormigas. Entonces, ¿por qué a veces tendemos a actuar como estas? Nosotros no trabajamos solo por el gusto, sino que estamos tratando de entregar nuestros PBI, estamos entregando valor. En lugar de atacar un PBI como equipo, la tendencia es trabajar en varios al mismo tiempo, si por ejemplo tenemos cinco PBI en un Sprint, el equipo tratará de trabajar por lo menos en tres de ellos al mismo tiempo.

El patrón del enjambre[89] significa básicamente que el equipo solo trabajará en el PBI de mayor prioridad con todo su poder. Trabajará en un solo PBI y se enfocará en él hasta terminarlo.

El problema es que cuando el equipo trata de hacer varios PBI al mismo tiempo termina cayendo en el hábito de la multitarea. Creo que usted todavía está un poco ansioso desde la última vez que mencioné la multitarea, pero

---

89 Ibid, 127–31.

déjeme recordarle de manera muy amable que puede caer en este hábito mientras trata de trabajar en varios proyectos o en varios ítems al mismo tiempo. Como resultado, el trabajo no se termina y además se diluye su esfuerzo y el enfoque y con ello, reduce la velocidad del equipo.

Así es como funciona: durante el Sprint una persona empieza a trabajar en el siguiente PBI en la secuencia de prioridades y se convierte en el capitán del PBI. Todos los demás empiezan a ayudar al capitán en el desarrollo del ítem y la persona los dirige hasta que éste sea completado. Quien sea que inicie el siguiente PBI se convierte en el siguiente capitán y así sucesivamente.

Ahora alguna persona está con la idea de un sistema Kanban. Aquellos practicantes del Kanban tratan de minimizar el trabajo en proceso (WIP por sus siglas en inglés). En esencia, ellos piensan que deben tener alrededor de tres tareas como trabajo en proceso a cada momento. En Scrum el trabajo en proceso está limitado a uno. Eso es todo.

Lo anterior tiene resultados extremos, el problema es que en el mundo real muchas veces es difícil que todos trabajen solo en la prioridad número uno. Algunas veces la naturaleza del trabajo en sí no permite que todos los miembros del equipo trabajen en la misma tarea. En dicha situación el siguiente grupo de personas debe trabajar en la siguiente prioridad del Backlog con un capitán.

Otras veces la prioridad número uno puede ser bloqueada porque el equipo enfrenta algún impedimento sin resolver. De nuevo el equipo se enfoca en la prioridad número dos, pero el escenario ideal es que todos trabajen en un ítem hasta terminar. Con patrón nunca le dejarán los sánduches servidos.

Gestionando interrupciones: Patrón de interrupción del búfer

Es primero de enero. La noche anterior en un estado optimista un poco alcoholizado usted prometió que por fin correría una maratón, a pesar de que usted solamente corre cuando sale tarde a tomar el autobús. Planea iniciar su programa de entrenamiento, pero el primer día su mamá llama y se queja con que tiene una fuga de agua en su casa y pide su ayuda. Entonces decide iniciar al día siguiente pero su jefe le pide que ayude con una tarea especial, así que tampoco entrena en la tarde. Eventualmente lo que quería alcanzar en ese año no se logró por todas las interrupciones constantes que tuvo.

Puede minimizar las interrupciones en su vida pero son tan inevitables como la muerte o el pago de impuestos. No es diferente cuando se trata de planear sus Sprints, en tal caso usted debe tener espacio para las interrupciones.

Supongamos que usted y su equipo van volando con sus Sprints. Tuvo un par de problemas con la estabilización, tuvo que mover algunos equipos y tal vez hubo un pequeño problema con la definición de 'listo' pero ahora ya encontró su ritmo. Su cliente, un banco, celebra cada nuevo lanzamiento en la plataforma en línea que se ha creado para ellos. Si su cliente está contento con su progreso, ¿qué puede salir mal?

Ahora es martes en la mañana, el segundo día de un Sprint para el que usted y su equipo han planeado cien puntos durante las siguientes cuatro semanas. De repente recibe una llamada de su cliente lleno de pánico.

"¡Se cayó, todo se cayó!", exclama.

Usted puede sentir como si estuviera gritando en su oído. "¿Qué se cayó?", pregunta. "¡La plataforma! Nuestros clientes no pueden realizar ninguna transacción".

Usted respira profundamente tratando de liberar toda la tensión que se ha acumulado en su cuello y observa su calendario. "No hay problema, terminaremos con nuestro Sprint en la primera semana de diciembre y podremos incluirlo en el Backlog". Obviamente aquello no le va a sentar nada bien a su cliente que está en shock.

Supongamos que usted usa Sprints de cuatro semanas, su velocidad es de cien puntos y acaba de terminar la planeación del Sprint actual. Significa que tiene un plan perfecto para las próximas cuatro semanas y el plan tiene cien puntos. Pero ahora recibe la llamada del banco. ¿Cómo incluye esto?

Como lo hemos hablado en Scrum, usted no quiere cambiar los objetivos del Sprint en términos de calidad y cantidad de manera que el Sprint esté protegido. Al mismo tiempo, debe ser capaz de decirle a su cliente: "está bien, nosotros lo arreglaremos". Obviamente no puede hacer esto con un Sprint que ya ha sido planeado, ¿verdad?

Si usted trabaja inmediatamente en el problema su equipo se enfocará solo en esto y no tendrá tiempo para nada más. Ahora tiene un problema, ya que ha gastado tiempo y energía resolviendo el problema que no estaba planeado, no podrá lograr los cien puntos que había planeado para el Sprint.

El patrón de interrupción del búfer[90] es lo que le permite planear en caso de interrupciones. Las probabilidades de que las interrupciones que vienen de su cliente, jefe, gerencia o alguna emergencia sean lo suficientemente frecuentes como para que pueda estimar cuánto tarda en resolverlas. Al mismo tiempo, usando el patrón del clima de ayer, puede tener un promedio de la velocidad de sus Sprints, ahora puede crear un búfer para las interrupciones.

---

90 Ibid, 157–60.

Si su promedio es de cien puntos, estime el número de puntos que puede reservar para las interrupciones. Puede ser que sean veinte puntos así que cuando use este patrón planee suficiente para ochenta puntos. Si no se presenta ninguna interrupción (algo improbable) puede continuar trabajando en el siguiente ítem del Product Backlog una vez el Sprint sea completado. Es muy fácil.

¿Qué sucede si tiene alguna interrupción grande? ¿Qué pasa si el problema de la plataforma del banco le cuesta cincuenta puntos para resolverlo? La solución es detener el Sprint: cuando la interrupción es tan grande que usa todo el búfer y no se puede lograr el objetivo del Sprint, usted no tiene otra opción. El Product Owner detiene el Sprint lo cual envía una señal de alerta al resto de la compañía y avisa que algo anda mal.

Cuando la interrupción ha sido resuelta puede continuar trabajando en los PBI que tenía planeados pero la meta ya no podrá ser lograda. La siguiente planeación del Sprint toma en consideración los PBI que no lograron ser terminados debido a la interrupción. Ahora es tiempo de ir a entrenar para su maratón.

Arregle los problemas inmediatamente: Patrón de golpear el topo

Smokey Bear ha tenido una carrera ilustre en Estados Unidos instruyendo a las personas: "solamente usted puede prevenir los incendios forestales"[91]. Este servicio público fue creado para recordar que los incendios forestales son muy destructivos. Fue la estrella de varios comerciales de televisión y videos institucionales acerca de la seguridad contra incendios. Tiene sentido, los incendios son más fáciles de controlar cuando apenas empiezan. Apagar un pequeño incendio en un campamento es más fácil que extinguir el fuego en kilómetros de terreno incendiados.

Pero todos hemos tenido una dosis de fuegos empresariales con los que debemos lidiar. Los problemas pueden haber sido notados y abordados en alguna reunión para finalmente ser ignorados. Puede ser que alguien en 1984 que estaba desarrollado código se diera cuenta de que en el año 2000 íbamos a tener un problema usando solo las dos últimas cifras para indicar el año. Si sus preocupaciones hubieran sido tomadas en cuenta en ese momento, probablemente nos hubiéramos evitado todo el caos que causó el fenómeno denominado como el Y2K.

---

91 "Story of Smokey," Smokey Bear, accesado en Enero 10, 2020, https://smokeybear.com/en /smokeys-history?decade=1940.

Normalmente estos problemas son dejados de lado. No importa si es un Bug en un código que todavía funciona o un defecto de fabricación: hay retraso en solucionarlos debido a las presiones de los negocios, tiempo o dinero. El problema es que aquellos temas no resueltos siempre terminan costando más en términos de dinero y tiempo ya que deben ser solucionados en algún momento. No siempre, pero sucede lo suficiente como para que tenga sentido el ejemplo de apagar el fuego del campamento imaginario en vez de tener que apagar un gran incendio forestal. El gerente e ingeniero de software Steve McConell dijo: "Un pequeño error en el trabajo hacia arriba puede afectar grandes cantidades de trabajo hacia abajo. La posibilidad de cambiar una sola frase en las especificaciones de los requerimientos puede implicar cambios en cientos de líneas de código que se propagan a numerosas clases y módulos, docenas de casos de prueba y numerosas páginas de documentación del usuario final"[92].

El patrón de golpear el topo[93], el cual llamo el patrón de arreglar los problemas inmediatamente, nos brinda una manera de abordar los problemas. Consiste en abordar y arreglar todos los problemas a medida que vayan apareciendo.

La pregunta que puede surgir es: ¿Cómo hacer esto durante un Sprint? A diferencia del búfer de interrupciones, esto no sugiere una interrupción del cliente o de la gerencia: se trata de un problema con el producto en sí mismo. Así que la primera solución es que los Developers traten de arreglar el problema con una cantidad de tiempo a su elección, en cualquier caso, el Product Owner debe ser notificado del problema. Si el problema no puede ser resuelto en el tiempo que el equipo estimó, el Product Owner debe involucrarse. Dependiendo de la gravedad del problema, el Sprint debe ser detenido.

¿Por qué tanto alboroto? ¿No pueden los pequeños problemas esperar hasta mañana? Esto no debería pasar. Aunque no se genere mucho daño entre hoy y mañana algunas veces solamente la pérdida de tiempo entre un día y otro (o en el caso de que sea fin de semana, una semana y la siguiente) puede hacer difícil volver a involucrarse con el problema. Algo similar al patrón de la buena limpieza: resulta mejor terminar todo lo que usted hace mientras tiene todas las posibles soluciones en su cabeza. Después, en la retrospectiva del Sprint, usted puede revisar todos los problemas y tratar de encontrar maneras para que no se vuelvan a presentar en el futuro.

En otras palabras, arregle sus problemas, apague las brasas y golpee a sus topos.

---

92 Steve McConnell, "An Ounce of Prevention," *IEEE Software* 18, no. 3 (Mayo/Junio 2001), 5–7.

93 Sutherland, Coplien, y el Grupo de Patrones de Scrum, *A Scrum Book: The Spirit of the Game*, 377–81.

PASO TRES: MEJORAR EL DESEMPEÑO

Un pequeño resumen: A medida que implementa Scrum ha aprendido los fundamentos de la estructura 3-5-3. También ha asimilado patrones que lo pueden ayudar a estabilizar su equipo y aumentar su predictibilidad al mantener el personal moviéndose entre los problemas y enfrentándolos a medida que surgen. Mientras el equipo se estabiliza y sus comportamientos mejoran durante en el proceso de aumentar la predictibilidad, su desempeño y funcionalidad mejorarán constantemente.

Ya que usted tiene retroalimentación constante y la mejora continua es parte de la filosofía de Scrum tiene sentido que tengamos patrones que nos ayuden a lograr la excelencia.

Patrón Scrumming Scrum

Como ya lo he dicho antes Scrum no lo hará ágil, solo muestra aquellas áreas donde usted no lo es aún. A medida que continúan los ciclos surgen los problemas, aprende lecciones, obtiene retroalimentación y el Scrum Master trabaja para resolver impedimentos no triviales. Pero ¿están realmente aprendidas estas lecciones, solucionados los problemas y abordada la retroalimentación si usted no cambia sus hábitos?

Si usted lee cualquier publicación significativa de administración encontrará alguna estadística que habla del compromiso del personal. Aunque existen numerosos factores hay uno que siempre surge y es que los empleados sienten que nada cambia. Las cajas de sugerencias se llenan de musgo y telarañas y los papeles se tornan amarillentos con las puntas curvas por el paso del tiempo. Se consideraron las sugerencias, se hicieron las promesas y después se rompieron, junto con la confianza. Y no es que la gerencia sea mala o no le importen los problemas y sugerencias, pero el cambio es tan duro para una empresa como para un individuo. ¿Continuó usted con el entrenamiento para la maratón?

Pero Scrum es diferente de muchas maneras. Tiene una manera de mejorar constantemente construida en su sistema si los usuarios eligen usarlo. Aquí es donde el patrón Scrumming Scrum[94] entra en acción. En el capítulo anterior mencioné que cuando la lista de impedimentos está vacía usted probablemente no busque maneras de mejorar. Esto es verdad, siempre hay algo que puede ser mejorado en el proceso, en la manera como el equipo trabaja o en el trabajo en sí mismo. Lo que puede ser mejorado puede venir de los

---

94 Ibid, 440–44.

impedimentos o de otras métricas como la métrica de la felicidad que cubriremos más adelante.

Así es como funciona, de todo lo que se cubre en la retrospectiva del Sprint (recuerde proveer seguridad sicológica para que todos aporten) los problemas que se encontraron en el Sprint están llenos de oportunidades para mejorar. Escoja un ítem, solo uno para mejorar en el siguiente Sprint. Puede ser su mayor impedimento o la retroalimentación que tuvo acerca de la comunicación del equipo o la manera como el equipo trabaja en conjunto.

¿Por qué solo uno? Imagínese que usted va al médico por dolor en las articulaciones. Primero revisa las razones más obvias: fracturas, artritis, lesiones musculares etc., pero no encuentra nada y concluye que su problema puede ser resuelto con suplementos de farmacia. Usted sale del consultorio con una lista de tres suplementos: Omega 3, vitamina B y minerales. Los consume de la manera indicada y a las tres semanas se siente mucho mejor. ¿Cuál de las tres funcionó? ¿Fueron todas en conjunto? ¿Fue solo una y las otras dos no contribuyeron a su bienestar? No hay como saberlo.

Por esto solo selecciona un elemento para mejorar, para poder visualizar la efectividad del cambio que implemente. Puede que necesite más revisiones y ajustes lo cual resulta adecuado. Así como ahora produce múltiples resultados para su cliente, también crea oportunidades para mejorar. Decida rápido una solución y revise sus resultados en la próxima retrospectiva.

Las mejoras incrementales son la clave para superarse a partir de retrospectiva del Sprint.

Los equipos que terminan temprano: El patrón de aceleración más rápida

Tengo un amigo que cuando viaja con aerolíneas comerciales odia chequear equipaje, hace lo que puede para embutir todo en su maleta de mano o mochila. De alguna manera ha logrado hacer esto incluso para un viaje de seis días, aunque con alguna dificultad y olvidándose de las compras. Ese es el problema de empacar muchas cosas: no hay lugar para errores y no se puede añadir nada.

De pronto un sábado fue ambicioso y trató de cumplir seis tareas de su lista de quehaceres, pero solo logró completar cinco. Se sintió exhausto y frustrado y terminó considerando los pros y contras de conseguir un empleado. Este es "muri" o la sobrecarga, aquel enemigo de Scrum que discutimos en el capítulo seis. Parece estar grabado en la naturaleza humana el hecho de subestimar o comprometerse con más de lo que se puede. No es diferente cuando se trata de planear Sprints.

La lógica de los equipos que terminan temprano o el patrón de aceleración más rápida[95] es simple: no sobrecargue su Sprint de trabajo o puesto de manera más elegante, deje espacio para crecer y mejorar.

Lo anterior tiene que ver con el patrón del clima de ayer y el patrón del búfer de interrupciones que nos lleva de vuelta a revisar cómo va la planeación del Sprint. Aquí refresco su memoria: el Product Owner prioriza el Backlog y se reúne con los Developers. En la planeación normalmente me encuentro con un PO que quiere incluir más PBI en el Sprint y un equipo que no cree poder cumplir, al menos, mientras están en las etapas tempranas de la implementación. Por esto, el Scrum Master debe ayudar en la negociación. Su trabajo es recordarles que deben reservar espacio para problemas, interrupciones y crecimiento.

Cuando existen pocos problemas o interrupciones, el equipo completa todos los PBI para ese Sprint y puede empezar con el siguiente PBI del Backlog. Entonces es posible mejorar la velocidad y el equipo no se enfrenta al estrés de intentar hacer más que lo que es posible. Así como la maleta de mi amigo, esto puede hacer sentir a una persona como si estuviese a punto de explotar.

El patrón de la métrica de la felicidad

Cuando empecé a aprender acerca de Scrum fui a Argentina a trabajar con uno de los expertos allí. Él enseñaba a las personas que el objetivo de Scrum era que el personal estuviese feliz. Yo agregué que las personas fueran más productivas. Así lo entendía yo, pero él estuvo en desacuerdo y me dijo: "No, el objetivo de Scrum es que las personas sean más felices, aunque no sean más productivas. La productividad en realidad no importa".

Yo quedé asombrado. Esto para mí no tenía sentido y me tomó algo de tiempo entender. Puede ser que mis estrictas raíces alemanas estuvieran saliendo a flote. Años después cuando estaba tomando un entrenamiento con Jeff Sutherland en Boston y lo escuché hablar del patrón de la métrica de la felicidad[96] recordé lo que aquel argentino me había enseñado y me sentí un poco incómodo de pensar que todos en Scrum solo pensaban en la felicidad excluyendo todo lo demás.

Así que le pregunte a Jeff: "¿Me puedes explicar por qué la felicidad es tan importante?" Jeff citó un estudio de Harvard que explica la correlación entre la felicidad, el compromiso y la productividad y luego dijo: "La felicidad es una herramienta para obtener un equipo más productivo y comprometido. Es un indicador predictivo".

---

95 Ibid, 351–52.
96 Ibid, 426–39.

El problema era que ellos tenían dos perspectivas diferentes: el argentino pensaba que la felicidad era el objetivo final (recuerde la ley de Goodhart) y que la productividad no era importante, si sucedía era bueno, pero no era algo crítico. Mientras que Jeff Sutherland se enfocaba en la productividad y la métrica de la felicidad como herramientas para lograrla. Si la felicidad disminuye usted puede asumir que muy pronto la productividad y el compromiso también lo harán.

El tema de la felicidad en el ambiente laboral puede ser difícil y delicado. En la comunidad Scrum muchas personas hablan acerca de la felicidad y de cómo el equipo debe estar siempre feliz. Tanto que me asombra que no nos vean como una comunidad hippie en el mundo de la administración. Muchas personas hablan de la felicidad del equipo, pero nuestro objetivo real es ser productivo y producir más valor más rápido. Sin embargo, si se esto logra siendo feliz y comprometido con su trabajo, ¿será malo? El trabajo no siempre debe sentirse como trabajo.

A diferencia de mi amigo argentino yo creo que la métrica de la felicidad es una herramienta para lograr un objetivo. Un estudio reciente muestra que los trabajadores que son felices son casi 12 por ciento más productivos que aquellos que no lo son[97]. Mientras tanto el investigador y profesor de Harvard, Shawn Achor, dijo: "la felicidad aumenta casi todos los resultados en los negocios y en la academia, aumenta las ventas en un 37 por ciento, la productividad en un 31 por ciento y la exactitud en las tareas en un 19 por ciento, así como un sinfín de mejoras en salud y calidad de vida"[98]. En otras palabras: que yo sepa, no existe ninguna desventaja.

El uso de esta métrica es sencillo y tiene relación directa con el patrón Scrumming Scrum. Durante la retrospectiva del Sprint usted pregunta a los miembros de su equipo qué tan felices se sintieron en el último Sprint en una escala del 1 al 5 o del 1 al 10, la que usted prefiera. Si alguien responde un número menor al mayor de su escala debe cuestionarlo con preguntas sobre cómo se hubiera sentido más feliz o qué hubiera ayudado a mejorar su calificación. De esta forma usted tendrá algunos elementos para mejorar en su tablero. El equipo decide por consenso cuál mejorar en el próximo Sprint.

¿Por qué causa esto tanto alboroto? Bueno, si las métricas no son suficientes y la palabra felicidad no lo hace sentir mejor, entonces aquí va otra palabra

---

97 Andrew J. Oswald, Eugenio Proto, y Daniel Sgroi, "Happiness and Productivity," *Journal of Labor Economics* 33, no. 4 (2015), 789–822.

98 Shawn Achor, "The Happiness Dividend," *Harvard Business Review*, Junio 23, 2011, https://hbr .org/2011/06/the-happiness-dividend.

clave para usted: compromiso. Si a usted solo le importa la productividad (creo que debería reevaluar su vida) entonces la métrica de la felicidad es una herramienta que debe usar en su empresa de manera consistente. Los trabajadores pueden decir que son "felices" pero con su trabajo dicen "comprometidos".

Estos patrones pueden parecer muy similares y lo son en algunos aspectos. Sin embargo, cada uno de los patrones explicados aquí y todos los que fueron desarrollados por el Grupo de Patrones, no son soluciones rápidas ni aisladas. Este capítulo ha servido como una visión general del mundo de los patrones y la grandeza del pensamiento en comunidad. Lo más probable es que con Scrum, usted esté tratando de resolver problemas ya alguien haya experimentado. Como verá, no ser uno de los pioneros de las metodologías tiene sus ventajas, ya que nosotros, los que vamos adelante, ya hemos resuelto bastantes problemas.

Usando los patrones que fueron explicados en los tres pasos anteriores su equipo empieza a estabilizarse, sus Sprints y su velocidad se vuelven más predecibles y mejora el desempeño en el valor agregado y el compromiso de su equipo. Tal vez otros departamentos hayan empezado a notar el cambio: mientras ellos trabajan muchas horas tratando de cubrir errores previos de planeación su equipo disfruta de un almuerzo largo y tal vez juega un poco de tenis de mesa mientras sus métricas siguen subiendo y reflejando indiscutiblemente el éxito.

¿Qué sigue? Escalar a la organización.

SU LIBRO DE JUGADAS SCRUM

Incluso en las mejores situaciones se encontrará problemas cuando implementa Scrum, justo como el carpintero que instala gabinetes de cocina mientras descubre que las paredes no están pañetadas o resanadas. Usted puede recurrir a los patrones que le servirán como ayuda para encontrar soluciones más rápido.

- ▸ Un patrón es una solución para un problema en un contexto en particular.
- ▸ Los patrones son puntos de partida para la solución de problemas, no son soluciones si no existe adaptación.
- ▸ En la actualidad existen alrededor de noventa patrones detallados en el libro "A Scrum Book".
- ▸ Los patrones pueden ser categorizados en grupos, por ejemplo: dar estabilidad a su equipo, obtener resultados predecibles y mejorar el desempeño del equipo.

DAR ESTABILIDAD A SU EQUIPO.
- ▸ Patrón de equipos estables
  - Reconocer las cuatro etapas de la formación de equipos: formación, asalto, normatividad y desempeño.
- ▸ Patrones de equipos consolidados (no distribuidos).
  - Mantener los miembros del equipo tan cerca como sea posible, idealmente 50 metros o el tamaño de un autobús escolar.
  - Si no es posible la consolidación incorpore videoconferencias con un proveedor estable y de calidad.
- ▸ El patrón del clima de ayer
  - Elimine la práctica de extender las metas, en su lugar establezca triunfos pequeños.
  - Use la velocidad del último Sprint para estimar la velocidad esperada del siguiente.

AUMENTE LA PREDICTIBILIDAD.
- ▸ Patrón del Backlog listo.
  - Entienda la definición de listo.
  - El equipo no debe tener que investigar para poder trabajar en un ítem.

- ▸ Patrón de la Buena limpieza.
  - — Mantenga un espacio de trabajo y el producto limpios todo el tiempo.
  - — Use el sistema de las 5S: clasificación, orden, limpieza, estandarización y disciplina.
- ▸ El patrón del enjambre.
  - — Trabaje en la primera prioridad con el esfuerzo máximo del equipo.
- ▸ Patrón del búfer de interrupciones.
  - — Planee puntos búfer en cada Sprint para manejar interrupciones.
  - — Si los puntos búfer no se usan en su totalidad pueden ser usados para adelantar el siguiente PBI.
  - — Solo cuando no existen suficientes puntos búfer para abordar la interrupción debe ser detenido el Sprint para abordar la emergencia.
- ▸ Patrón golpear el topo.
  - — Aborde los problemas lo más temprano y mejor posible, apague el fuego antes de que se convierta en un infierno.

MEJORAR EL DESEMPEÑO.

- ▸ Patrón Scrumming Scrum.
  - — Durante la retrospectiva del Sprint elija un ítem para mejorar en el próximo Sprint.
  - — Revise los resultados en la retrospectiva del siguiente Sprint.
- ▸ Patrón de los equipos que terminan temprano aceleran más rápido
  - — No planee mucho trabajo en un Sprint.
  - — Se relaciona con el patrón del clima de ayer y el patrón del búfer de interrupciones.
- ▸ Patrón de la métrica de la felicidad
  - — La felicidad es un indicador predictivo de la productividad.
  - — Evalúe el nivel de felicidad de su personal preguntándoles durante la retrospectiva del Sprint.
  - — Utilice las respuestas que reciba para mejorar y trabajar en ello durante el siguiente Sprint (Scrumming Scrum).

Jugando su mano

- ○ Identifique los problemas actuales que enfrenta su organización.
- ○ Identifique el patrón que aborde mejor su problema.
- ○ Implemente el patrón y sus pasos adaptados a su situación.
- ○ Evalúe los resultados.

CAPÍTULO ONCE

Escalando Scrum: Jugando múltiples manos

La clave para hacer que las cosas sean asequibles son las mejoras en diseño y tecnología, así como la producción a escala.

—Elon Musk[99]

Ya hace años de la primera vez que me encontré con Scrum y cuando finalmente acepté su superioridad con el proyecto ecuatoriano, decidí cambiar mi modelo de negocio. Aunque era uno de los mejores consultores en gerencia tradicional de proyectos en Centro y Suramérica, vi los beneficios de Scrum y una necesidad emergente en el mercado. A pesar de mi entusiasmo algunas veces me sentí como un chamán que vende un aceite que lo cura todo, o al menos así fue como algunas empresas me hicieron sentir. Mi equipo y yo tuvimos que convencer a las personas de que nos dejaran iniciar un programa piloto con Scrum para que vieran por sí mismos lo bien que funciona.

Ahora tenemos varias empresas que nos llaman para que los ayudemos a implementar Scrum o que se preguntan si será adecuado para su industria. Incluso encontramos algunas empresas que ya tienen uno o dos equipos Scrum que alcanzan la etapa del desempeño y quieren saber cómo pueden escalarlo al resto de la compañía.

Escalar es más que simplemente engrandecer Scrum dentro de una empresa. La mayor parte del tiempo, cuando alguien escucha la palabra "escalar" vienen a su mente recuerdos de una clase de arte o diseño donde tuvo que dimensionar un objeto ya sea haciendo un objeto menor en un modelo o un

---

99 Justin Bariso, "This New Interview with Elon Musk May Completely Change How You Think about Elon Musk," *Inc.*, Agosto 22, 2018, https://www.inc.com/justin-bariso/this-new -interview-with-elon-musk-may-completely-change-how-you-think-about-elon-musk.html.

dibujo, o haciendo grande un objeto menor. Mientras que escalar Scrum está alrededor de la misma idea, involucra más que simplemente clonar el equipo piloto una y otra vez.

Algunas veces encuentro organizaciones que abordan la escala con la idea de que si el equipo piloto está produciendo X resultados entonces dos equipos Scrum deben producir 2X, tres deben producir 3X y así sucesivamente. Sin embargo, cuando usted agrega más equipos a un producto hace que las líneas de coordinación y comunicación se vuelvan más complejas. Si está bien hecho usted puede tener tres equipos Scrum produciendo 3X e incluso más; pero si se hace mal, el desempeño será desastroso.

Scrum es diferente al trabajo tradicional, pero una vez que un equipo realmente lo entiende y desarrolla un buen ritmo (moviéndose de shu hacia ha) se vuelve como su segunda naturaleza y no pueden imaginarse trabajar sin Scrum. Escalar requiere mucho más cuidado; cambiar su cultura para alinearla con los valores Scrum representa un largo camino y escalar muy temprano podría llevar a un camino catastrófico. El marco de trabajo ligero de Scrum escala bien, pero los problemas sin resolver o la falta de alineación cultural también van a escalarse, así que es recomendable abordarlos primero. Si usted decide escalar cuando no es necesario podría agregar capas innecesarias de burocracia que solo reducirán la velocidad de su equipo.

En este capítulo le ayudaré a decidir si usted debe considerar escalar Scrum, los problemas comunes que trae, cómo resolverlo y cómo funciona el marco de trabajo Scrum@Scale.

LAS TRES REGLAS PARA ESCALAR SCRUM

Regla número uno: No escalar

¿Está pensando en escalar? Mi primer consejo para alguien en sus zapatos es: ¡No lo haga!

Puede que le parezca extraño que en un capítulo que se centra en este tema yo le diga que no lo haga, y en realidad es extraño, pero existe una buena razón. He visto muchas compañías que tratan de escalar algo que no necesita ser escalado; también he visto empresas que se apresuran a escalar antes de que el equipo piloto se haya estabilizado. Nunca he querido actuar como la manta de seguridad de una compañía que se está incendiando por causa de Scrum pero sí quiero que usted lo haga de una manera que sea beneficiosa y que no lo perjudique. La decisión de escalar Scrum debe ser tomada después de haber agotado todas las demás opciones.

La manera más simple de implementar Scrum es tener un solo equipo multifuncional produciendo un producto (valga la redundancia). Usted puede tener múltiples equipos Scrum cada uno enfocado en un solo producto y en este caso no habrá necesidad de escalar. La razón por la que el escalado existe no es para tener múltiples equipos Scrum sino para ayudar a gestionar el conocimiento, la coordinación y la comunicación entre los equipos.

Usted puede tener muchos equipos sin necesidad de escalar. ¿Leyó lo anterior o simplemente lo ignoró? Léalo nuevamente. Los equipos que trabajan en productos diferentes o módulos diferentes del mismo producto sin ninguna dependencia, no necesitan una estructura formal de escala.

Claro está que la mayoría de las compañías quieren crecer, no puedo imaginar una compañía que planee reducir sus ingresos y su crecimiento diciendo: "Creo que mejor haremos un poco menos este año". Naturalmente el deseo es crecer y puede parecer que escalar es el siguiente paso para lograrlo, pero escalar Scrum solo por querer hacerlo puede traer peores resultados. Cualquier forma de escala debe ser estratégica y debe ser evitada hasta que tenga sentido.

Así que una vez más insisto en recomendar que evite escalar hasta que no tenga otra opción. Lo anterior hace que escalar suene como algo malo, pero en realidad no lo es. Muchas grandes corporaciones están escalando Scrum mientras usted lee este libro, incluyendo "Amazon, General Electric, 3M, Toyota, Spotify, Maersk, Comcast, AT&T y muchas más"[100]. Escalar funciona, pero es un río difícil de navegar. Primero perfeccione Scrum, deje que su equipo piloto encuentre su ritmo y alcance su paso. Luego, si los equipos tienen interdependencias y problemas de comunicación entonces puede considerar escalar, pero solo después de seguir la regla número dos.

Regla número dos: Eliminar las interdependencias entre equipos

Si su producto es lo suficientemente complejo usted debe tener dos o más equipos trabajando en él. Esto no necesariamente requiere escalar. ¿Recuerda la mala arquitectura? Es un impedimento para la velocidad de los equipos cuando existe cualquier tipo de dependencia entre equipos.

Si el equipo A no puede completar el Sprint sin que el equipo B complete primero un PBI, usted tiene un problema de interdependencia. Como lo

---

100 Jeff Sutherland y Scrum, Inc., *The Scrum@Scale® Guide: The Definitive Guide to Scrum@Scale: Scaling that Works*, versión 1.05 (Noviembre 26, 2019), p. 19, https://www.scrumatscale.com /scrum-at-scale-guide/.

discutimos cuando expuse el impedimento de la mala arquitectura, en principio debe asegurarse de que su producto sea lo más modular posible. Como lo expusimos con nuestra compañía imaginaria One Gallon y con el avión de combate de Saab Gripen, estandarizar las interfaces permite eliminar las dependencias. Si usted puede eliminarlas es mucho mejor y no necesita escalar.

Debo admitir que incluso en los ejemplos de One Gallon y Gripen eventualmente las partes deben crear un vehículo funcional, bien sea un auto eficiente en combustible o un avión de guerra. La modularidad solo lo llevará un paso adelante, así que considere si el mapa de historias puede ser reconfigurado para no permitir interdependencias. Si no es posible y sus equipos y la complejidad crecen, entonces escalar es el próximo paso.

Regla número tres: Escale si usted definitivamente debe hacerlo

Obviamente algunas veces escalar es su única opción. Cuando tiene varios equipos trabajando en un mismo producto incluso con mínimas interdependencias a veces es necesario tener un nivel de organización, coordinación y comunicación que lo ofrece muy bien una estructura escalada.

En mi opinión es mejor escalar de manera orgánica, pero ¿qué quiero decir con esto? Así como los organismos vivos crecen a nivel celular gracias a la mitosis (la reproducción y duplicación de células) Scrum debe crecer de la misma forma. Es la implementación de abajo hacia arriba o la mixta que discutimos en el capítulo tres. Se forma un equipo piloto, idealmente compuesto por voluntarios entusiastas que perfeccionarán sus habilidades aprendiendo los fundamentos. Podría iniciar con un equipo de cinco personas. A medida que el equipo crece usted agrega más miembros hasta que se vuelve muy grande así que lo divide en dos equipos Scrum. Otros departamentos y gerentes se dan cuenta para ver cómo pueden formar parte de esto y a medida que más personas son agregadas al mismo producto, el rol de Product Owner crece y se requieren más Scrum Masters.

La otra forma de escalar Scrum es como lo vimos en el enfoque de arriba hacia abajo, que es como lo hizo Drummond y analizaremos al final del capítulo. Ellos tomaron su división y crearon un equipo Scrum de ejecutivos que escalaron hacia abajo. Esto puede ser complicado porque todos están aprendiendo una nueva forma de trabajar al mismo tiempo. Dije complicado, pero no imposible.

Cuando se escala los equipos cambian, así como las células algunos miembros se quedan con el equipo original y otros empezarán el nuevo equipo. He sido muy enfático en que los equipos no se deben cambiar, pero al escalar es inevitable que al mismo tiempo se mantenga la multifuncionalidad de los equipos. Muchas personas dentro de la comunidad de Scrum tratan de tener sus equipos con menos de siete personas de ser posible. Un estudio de la Universidad de Harvard publicado en el diario de sicología 'Sociometry' dice que el número ideal de personas en un equipo debe ser cercano a cinco o seis (de hecho, es exactamente 4.8 pero dividir una persona en décimos puede ser inhumano). Este estudio mide las dinámicas de los equipos por medio de sentimientos de satisfacción, productividad, solución de problemas, eficiencia y comunicación[101]. En mi propia experiencia, los equipos con cinco o seis miembros trabajan bien, y algunos equipos pueden necesitar solo tres miembros para ser capaces de desarrollar su producto de comienzo a fin. Usted deberá decidir cuál es la mejor práctica para su situación.

SINCRONIZACIÓN ENTRE EQUIPOS

Cuando una empresa escala muy pronto o lo hace sin tener los procesos de comunicación ideales (cuando los equipos tienen interdependencias o necesitan mayor coordinación), la comunicación y la efectividad se vienen abajo. Ser bueno en Scrum con equipos que son sólidos en las cuatro etapas de desarrollo de Tuckman (formación, asalto, normatividad y desempeño) es la prioridad número uno. La comunicación es suficientemente difícil en cualquier organización y se vuelve más compleja cuando usted une a varios extraños en un esfuerzo masivo por escalar una organización para que sea ágil. Algunas organizaciones formalizan todas las comunicaciones, otras tratan de hacer la comunicación libre para todos y sin barreras.

Es un reto grande lograr que los equipos se comuniquen de forma efectiva y eficiente al tiempo que estén sincronizados. Si existiera la perfecta sincronización de equipos optimizaría cuatro áreas para mejorar la comunicación:

1. **Saturación de la comunicación:** Donde toda la comunicación necesaria pueda llegar a quien la necesita sin brechas en la información o el entendimiento.

2. **Canales de comunicación:** Estos permiten que la comunicación con las personas correctas sea rápida sin que tenga demasiados involucrados, por ejemplo, una bandeja de entrada de correo saturada.

---

101 J. Richard Hackman y Neil Vidmar, "Effects of Size and Task Type on Group Performance and Member Reactions," *Sociometry* 33, no. 1 (Marzo 1970), 37–54, https://www.jstor.org /stable/2786271.

3. **Latencia en la decisión:** Debe ser mantenida en el mínimo nivel para decisiones rápidas.
4. **Grado de separación:** Debe ser mínimo, entre más cerca estén las personas unas de otras, la comunicación será más rápida y mejor.

En esencia cuando se quiere lograr una buena sincronización entre equipos (CTS por su sigla en inglés) usted quiere saturar la comunicación, maximizar la información sin tener que gastar más tiempo del necesario, minimizar los canales de comunicación y mitigar la excesiva latencia en las decisiones.

En la historia de la humanidad muchas organizaciones han tratado de facilitar la sincronización por medio de varios modelos, desde las jerarquías rígidas del ejército romano hasta la estructura plana de algunos emprendimientos modernos. Cada una tiene inherentes sus pros y contras.

11.1. Estructura jerárquica

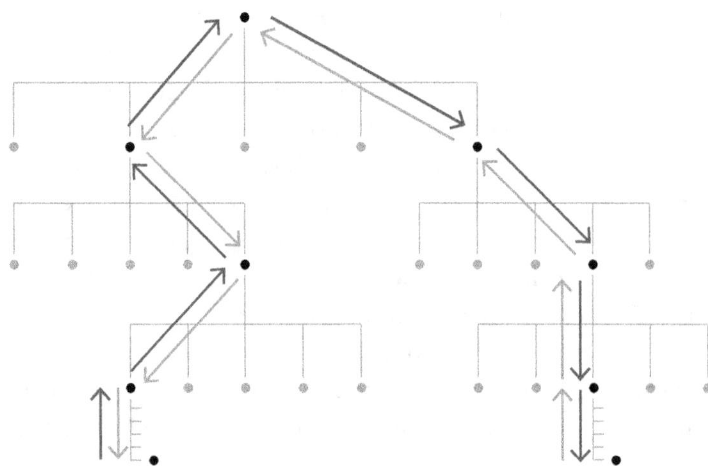

Estructura jerárquica

¿Alguna vez ha escuchado hablar de los seis grados de separación? La idea es que todas las personas en el mundo están separadas solo por seis grados. Por ejemplo, yo conozco un hombre que fue al colegio con una mujer que tenía una prima casada con un hombre que era uno de los colaboradores de Bill Clinton; así que yo estoy separado de Bill Clinton solo por cuatro grados. ¿Esto significa que pueda arreglar una cita con él? Lo más probable es que no.

¿Es la idea de los seis grados cierta? No lo sé, puede que algún día alguien demuestre que un aborigen de Kenia está separado por siete grados de un monje budista. El punto es que entre más estemos separados de alguien, esta persona es menos accesible y más pobre se vuelve la comunicación.

En la jerarquía tradicional, el modelo que está vigente desde antes de Cristo, usted tiene un líder, éste tiene asistentes los cuales a su vez tienen asistentes y así sucesivamente hasta terminar con las posiciones más bajas. En el ejército romano iniciaba con el emperador y finalizaba con los centuriones.

Esta estructura jerárquica ha perdurado porque funciona, aunque sea de forma ineficiente y maneja uno de nuestros requerimientos para la sincronización de los equipos de una buena forma: los canales de comunicación están muy bien definidos. Usted puede hablar con su supervisor y sus compañeros de equipo directamente, pero para discutir temas con otros departamentos usted debe acudir a su jefe o asistir a una reunión interdepartamental.

En cuanto a las otras tres áreas de la sincronización de equipos, muchas estructuras jerárquicas no funcionan. Como puede ver en el diagrama incluso en una estructura relativamente superficial de cuatro niveles, la comunicación entre equipos requiere ir hacia arriba y luego otra vez hacia abajo (ocho grados de separación). En otras palabras, debido a los canales rígidos de comunicación usted está más lejos de una persona del área de contabilidad que del ex presidente Clinton. Y si existe algún aspecto técnico adicional al problema, el entendimiento empeora.

Lograr un consenso cuando los líderes de departamentos o ejecutivos tienen que aprobar todo, demora mucho más que las cinco horas que el grupo Standish encontró en sus investigaciones. En un mundo que exige a las compañías respuestas más rápidas, la estructura jerárquica es como un hombre de noventa años que juega baloncesto en un equipo de secundaria: puede que lance muy bien pero no puede ir hasta donde está el balón.

Dicho lo anterior, existe un área en donde puede ser bueno: la latencia de la decisión. Incluso con los múltiples niveles, los canales de comunicación rígidos requieren que menos personas lleguen a un consenso, y cuando el consenso no es necesario, la estructura podría ofrecer una ventaja. A pesar de esto la pesada burocracia con frecuencia hace que desaparezca esta ventaja potencial.

11.2. Estructura plana

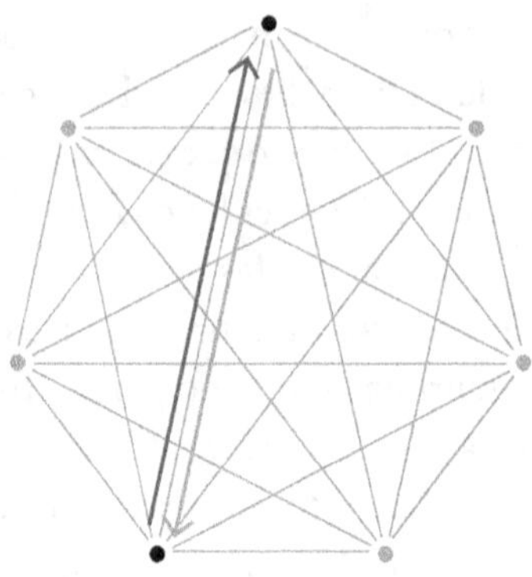

Estructura plana

El antropólogo Robin Dunbar dijo: "Existe un principio bien establecido en la sociología que sugiere que un grupo social superior a 150 o 200 personas se vuelva jerárquico en su estructura"[102]. Robin es conocido por su idea de que no podemos mantener de manera efectiva las relaciones con más de 150 personas, lo cual tiene mucho sentido. Puede ser la razón por la que el ejército romano de hace miles de años mantenía unidades de alrededor de 150 soldados.

Pero, ¿qué tiene que ver esto con la sincronización de los equipos? Bueno una tendencia es oponerse al modelo que ofrecen las congestionadas y antiguas burocracias teniendo una estructura muy ligera. Los empleados pueden hablar con quien quieran y los jefes que se encuentren son más como amigos con políticas de puertas abiertas.

Para un pequeño equipo de un emprendimiento esta es la estructura ideal, ya que todos saben en qué trabaja el resto y maneja muy bien tres de nuestros CTS. La saturación de la comunicación es intrínseca porque hay muchas oportunidades de dar y recibir información, los canales de comunicación son manejables dentro de un equipo pequeño y la latencia en las decisiones es cercana a cero.

Pero muy pocas compañías pequeñas sueñan con quedarse pequeñas. A medida que van creciendo y aumenta el número de personas se complican los puntos de la comunicación. El número total de los canales de comunicación está definido por la fórmula n(n-1)/2 donde n es el número de personas en un

---

102 Robin Ian Macdonald Dunbar, *Grooming, Gossip, and the Evolution of Language* (Cambridge, MA: Harvard University Press, 1999), 72.

grupo; de esta manera un equipo de tres personas tendrá tres puntos de comunicación y nuestro mágico equipo de cinco personas tendrá diez puntos. Con siete personas existen veintiún canales como se muestra en el diagrama, esto quiere decir veintiún puntos de personas intercambiando información y esto crece geométricamente. No es descabellado pensar que nuestro equipo crezca de diez a cincuenta personas en un periodo corto. Con cincuenta sin formalizar los CTS usted tiene 1.225 canales de comunicación. Ahora podemos ver porqué el ejército romano podía derrotar fácilmente a las hordas de las tribus.

No solamente se incrementan nuestros canales de comunicación, sino que si todos en el equipo pueden hablar con todos los demás probablemente tendrá más comunicación de la necesaria y los equipos pasarán más tiempo comunicándose que trabajando. No hablo de la conversación ocasional, me refiero a discusiones de trabajo mal sincronizadas y encaminadas que pueden perjudicar los resultados de su equipo.

A medida que el equipo continúa expandiéndose, la latencia de las decisiones empieza a sufrir. No solo tiene usted múltiples puntos de entrada, sino que si alguna decisión requiere consenso, las probabilidades de tomarla rápidamente son las mismas que tiene una bola de nieve de sobrevivir un día en el Amazonas.

11.3. Estructura en red

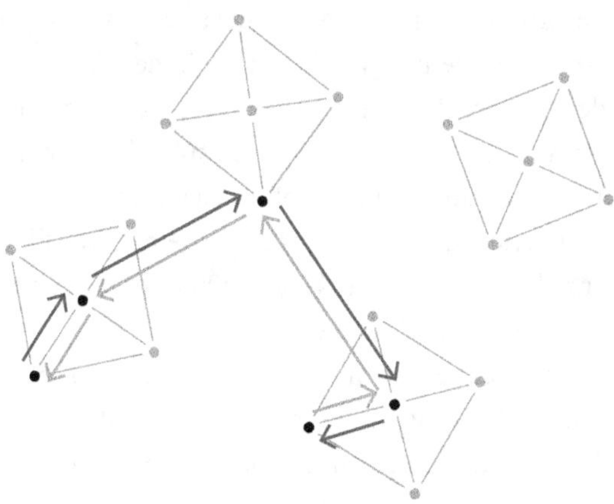

Estructura en red

Ahora puede ver cómo ambas estructuras, la jerárquica y la plana, no están cumpliendo lo suficientemente bien para el desarrollo de CTS fuertes.

Entonces, ¿cuál es la solución? Una red. En lugar de una jerarquía con diferentes niveles de líderes se requiere la formación de una red de equipos y equipos formados por equipos.

Cada equipo de equipos está conectado a otros equipos. Una o varias personas en cada equipo deben actuar como conectores, como un centro de actividades con otros equipos, algo así como las neuronas en el cerebro humano. Tal como una red de computadoras, esta red de equipos debe tener múltiples ejes de comunicación y coordinación.

Una manera de pensar en esto es comparándolo con algo que usted usa todos los días: internet. La web es en esencia solo una red de computadores. Su arquitectura pudo haber sido establecida de manera que el computador de cada persona funciona como un servidor con trillones de canales de comunicación; pero los padres del internet son capitanes de equipos militares de TI y algunos académicos; ellos querían que la red sobreviviera guerras y desastres naturales. Hoy en día vemos una red de nudos, grandes áreas conectadas por ejes que cambian, de tal manera si cae uno de los ejes, el tráfico es redirigido y puede que sea un poco lento pero el internet jamás se ha caído del todo (toquemos madera).

Una compañía que ha creado su propia estructura en red es la gigantesca China Haier. Era un titán del modelo burocrático que al poco tiempo entendió que manejar este gigante paquidérmico era demasiado aparatoso, demasiado grande y profundo como para gerenciarse de manera efectiva; en su lugar crearon varias microempresas. Un artículo del *Harvard Business Review* dice: "Las grandes corporaciones frecuentemente se componen de unos cuantos negocios dominantes, dichas entidades están fuertemente integradas y sus monoculturas hacen que una compañía sea vulnerable a competidores no convencionales y la enceguece a nuevos tipos de oportunidades. Para evitar este riesgo Haier se ha dividido en más de 4.000 microempresas o MEs que en su mayoría cuentan con 10 a 15 empleados"[103].

Este es el modelo ideal en mi mente y es la base perfecta para optimizar nuestras tres áreas de CTS. Se obtiene la saturación de la comunicación por medio de canales formales e informales, el número de canales se mantiene en un mínimo con equipos más pequeños y la latencia de las decisiones se mantiene baja cuando el equipo tiene la autoridad de tomar la mayoría de las decisiones. Tal es el tipo de estructura con el que escalamos Scrum. Los detalles de cómo se logran los CTS serán cubiertos más adelante.

---

103 Gary Hamel y Michele Zanini, "The End of Bureaucracy," *Harvard Business Review*, Noviembre–Diciembre 2018, 50–59.

UNA VISIÓN GENERAL BREVE DE SCRUM@SCALE

Existen muchas opciones para escalar Scrum y yo he examinado muchas de ellas. Estudié Large Scale Scrum (LeSS) con su creador Craig Larman, Scaled Agile Framework (SAFe) con su creador Dean Leffingwell y también he revisado Nexus de Ken Schwaber, Disciplined Agile Delivery (DAD) creado por Scott Ambler y Mark Lines y el famoso modelo Spotify creado por Henrik Kniberg (de acuerdo con Sam Newman ni siquiera Spotify usa este modelo en la actualidad[104]). En mi opinión el mejor enfoque para escalar Scrum hasta el momento es Scrum@Scale®[105] o S@S porque es el que optimiza mejor las cuatro áreas de CTS (Sincronización multiequipos).

S@S es el desarrollo más nuevo que existe en Scrum. La guía fue publicada un poco más de año antes que este libro (2020), y antes de que este método fuera formalizado, las empresas estaban usando una combinación de métodos para escalar Scrum. Algunas de ellas empezaron a implementar Scrum con la estrategia de abajo hacia arriba o la mixta y llegaron a un punto de inflexión ya que otros equipos en la empresa quisieron entrar. Así que intentaron crear múltiples equipos pero no sabían cómo sincronizarlos sin agregar burocracia. Otros tenían un equipo núcleo de ejecutivos y trataron de coordinarlo con los equipos Scrum pero la velocidad de los mismos se veía afectada. La mayoría hizo esfuerzos valientes, pero terminaron siendo más jerárquicos y burocráticos que ágiles.

Jeff Sutherland y su equipo crearon The Scrum@Scale Guide (la guía Scrum a escala) en un esfuerzo por suplir una necesidad creciente en las empresas de una versión escalable de Scrum[106]. En enero 2018 fui invitado a Boston junto con un puñado de profesionales de Scrum para evaluar y comentar la primera guía. Usted puede descargarla gratis en: https://www.scrumatscale. com/scrum-at-scale-guide/.

Si usted ya ha leído la guía (si no lo ha hecho, se la recomiendo, es gratuita) voy a recordarle brevemente de qué se trata S@S y cómo funciona. S@S es un conjunto de principios de escala donde los equipos Scrum se pueden coordinar y crear una red para lograr el mismo objetivo.

---

104 Sam Newman, *Monolith to Microservices: Evolutionary Patterns to Transform Your Monolith* (Sebastopol, CA: O'Reilly, 2019), 64.
105 Scrum@Scale es una marca registrada de Scrum Inc.
106 Sutherland y Scrum, Inc., *The Scrum@Scale® Guide.*

Como lo establece la guía oficial, Scrum@Scale es:

- ▸ Ligero, la mínima burocracia viable.
- ▸ Fácil de entender, se compone solamente de equipos Scrum,
- ▸ Difícil de dominar, requiere implementar un nuevo modelo de operación[107].

Creo que no podría estar más de acuerdo. En lugar de tener una burocracia pesada manejando los equipos, S@S es, en esencia, equipos anidados. A mí me gusta pensar en ello como si fuera el objeto geométrico fractal (aunque no lo es, porque la estructura a veces es asimétrica). Su equipo piloto puede componerse de cinco personas. A medida que va escalando su equipo puede dividirse en varios equipos hasta un total de cinco equipos, lo que compone un equipo de equipos. Cada uno de los equipos debe actuar como un miembro de un equipo núcleo Scrum.

No se puede ser lo suficientemente enfático sobre la complejidad que implica dominar este modelo. En un lado del espectro la complejidad de agregar niveles de coordinación y múltiples equipos todos trabajando en el mismo producto sin facilitar cuidadosamente la comunicación sobre la comunicación, (es decir pasan más tiempo comunicándose que trabajando), o del otro lado del espectro un aumento significativo en la latencia de la decisión (la comunicación se mantiene al mínimo a expensas de la conveniencia), como lo discutimos en la sincronización multiequipos.

Scrum de Scrums (SoS por su sigla en inglés)

Con el fin de mantener las cosas simples empezaremos con Scrum de Scrums que es la forma más fácil de escalar. Esto es un equipo de equipos para todo propósito. Con un equipo piloto usted tenía de tres a nueve miembros produciendo valor para un cliente en forma de un producto. SoS puede visualizarse como un equipo de equipos Scrum que trabaja en conjunto para entregar el mismo valor. Mientras que SoS puede componerse de uno o múltiples equipos de producto en una organización, este es el marco de referencia para que múltiples equipos trabajen en entregar un incremento de producto entre todos.

Más allá de este enfoque, el asunto se vuelve mucho más complejo. La guía hace un buen trabajo al explicar las bases de las estructuras complejas de S@S,

---

107 Ibid, 2.

pero, así como un libro universitario puede guiarlo en la teoría de la física nuclear, es mejor no experimentar por sí mismo sin un experto calificado. Escalar Scrum más allá de SoS requiere experiencia y dado que cada organización tiene sus propios inconvenientes, yo le recomiendo contratar un experto calificado con bastantes años de experiencia y que no se contradiga con la Guía Scrum. En otras palabras, no lo haga solo.

Así como un equipo Scrum tiene tres roles, los tiene S@S; sin importar si usted debe coordinar tres equipos en un producto o veinticinco equipos en tres productos diferentes, los roles no cambian, ellos crecen como verá en un momento.

11.4. SoS de cinco equipos

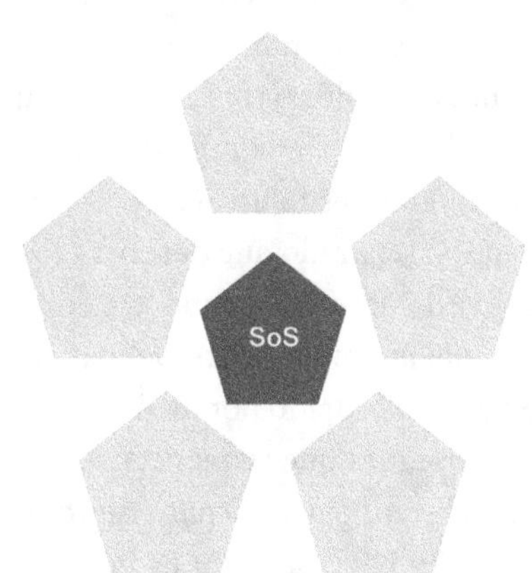

Equipo del Product Owner

El rol del Product Owner no cambia, para cada producto usted seguirá teniendo un solo Product Owner y esto sigue siendo cierto para SoS. El rol es el mismo que el de Scrum: crear el objetivo del producto, detallarla, refinar, priorizar el Backlog y enfocarse en el "qué" del producto, sintetizar las necesidades del cliente con el mercado al igual que la visión de la compañía. Es posible durante un tiempo tener un solo Product Owner para varios equipos Scrum. En S@S el rol del Product Owner escala de arriba hacia abajo, en otras palabras, un PO para SoS puede estar bien por un tiempo, pero eventualmente el trabajo será demasiado para una sola persona. A medida que aumenta la carga laboral, esta persona podría necesitar PO asistentes. Es importante aclarar que el PO no es un jefe, su rol se trata de gerenciar el producto, no a las personas.

Chief Product Owner (CPO)

En algún punto, que puede cambiar dependiendo de distintas variables en su organización (complejidad del producto, número de PBI y refinamiento de la carga laboral), el PO necesitará lo que yo denomino asistentes del Product Owner, ellos son miembros del equipo que ayudan al PO en su rol. La guía sugiere que el PO inicial sea llamado Chief Product Owner (CPO) pero esto es decisión de cada uno. Su rol no cambia, excepto que debe coordinarse con sus asistentes para facilitar el trabajo de sincronizar, priorizar y refinar un Product Backlog maestro a través de los otros niveles de la estructura SoS.

Scrum de Scrums Master (SoSM)

Ningún equipo Scrum está completo sin un Scrum Master. He visto que donde la organización trató de eliminar el rol de Scrum Master de un equipo o distribuyó sus funciones entre dos o tres equipos, el desempeño del equipo decayó y su velocidad disminuyó. De la misma forma que un equipo núcleo necesita un Scrum Master, lo necesita un SoS.

El SoSM no es un equipo separado que observa a los demás equipos como un supervisor, es un solo miembro del equipo. Un SoSM trabaja para resolver cualquier impedimento que no pueda ser resuelto al nivel del equipo, trabaja para ayudar a que SoS vaya más rápido por medio de la revisión retrospectiva y la mejora constante, se asegura que se realicen los eventos escalados y además trabaja de cerca con el equipo del PO para coordinar los lanzamientos.

Si el PO escala de arriba hacia abajo y es necesario tener asistentes, el Scrum Master es escalado de abajo hacia arriba. Cada una de los niveles necesita Scrum Masters para facilitar Scrum y apoyar a los equipos.

Eventos de Scrum de Scrums

PLANEACIÓN DEL SPRINT, SPRINT, REVISIÓN DEL SPRINT Y RETROSPECTIVA

Cuando opera bajo un marco de trabajo escalado el Sprint se convierte en el latido de toda la organización. Cada Sprint es sincronizado con cada equipo que lleva a cabo su rol. El equipo del PO, SoSM y SoS inician y terminan el Sprint juntos bajo una definición unificada de "terminado". Durante la planeación, los Product Owners traen PBIs desde el Product Backlog de la compañía. Las primeras partes de la planeación del Sprint empiezan con el CPO, los Product Owners y representantes de los equipos reunidos en una sala traen ítems del Product Backlog de la empresa. Esto es seguido por sesiones de trabajo donde un equipo y su Product Owner deciden los ítems específicos en los que trabajarán. Finalmente, los Developers decidirán cómo trabajarán detallando los ítems en tareas más pequeñas.

La revisión del Sprint es un evento en el que todos los equipos están presentes. Juntos han logrado crear un incremento del producto, no múltiples incrementos que significaría que los equipos no estaban integrados.

La retrospectiva del Sprint sucede primero a nivel del equipo tal como sucedía con el equipo piloto. Luego los equipos eligen representantes, especialmente aquellos que han experimentado inconvenientes y están en la capacidad de articularlos mejor; estos representantes llevan a cabo la retrospectiva para discutir los procesos y las mejoras para el siguiente Sprint.

SCRUM DIARIO ESCALADO

Existe desacuerdo en cuanto a la función de SoS. Algunos dicen que no es nada formal aparte de que un representante o el Scrum Master de cada equipo se reúne en un Scrum diario escalado con uno de los Scrum Masters cumpliendo la función de Scrum Master de Scrums (SoSM) para el evento. Otros sostienen la idea de que el SoS por sí mismo es un equipo de equipos y personalmente me encuentro en el segundo: considero que el SoS es un equipo Scrum de equipos. Como todos los equipos de alto desempeño ellos deben ser coordinados y se deben comunicar.

El Scrum diario escalado se lleva a cabo de pie, en el mismo lugar y a la misma hora cada día, así como el Scrum diario. Primero los equipos Scrum tienen su Scrum diario de manera individual y luego un representante de cada equipo se reúne con los demás al nivel de SoS. Al igual que en el Scrum diario, en su versión escalada se discuten tres asuntos: lo que su equipo hizo el día anterior, lo que planean hacer ese día y qué impedimentos se han presentado.

No todos los líderes de las industrias están de acuerdo con esto. Algunos lo ven como una pérdida de tiempo y creen que es una estructura rígida que va en contra de los principios ágiles. No estoy de acuerdo. Los Scrums diarios y su versión escalada no solo son de mucha ayuda, sino que creo que previenen el desperdicio. Mi compañía vio un aumento pronunciado en la demanda hace unos años y yo no alcancé a contratar nuevo personal lo suficientemente rápido. Aunque me avergüenza un poco admitirlo, en este caos dejamos de hacer el Scrum diario por un tiempo. Sí, incluso yo practiqué mal Scrum en algún momento y esto parecía tener sentido en la locura del momento. Como no teníamos suficiente tiempo estábamos ahorrando el tiempo del Scrum diario, pero esto empeoró las cosas.

Al final de nuestros Sprints nos dábamos cuenta de que no estábamos logrando los objetivos del Sprint. No estábamos visualizando el trabajo que los demás estaban haciendo, lo que habían hecho o los problemas que se presentaban. Todo era muy caótico y lo estábamos enfrentando con un enfoque donde todos estábamos dando el 100%. Durante las retrospectivas, eventualmente nos dimos cuenta de que nos estábamos enfocando en apagar pequeños fuegos en lugar de lograr los objetivos. Estábamos ocupados, no siendo productivos, habíamos violado uno de los principios de Scrum y esto se reflejaba en la falta de productividad.

De la misma forma que el Scrum diario ayuda a que todos estén en la misma página todos los días, el Scrum diario escalado cumple la misma función. El otro argumento es que mientras usted escala, la acción puede tomar mucho tiempo. ¿Será esto verdad? Incluso en una organización muy grande con productos complejos que requieren Scrum de Scrum de Scrum de Scrums (SoSoSoS), cuatro niveles o tres capas de profundidad (lo que creo que debe ser suficiente para todos los productos) estará compuesto de 625 miembros en total. Los eventos de Scrum diario son cuatro en total, uno por cada nivel empezando con el equipo; si cada uno de ellos toma quince minutos eso solo nos da una hora de comunicación en un día laboral de ocho horas y no requiere la presencia de todos los 625 miembros de los equipos. Déjenme ponerlo de otra manera: muchos gerentes del modelo tradicional pasan horas en reuniones todos los días discutiendo los mismos problemas una y otra vez con muy poco progreso. Con S@S la conversación se realiza máximo una hora al día y los problemas se resuelven casi de forma inmediata. Entonces, ¿qué prefiere?

Nivel ejecutivo/meta

Incluso en una compañía completamente ágil usted necesita un equipo que cumpla las funciones tradicionales de la empresa lo cual incluye: recursos humanos, finanzas, planeación a largo plazo y todas las demás funciones ejecutivas. Pero la agilidad de Scrum no se detiene en aquellas puertas de vidrio que separan a los burócratas de los equipos Scrum que trabajan en los productos, en realidad están más relacionados.

Dentro de la alta gerencia encontramos dos iteraciones que están alineadas con el Product Owner (Steve Jobs) y el Scrum Master (representado en la figura de un perro pastor), dos equipos que apoyan y dominan en marco de trabajo.

EQUIPO DE ACCIÓN EJECUTIVA (EAT POR SU SIGLA EN INGLÉS)

El equipo de acción ejecutiva está compuesto por ejecutivos de diferentes divisiones o disciplinas. Ellos se reúnen de manera regular y son responsables de mantener la burbuja protectora de Scrum para la parte que maneja Scrum en la organización, en aquellas situaciones donde la compañía no es ágil en su totalidad. Ellos apoyan a los Scrum Masters y son la última parada para eliminar impedimentos que no pudieron ser resueltos en los niveles de equipo y SoS. Algo muy importante es que ellos mantienen su propio Backlog y esto es lo que la guía llama un Backlog transformativo organizacional (una lista priorizada de las iniciativas ágiles que deben ser logradas) y deben ver que esto se cumpla"[108].

METASCRUM EJECUTIVO (EMS)

El grupo de ejecutivos que se apropia de la visión de la compañía y se asegura de que todos los equipos estén alineados con esta visión es denominado MetaScrum Ejecutivo o EMS (por su sigla en inglés). Ellos también se reúnen en un horario constante, al menos una vez por Sprint y el Chief Product Owner (o uno de cada producto para organizaciones grandes) debe estar presente. Ellos evalúan el Product Backlog y determinan si algunos cambios son necesarios en la estrategia, administración de recursos o implementación.

Esto resume la esencia de The Scrum@Scale Guide. Como todas las demás cosas que implica Scrum y Ágil la guía es orgánica y sujeta a refinamiento a medida que nuevos enfoques y entendimientos se desarrollen acerca del tema. Si usted quiere escalar Scrum en serio en su organización, le sugiero que aprenda los conceptos básicos de escalado a medida que vaya navegando las complejidades intrínsecas en las necesidades de su propia compañía. Y aquí le presento algunas de mis reglas para este proceso.

UN CUENTO DE DOS CICLOS

Tanto el ciclo del Scrum Master como el del Product Owner son discutidos en la guía de Scrum@Scale, sin embargo, yo quise separar estos temas de nuestro resumen porque para mí son el núcleo que hace que Scrum@Scale sea superior a otros métodos de escalar los marcos de trabajo ágiles.

---

108 Ibid, 8.

Ciclo del Product owner

El Product Owner dirige la embarcación imaginaria. Mientras los niveles meta ejecutivos se encargan del Objetivo del Producto, los ciclos de vida de los productos, mercadeo, etc. El Product Owner junta las distintas entradas orientándose hacía los puntos que tiene al frente haciendo las conexiones precisas y proponiendo una visión para el equipo.

El ciclo del Product Owner es el proceso que dirige el trabajo del equipo hacia adelante, en nuestro equipo piloto el Product Owner se encarga del 'qué': en qué trabajar, en qué orden hacerlo y qué es lo que el cliente quiere y necesita. A medida que vamos escalando Scrum ese rol y su ciclo escalan también; los pasos del ciclo son sencillos: visión, priorización, refinamiento y planeación del lanzamiento.

El Chief Product Owner aún trabaja en diseñar un Objetivo del Producto estratégico que pueda ser comunicado de manera sucinta junto con el 'por qué', es decir, el por qué existe la organización para alcanzar el objetivo mientras vigila el mercado. A medida que el rol escala, la persona debe comunicar esta visión y prioridades y asegurar la alineación a través de los niveles de equipos, cada uno con su contribución única al valor del incremento.

El Product Backlog es el mismo, no importa si estamos hablando del prototipo de un automóvil sencillo o una empresa muy grande de software, el CPO empieza con el mapa, habla con el cliente y obtiene las entradas necesarias para determinar el orden y las prioridades.

En el nivel empresarial estas prioridades pueden ser más grandes que antes. Los ítems serán probablemente más grandes dependiendo del número de niveles de equipo, y en cada nivel, este ítem se refina en partes más pequeñas hasta que llegan a obtener PBI a nivel de equipo que cumplen con la definición de "listo" para el siguiente Sprint.

El siguiente paso en el ciclo es la planeación del lanzamiento. El objetivo de esta planeación es que el Product Owner pueda anticipar los lanzamientos del producto. Dónde se puede usar un gráfico de evolución (Burndown Chart en inglés) para proyectar una tendencia de cuándo una tarea será completada, la planeación del lanzamiento sucede entre uno y seis meses.

Ciclo del Scrum Master

Si el Product Owner dirige la embarcación, el Scrum Master mantiene el cuarto de máquinas operacional, eliminando los impedimentos que pueden ser comparados con témpanos de hielo que bloquean la nave. El Scrum Master o el Scrum Master de Scrums están presentes en cada equipo cumpliendo el mismo rol que cumplen para los equipos individuales y que SoSM cumple para un equipo de equipos. Esto es, facilitar la comunicación, adherencia a los tiempos de Scrum y eliminar los impedimentos.

Los Scrum Masters están cuidando de los equipos. Los SM de equipos individuales trabajan juntos como una unidad para completar el ciclo del Scrum Master. El ciclo se compone de tres funciones principales: mejora continua, coordinación entre equipos y lanzamientos.

La mejora continua no se trata solo de asegurar que los equipos sean mejores en el uso de Scrum sino que también incluye eliminar todos los impedimentos; cualquier problema, frustración o reto es un indicador de las áreas donde el equipo no es ágil todavía y puede ser visto como un síntoma que debe ser curado. Estas son oportunidades para que los equipos mejoren y todas empiezan a nivel de equipo, si el Scrum Master no puede remediarlos por sí mismo, él o un representante lo llevarán al siguiente nivel en el Scrum diario escalado. Si no puede ser resuelto debe pasar al siguiente nivel y así sucesivamente hasta llegar al equipo de acción ejecutiva si es necesario.

Resolver las dificultades entre equipos normalmente involucra coordinar procesos similares entre varios equipos relacionados, en otras palabras, se debe lograr que los equipos hablen entre ellos. Un equipo puede tener un proceso similar a otro, por ejemplo, administración de bases de datos y esto puede llevar a que se creen islas de información. El equipo del Scrum Master ayuda a facilitar las conversaciones. Como se mencionó previamente, debe existir un balance entre la comunicación formal y las líneas de comunicación informales.

El paso final es el lanzamiento. El SoS (o el SoSoSo ...) lanza un producto como un equipo, un solo equipo y un solo incremento del producto. Dado que el 'qué' del incremento es definido por el equipo del Product Owner el propósito del lanzamiento es asegurar que el 'cómo' del producto funcione correctamente e integre el trabajo de varios equipos para que sus ítems funcionen juntos.

COORDINACIÓN MULTIEQUIPOS

Los Scrum Masters son responsables de la coordinación entre equipos, manteniendo la sincronización entre sí. Ellos logran esto facilitando la coordinación y creando procesos o mecanismos que hagan que esta sincronización sea posible. Como lo vimos con la sincronización entre equipos, al escalar Scrum, algunas compañías han ensayado diferentes maneras para optimizar las tres áreas de CTS.

Una solución consiste en permitir que la comunicación entre equipos ocurra solamente a través de los Scrum Masters. La solicitud debe ir dos niveles hacia arriba y dos hacia abajo y luego debe volver al punto de inicio original. ¿Alguna vez jugó al teléfono roto? Usted inicia con una frase y cuando llega al otro lado de la línea la frase ya no tiene ningún sentido. Lo mismo puede suceder en este caso. Incluso aunque trate de mantener la comunicación lo más precisa posible, está aumentando la latencia de la decisión. Supongamos que Juan está esperando una respuesta de Federico y existen cuatro niveles así que puede pasar un día entero hasta que él obtenga su respuesta y cuando usted está moviéndose a la velocidad de Scrum, tal clase de retraso es mortal.

La solución es un poco de ambos como lo vimos en la estructura en red. La comunicación formal facilitada a través de los Scrum Masters puede minimizar las interrupciones que causan pérdida de foco. Muchas organizaciones facilitan varios tipos de conversaciones formales por medio de la creación de clubes o focos de intereses en común. Esto puede ser algo como que todos los ingenieros de bases de datos de Oracle se reúnan a conversar acerca de tácticas o tecnologías emergentes. Ya que la organización cuenta con equipos multifuncionales usted está reuniendo a personas de varios equipos. Esta forma de comunicación puede ayudar a facilitar conversaciones informales sin aumentar la latencia de jerarquía o el caos de tener múltiples canales.

Además de los canales de comunicación formales sugiero que ayude a fomentar la comunicación informal cuando sea posible. Quizás instalar algunos enfriadores de agua (la hidratación es importante) o máquinas dispensadoras de café o de té, las cuales son formas tradicionales para crear puntos centrales donde las personas se encuentren. Una de las compañías donde trabajé tenía una sola fotocopiadora por cada piso y frecuentemente había una fila de personas esperando para sacar una fotocopia; mientras algunos gerentes modernos pueden ver esto como un desperdicio de tiempo, en realidad era útil ya que es estando de pie las conversaciones estallaban. Y aunque algunas veces eran sobre temas tan triviales como el clima o los deportes (que son buenos para la construcción del equipo) otras veces incentivaban conversaciones relacionadas con el trabajo entre departamentos que producían ideas y soluciones que no habrían ocurrido de otra manera.

A medida que usted va escalando, la latencia de las decisiones y los canales de comunicación aumentan. No hay alternativa. La clave es experimentar con los dos modelos de comunicación, formal e informal, hasta que encuentre una intersección de latencia tolerable sin excesos de comunicación. Ese punto perfecto en la gráfica es lo que estamos buscando.

Cómo hacer el ciclo

Ya mencioné cómo se escalan los dos ciclos: el ciclo del Product Owner de arriba hacia abajo y el del Scrum Master de abajo hacia arriba. Esto es mucho más que solo una forma de organizar el proceso. Si el Sprint es el latido cardiaco de S@S, estos ciclos son el sistema circulatorio, la sangre del proceso.

Piense por un momento en el termostato de su casa o su oficina: si usted lo tiene preestablecido en 22°C y baja la temperatura ambiente, el sistema detecta el cambio, envía una señal al sistema de calefacción y la habitación se calienta. Eventualmente la temperatura llega a los 22° preestablecidos y el sistema envía una señal para que el sistema de calefacción se apague. ¿Qué pasaría si nunca se hubiera prendido? Usted sentiría mucho frío. Y si por el contrario no se hubiera apagado usted se acaloraría demasiado y tendría que abrir las ventanas y en algún momento deberá llamar al técnico para que arregle el sistema.

Aunque esto tiene mucho sentido en la industria de aire acondicionado, en el mundo empresarial no lo tiene. Los ciclos del Product Owner y el Scrum Master son las dos partes de nuestro sistema, acción y retroalimentación de esta acción. El ciclo del Product Owner se enfoca en el producto y el trabajo mientras que el ciclo del Scrum Master se enfoca en el proceso y las personas. Si el MetaScrum toma una decisión ejecutiva que va de arriba hacia abajo, el equipo de acción ejecutiva recolecta la retroalimentación de los equipos en el nivel base acerca de cómo esta decisión los afectó. Los dos ciclos permiten que los líderes y aquellos que los siguen estén de acuerdo para minimizar brechas en la información y el entendimiento.

La intersección de los ciclos

Piense en la manera como cubrimos el ciclo Scrum básico, un objetivo inspiraba los ítems y prioridades del Product Backlog, lo que se traducía en el Backlog del Sprint por medio de la planeación del Sprint. Luego el equipo inicia sus ciclos de Scrum diario hasta que el Sprint cumple su tiempo. Se lleva a cabo la revisión del Sprint con las partes interesadas y se completa el ciclo con la retrospectiva, produciendo cambios para el siguiente Sprint. En este ciclo el Product Owner y el Scrum Master trabajaron de forma única, pero al mismo tiempo, complementaria.

Los dos ciclos se complementan entre sí de la misma manera, los dos trabajan en el producto y el proceso moviéndose de forma sincronizada. En el Sprint, los dos ciclos se interceptan en dos puntos: retroalimentación del lanzamiento y revisión del proceso.

El lanzamiento del producto y la retroalimentación son esencialmente la revisión del Sprint en un nivel mucho más alto. Todos los equipos han completado sus PBI de forma individual coordinados a través del 'qué' del POT e hicieron un lanzamiento para retroalimentación, que es usada para refinar el Backlog con cualquier nuevo requerimiento o cambio. Mientras tanto en el ciclo del Scrum Master buscamos formas de mejorar los métodos de despliegue para facilitar los lanzamientos futuros.

El próximo paso es la revisión del proceso, el ciclo dentro del ciclo OODA que provee información a todos los niveles para determinar si existieron algunos problemas en el proceso, las dinámicas de equipo o en la comunicación. Esto es muy parecido a la retrospectiva del Sprint en el nivel de equipos base. Los dos ciclos se enfocan en sus respectivos roles haciendo mejoras al trabajo en sí y a su adherencia a los elementos fundamentales de Scrum (tres artefactos, cinco eventos y tres roles). Cualquier problema de comunicación, impedimentos no resueltos y otras dificultades son discutidos en esta coyuntura.

Transparencia y métricas

¿Recuerda cuando usted miraba el libro perplejo cuando hablábamos de la importancia de la transparencia? Esta es otra de las razones por las cuales usted no debe escalar hasta que definitivamente tenga que hacerlo. Cuando usted adopta los valores y cambia su comportamiento a nivel del equipo piloto de Scrum durante la implementación, la transparencia real tomará tiempo para desarrollarse. Se necesita un alto nivel de honestidad y seguridad sicológica para mostrar su trabajo, exponer problemas y criticar de forma constructiva sin tener doble intención.

Acabamos de discutir las métricas en uno de los capítulos anteriores, así que solo voy a reiterar que ninguna métrica debe convertirse en una meta. Dicho esto, las métricas que usted escoja para medir el desempeño en su organización deben ser únicas para la empresa y el producto. Jeff Sutherland sugiere tener estas métricas:

- ▸ Productividad – Ej.: cambios en la cantidad de producto funcionando entregado por Sprint.
- ▸ Entrega de valor – Ej.: valor del negocio por unidad de esfuerzo del equipo.
- ▸ Calidad – Ej.: cantidad de defectos o tiempo de inactividad del servicio.
- ▸ Sostenibilidad – Ej.: Felicidad del equipo[109].

---

109 Ibid, 16.

Caso de estudio Scrum@Scale: Drummond

Scrum ha sido usado hasta el cansancio en empresas de software donde los cambios de los proyectos tienen bajos costos y la incertidumbre es alta (estas condiciones son ideales para la retroalimentación rápida e iteraciones de Scrum), pero como hemos visto es igual de efectivo para aplicaciones en hardware.

Drummond Company es una de las empresas de extracción de carbón y gas más grandes en todo el continente americano. Sus operaciones en Colombia requieren grandes cantidades de recursos y planeación antes de inclusive iniciar la perforación de lo que podría ser un pozo que al final no produce nada. Si el software está hecho para la metodología ágil, la perforación parece estar hecha para las metodologías tradicionales. Todos los elementos necesarios para perforar un pozo exitosamente, requieren de una gran cantidad de planeación. Análisis geológicos y encuestas, permisos del gobierno, el movimiento de cientos de equipos, coordinación entre los equipos de perforación y extracción. En Colombia se redujo el conflicto interno tras la negociación con un grupo guerrillero, pero todavía existen grupos al margen de la ley por lo que resulta necesaria la protección y equipos de seguridad armados en algunas áreas remotas del país.

Fue allí donde nuestros caminos se cruzaron. Antes de convertirme a Scrum durante aquel mencionado proyecto de telecomunicaciones ecuatoriano, mi equipo realizaba consultorías para varias empresas incluyendo a Drummond. Yo había trabajado hace algunos años con ellos para crear su oficina de gerencia de proyectos o PMO, e incluso en ese tiempo las preocupaciones acerca de la colaboración y la comunicación entre sus equipos parecían ser un reto. Permanecí en contacto con ellos a pesar de haberme convertido a Scrum, pero nunca se me ocurrió que a ellos les pudiera servir Scrum. Como muchas otras personas de la comunidad Ágil era muy fácil para mí ver su uso en la industria del software y en otros ambientes complejos con altos niveles de incertidumbre y costo del cambio relativamente bajo; pero cuando pensaba en la industria de la minería parecía que la gerencia de proyectos tradicional era lo mejor.

Pero un día recibí una llamada de Alberto García quien era mi contacto en Drummond cuando aún era vicepresidente. Luego de una corta conversación él empezó a hacerme preguntas. "¿Es cierto que ahora te dedicas a entrenar personas en Scrum?

Contesté: "Sí, ya llevo algunos años haciendo entrenamientos".

Alberto dijo: "Estuve leyendo el libro de Jeff Sutherland, y debido a que seguimos teniendo dificultades con la PMO y son las mismas que tú nos mencionaste cuando estabas aquí, ¿crees que Scrum puede ayudarnos a resolverlas?

Yo en ese momento no sabía, pero la idea me intrigaba, así que le contesté: "Yo creo que sí, pero ¿dónde iniciamos?"

En ese momento ya había visto como Scrum había ayudado a otras empresas que no estaban relacionadas con tecnología y la perforación parecía algo tan viejo y arraigado que tal vez Scrum también podría funcionar. Como a mí me encanta el desafío de solucionar rompecabezas difíciles, accedí a ver qué podíamos hacer.

Alberto y yo nos reunimos varias veces, analizamos las operaciones e identificamos los dos problemas en sus divisiones de gas y minería: comunicación y colaboración. Él tenía razón: el responsable de PMO y yo ya habíamos visto aquellas dificultades y todavía persistían. La oficina principal en Bogotá tenía problemas para comunicarse y colaborar con otra oficina remota y sus equipos en los pozos, aquellos que hacen el trabajo pesado de localizar y taladrar los pozos. Cada oficina tenía pequeños problemas internos de comunicación que solo eran visibles cuando trataban de coordinar con las demás oficinas. La información crítica no estaba llegando a tiempo a los equipos en los campos, dando como resultado retrasos muy costosos. El truco estaba en resolver estos dos problemas para ayudarles a generar valor más rápido. La perforación en sí toma el mismo tiempo sin importar lo que usted haga, los taladros no pueden pasar por el suelo y las piedras más rápido, así que debíamos concentrarnos en los pasos necesarios para que la broca empezara a girar.

Creamos un equipo piloto Scrum con Alberto como el Product Owner y administrador general ya que tenía el conocimiento amplio de la industria y el producto y Arnovi como Scrum Master. Debido a que Alberto era la cabeza de la división de extracción de gas, la implementación de arriba hacia abajo era el camino a seguir, aunque no la ideal por las razones mencionadas en el capítulo tres: resistencia y rechazo.

En esencia terminamos creando un equipo de acción ejecutiva. Aunque sea al nivel ejecutivo, un equipo Scrum sigue siendo un equipo solo que con más funciones ejecutivas de supervisión y delegación. Por esto aún requiere un Product Owner, un Scrum Master y un equipo de Developers para determinar cómo se llevará a cabo el trabajo y crear valor. Ese fue el primer equipo Scrum de Drummond y las cosas empezaron a cambiar gracias a que el equipo era multifuncional, con administradores de cada una de las partes de la operación, y ahora se comunicaban en un ciclo constante.

Cada área o divisón se volvió un equipo Scrum separado. Cada división se componía de casi cincuenta personas, así que el desarrollo de una estructura compleja de S@S parecía innecesario. Cada uno de los equipos trabajaba en una parte del producto: asuntos corporativos, operaciones, exploración, ingeniería de las superficies de campo y un equipo de planeación que se encargaba de los permisos y la alineación con las regulaciones gubernamentales.

El EAT decidió que trabajarían en Sprints de dos semanas debido al ritmo de las perforaciones. Cuando los equipos empezaron a comunicarse y los ciclos del Product Owner y el Scrum Master iniciaron, surgieron los problemas rápidamente (los impedimentos para ser ágil). El equipo responsable de la cadena de suministro trataba de minimizar el inventario ordenando solo lo necesario para cada sección de operación y tratando de lograr una estrategia Justo a Tiempo (JIT por su sigla en inglés). Ellos nos sabían que sus intentos para mantener los costos del inventario bajos estaban en realidad elevando los costos debido a que los equipos debían esperar por sus suministros. Ahora que no estaban separados por muros departamentales entendieron el problema y lograron balancear los costos del inventario de manera que los equipos tuvieran suficientes suministros.

Los equipos de exploración y operaciones empezaron a comunicarse por medio de canales formales e informales para hacerlo más rápido y afinar la transición entre el sondeo y las pruebas para lograr obtener resultados en el primer pozo de prueba.

La distribución de los equipos era un impedimento muy serio con un equipo en la oficina principal y otros en diferentes ubicaciones en los pozos, pero todos los días lo primero que ocurría era el Scrum diario y su versión escalada; el primero en persona y el segundo por medio de un sistema de videoconferencia. Las conversaciones eran algo como lo que sigue:

"¿En qué trabajará su equipo hoy?"

"Íbamos a empezar a cubrir el pozo tres, pero aún no hemos recibido los materiales, así que empezaremos a preparar el cuatro", podía decir el representante de operaciones.

Luego el representante del equipo de planeación podía revisar el problema, acelerar su solución y hacer los ajustes necesarios para asegurar que este tipo de retraso fuera evitado en el futuro.

Cuando ellos empezaron tenían un objetivo Scrum simple: terminar de perforar un pozo por cada Sprint, con la ayuda de Scrum lograron llegar a perforar dos pozos por cada Sprint. Antes de que empezaran a usar S@S lo más rápido que un pozo empezaba a producir era en promedio diecinueve días, y ahora estaban tardando solo seis días por pozo y sus costos se volvieron más predecibles, rebasando el presupuesto en solo el 2 por ciento en promedio.

Cuando le pregunté a Alberto cómo Scrum le había ayudado a él y a su equipo, él me contestó: "Scrum ha sido exitoso para nuestra compañía y será implementado en otros equipos operativos específicos de las áreas de petróleo y gas como perforación, estimulación, terminación, y además construcción de instalaciones de producción". Yo diría que ellos lograron escalar de manera exitosa.

Hacia dónde quiere ir ahora depende solamente de usted. Si estaba ansioso por escalar sus operaciones de Scrum, muy posiblemente lo habré puesto a pensar un poco. Tal como Scrum requiere compromiso total en vez de ser enfocado como una caja de herramientas o tácticas, S@S requiere un fuerte deseo de culminación y de sobrepasar los impedimentos que implican escalar y que pueden ser exclusivos de su empresa. Puede tomar tiempo, dedicación, mano firme y voluntad para adoptar la cultura.

No quiero desalentarlo de escalar, así como no quiero desalentar a mi hijo en su deseo de aprender a montar en bicicleta. Cuando esté listo, ¡hágalo! Solo revise el tráfico y use un casco.

SU LIBRO DE JUGADAS SCRUM

Cuando esté evaluando si debe escalar o no, existen algunos elementos para tener en cuenta. Escalar existe para ayudar a manejar el conocimiento, la coordinación y la comunicación entre equipos, así que no hay que hacerlo hasta que no sea absolutamente necesario.

EXISTEN TRES REGLAS PARA ESCALAR SCRUM:

- Regla número uno: No escale
  - Usted puede tener múltiples equipos produciendo productos independientes, no tiene la necesidad de escalar.
  - Es importante dejar que el equipo piloto encuentre su ritmo primero.
  - Tenga dos o tres equipos funcionales antes de tomar la decisión.
- Regla número dos: Elimine las interdependencias entre equipos
  - Si usted logra eliminar las interdependencias por medio de un enfoque modular, no necesita escalar.
- Regla número tres: Escale solo si es absolutamente necesario
  - Escalar debe ser hecho orgánicamente.
    - En un enfoque de implementación de abajo hacia arriba los equipos crecen hasta un punto donde deben ser divididos en equipos adicionales.
    - En un enfoque de implementación de arriba hacia abajo un equipo Scrum ejecutivo debe ser construido y escalado hacia abajo.

CUANDO ESCALE, LA COMUNICACIÓN DEBE SER UNA PRIORIDAD EN CUATRO ÁREAS ESPECÍFICAS.

- Saturación de la comunicación: Todos obtienen la información necesaria sin brechas.
- Canales de comunicación: Deben ser simplificados y fáciles de manejar.
- La latencia de la decisión debe ser mantenida al mínimo nivel.
- Reduzca los grados de separación entre las personas.

MARCOS DE REFERENCIA PARA ESCALAR

- La estructura jerárquica tradicional hace un buen trabajo aclarando los canales de comunicación, al igual que con la latencia de la decisión, pero presenta dificultad con los grados de separación y la saturación de la comunicación.
- Una estructura plana donde no hay jerarquías puede funcionar para grupos pequeños, pero empieza a desmoronarse una vez los grupos crecen.
- Para resolver los problemas de la comunicación de las dos estructuras se utiliza una estructura en red de equipos y equipos de equipos.

Un equipo de equipos tiene representantes (ejes) conectados a los otros equipos, lo que nos lleva a S@S.

SCRUM@SCALE (SCRUM A ESCALA) ES:

- Ligero, la burocracia es mínima.
- Sencillo de entender, se compone de equipos Scrum.
- Difícil de dominar, requiere la implementación de un modelo operacional nuevo.
- Scrum de Scrums (SoS) es la forma más sencilla de escalar y es un marco de referencia para que múltiples equipos trabajen en un incremento de producto juntos.

Elementos de S@S

- Equipo del Product Owner (POT por su sigla en inglés).
- Escala de arriba hacia abajo.
- Los roles son los mismo que en Scrum básico.
- Compuesto de Chief Product Owner y Product Owners asistentes.
- Scrum Master de Scrums (SoSM).
- Un miembro del equipo.
- Asegura que Scrum sea rápido.
- Elimina impedimentos que no pueden ser resueltos a nivel del equipo.
- Se escala de abajo hacia arriba.
- Eventos de Scrum de Scrums.
- Los Sprints son sincronizados.
- Las revisiones del Sprint se realizan con todos los equipos presentes.
- La retrospectiva del Sprint se lleva a cabo primero a nivel de equipo y luego representantes de cada uno acuden a una retrospectiva grande para el siguiente Sprint.

- Scrum diario escalado.
- Los equipos adelantan Scrum diarios individualmente.
- Representantes de los equipos se encuentran en el nivel SoS para un Scrum diario escalado.
- Equipo de Acción Ejecutiva (EAT por su sigla en ingles).
  - Compuesto de ejecutivos de varias divisiones o disciplinas.
  - Responsable de mantener la burbuja protectora alrededor de los equipos Scrum.
  - Apoya al Scrum Master.
  - Mantiene el Backlog de transformación organizacional (una lista priorizada de iniciativas ágiles que se deben lograr).
- Meta Scrum Ejecutivo
  - El ejecutivo que conoce la visión de la organización y su alineación.
  - Se debe reunir por lo menos una vez cada Sprint con la asistencia del CPO.

Termostato de S@S
- Ciclo del Product Owner
  - Aún se encarga del objetivo, priorización, refinamiento y planeación del lanzamiento.
  - Debe también comunicarse y asegurar la alineación a través de los niveles del equipo.
  - La planeación del lanzamiento puede extenderse por más tiempo, de uno a seis meses.
- Ciclo del Scrum Master
  - Aún facilita la comunicación y asegura la adherencia a los tiempos de Scrum. También elimina impedimentos.
  - Se enfoca en cuidar a los equipos.
  - Tres funciones principales son: mejora continua, coordinación entre equipos y lanzamiento.

Lanzamiento del producto y retroalimentación
- Es básicamente la revisión del Sprint a un nivel más alto.
- Busca refinar el Backlog, los métodos de lanzamiento y mejorar los lanzamientos futuros.

Revisión de procesos
- Determinar si existieron problemas con los procesos, la dinámica de los equipos o la comunicación.

Métricas recomendadas para SoS
- ▸ Productividad.
- ▸ Valor entregado.
- ▸ Calidad.
- ▸ Sostenibilidad

Jugando su mano

- ○ Considere cuidadosamente si en realidad necesita escalar.
- ○ Asegúrese de que sus equipos Scrum sean expertos en Scrum.
- ○ Vea si puede dividir su proyecto en módulos independientes (S@S no es necesario).
- ○ Contrate un experto en Scrum para que le ayude a proceder.

CAPÍTULO DOCE

Proceso de recolección: Últimas palabras

No existe en el mundo un almuerzo gratis.
—atribuido a Robert A. Heinlein

En este momento ya debe conocer acerca del juego de Scrum. A diferencia de las estrategias inflexibles de la gerencia de proyectos tradicional y su enfoque en cascada (el análisis de varios escenarios y pretender que usted tiene información que no es posible saber), usted ha aprendido a hacer apuestas calculadas con las cartas que le han sido entregadas, a enfrentar cada mano en su momento y ha mejorado con cada Sprint. Después de todo usted ahora está jugando póker, no ajedrez.

Scrum es mucho más que leer este u otros libros, entender la esencia y ponerlo en práctica para ver qué funciona y qué no, hacer cambios que se ajusten a sus necesidades. Es un estudio de personas y procesos basado en aplicar la esencia de aquello que ha funcionado. Equipos de los mejores pensadores han refinado el marco de trabajo con base en retroalimentación del mundo real y compañías a nivel mundial han reconocido el valor de Scrum.

La transición a Scrum es como la nueva era industrial, en lugar de la gerencia de mano dura con la mano de obra en los principios de la Revolución Industrial, estamos creando equipos de personas que no necesitan una motivación basada en recompensa y castigo porque la visión, objetivos y naturaleza del trabajo son lo suficientemente atractivos. Estamos viviendo una época realmente interesante, pero se requiere una mentalidad disciplinada de parte suya, el lector en el estado *shu* para entender y dominar las bases de Scrum, para poder pasar al estado de maestría *ri*. Hagamos un pequeño resumen de dónde iniciamos y después soñemos a dónde nos puede llevar Scrum.

EL CAMINO HASTA AHORA

Cuando yo era un niño con mi pequeño muñeco de Batman y empecé a ver el mundo capitalista del mercadeo y sus posibilidades, me sentí como si estuviera viendo todo por primera vez. Fue un poco abrumador, extraño e inspirador.

Posiblemente usted se sintió de esta manera acerca de Scrum. Es posible que este libro llegue a sus manos porque su jefe lo compró y le ordenó que lo leyera. Usted decidió hacerlo solo por miedo a ser despedido o por su sentido de obediencia, pero también está la posibilidad de que usted viera cómo este libro puede mejorar su trabajo. ¿Qué pasaría si los problemas con los que ha tratado por años se pudieran resolver? ¡Qué gran concepto!

O tal vez usted está leyendo porque ha visto lo que está escrito, su empresa está siendo dejada de lado como el carruaje de la época moderna. Debe aprender la nueva forma de hacer las cosas o está en riesgo de que su competencia lo haga comer polvo.

Sin importar la razón, ya ha llegado a este punto. Probablemente usted es una persona de armas tomar y ya ha formado su equipo Scrum o de pronto aún no tiene claro cómo empezar, pero quiere hacerlo. El deseo de empezar y aprender es el mejor lugar para perseguir cualquier esfuerzo.

Repasando la historia

Por medio de la lectura de este libro usted ha aprendido de dónde inició Scrum. Primero, con los dos investigadores que hablaron del nuevo juego de desarrollo de productos y lo compararon con las jugadas scrum de Rugby, luego en los años 90 los creadores Jeff Sutherland y Ken Schwaber iniciaron el primer proyecto Scrum que formularon y refinaron juntos en un marco de trabajo. Su trabajo facilitó en parte la creación del Manifiesto Ágil.

Uno de los padres de Scrum en sentido figurado es el modelo Lean de Toyota y su filosofía de minimizar todas las formas de desperdicio e ineficiencia (los tres enemigos M de Scrum: Muda, Mura y Muri que no debe ser confundido con la corporación 3M) y un compromiso con beneficios a largo plazo sobre ganancias a corto plazo.

Mientras Scrum toma prestados los mejores elementos del sistema Toyota, es equilibrado o ecléctico al tomar elementos del ciclo OODA de John Boyd. Específicamente revisamos cuántos gerentes, e incluso líderes, se saltan la segunda O (Orientar). Más allá de observar y decidir, se debe tomar un paso atrás para conectar los puntos de diferentes fuentes y asegurarse de que usted no esté asumiendo que sus opiniones subjetivas son hechos crudos y duros, porque no lo son.

Pero al final Scrum existe, entre otras razones, para producir valor más rápido y ha sido demostrado que logra esto y mucho más. Desde mi proyecto en Ecuador hasta los pasillos de Salesforce, pasando por el avión de combate de Saab y muchas otras compañías de todos los tamaños, el marco de trabajo Scrum ha mostrado que es mucho más que teoría, es una solución práctica que está revolucionando industrias.

Comprometiéndose con Scrum

Scrum requiere un compromiso total, el camino será duro. Con todos los cambios la resistencia no es necesariamente muy grande al inicio, a veces es más complicado cuando está en la mitad del cambio. Esto es conocido como el valle, aquel momento en el que el pensamiento de renunciar es el más tentador. Como dijo el emprendedor Seth Godin: "Nunca renuncie a algo que tenga gran potencial a largo plazo solo porque no logra manejar el estrés del momento"[110].

Si usted ya está haciendo un producto cuyos errores o lanzamiento están respaldados, puede lanzarse a usar Scrum, trabaje para crear un Backlog, reúna un equipo y empiece a dirigir su embarcación. Si por otro lado está a punto de iniciar con un producto nuevo, se encuentra en una posición privilegiada. Recuerde que Scrum es ideal para ambientes complejos donde el costo del cambio es bajo y la incertidumbre es alta. David Snowden y su marco de referencia Cynefin explicaron los procesos para definir el camino que viene por medio de intentos y retroalimentación.

Una vez tome la decisión de seguir adelante con Scrum, siga su curso, esto le ayudará a encontrar el camino hacia la agilidad, pero no significa que deba rendirse ante las demandas de una burocracia rígida.

Renuncie a su compromiso y su valor caerá de repente, la velocidad disminuye y el compromiso de su equipo se marchita. En ese momento usted habrá partido hacia las peligrosas aguas de Scrum mal desarrollado o FrankenScrum, un híbrido de intentos de tomar las mejores partes de Scrum y emparejarlos con las peores partes de los modelos tradicionales. Puede parecer muy lindo en el papel, pero es solo maquillaje.

En una compañía existente con una cultura y un marco de referencia establecidos su primer miembro no oficial es su patrocinador Scrum. Encuentre uno fuerte como Alberto García en Drummond no uno débil como el jefe de TI en BigOG. Probablemente usted sea el patrocinador, si es así continúe leyendo.

---

110 Seth Godin, *The Dip: A Little Book That Teaches You When to Quit* (New York: Penguin, 2007), 64.

Cambie su cultura

No solo en el reino de desarrolladores excéntricos de Silicon Valley Scrum ha logrado surgir, lo ha hecho también en las industrias de la minería y manufactura y ha empezado a sembrar pinos incluso en el complejo mundo de la industria militar.

Con los pilares de Scrum: Transparencia, inspección y adaptación (si mira atrás podrá ver estos tres pilares en todo lo que ha aprendido) puede seguir adelante. Primero descubriendo la gran visión de su organización, si aún no la tenía y luego los valores que deben ser probados por medio de sus comportamientos diarios. ¿Están estos alineados con los valores Scrum de compromiso, coraje, enfoque, apertura y respeto al igual que con dosis saludables de seguridad sicológica, confianza, integridad y honestidad? Puede que haya encontrado que toda su organización estaba en una buena posición, o del otro lado del espectro, que estaba cayendo en las zanjas en las que cayó Enron.

Pero no es necesario cambiar la empresa entera. Empiece con un equipo piloto en una burbuja separada de las políticas poco fiables de oficina que requieren reportes frívolos de diez hojas. Empiece a vivir los valores como lo hizo Salesforce por medio de un modelo constante y cambio de lenguaje. Aborde y recompense el comportamiento ideal y mantenga la calma cuando se vea tentado a volver a una posición autoritaria para lograr los objetivos. Cualquiera que sea la cultura de trabajo que manejaba antes, usted está creando un equipo separado de ella y el equipo debe saber que va muy en serio. Las ideas, incluso aquellas que parezcan salidas de la nada, deben ser discutidas seriamente, las críticas serán constructivas y se fomentará la comunicación. Usted está en camino y esto es lo más importante, lo mejor es el progreso lento, persistente y consistente.

Los elementos Scrum: 3-5-3

Antes de su primer Sprint es importante decidir cómo se verá la estructura 3-5-3 en su empresa, tres roles, cinco eventos y tres artefactos. Trabajando con los primeros miembros de su equipo, especialmente el Product Owner y el Scrum Master ha definido la longitud de los Sprints, ha iniciado el proceso de los mapas de historia para definir las prioridades del primer artefacto, el Product Backlog. Los demás artefactos incluyendo el Backlog del Sprint y el incremento serán aprendidos en la práctica.

De manera similar a las tropas tácticas de las fuerzas especiales colombianas, los eventos Scrum se comportan como misiones que hacen un progreso táctico y estratégico hacia el logro de los objetivos. Usted ya está familiarizado con los eventos Scrum: Sprint, planeación del Sprint, Scrum diario, revisión del Sprint y retrospectiva del Sprint, y entiende bien lo que implica cada uno.

Juntar a los jugadores

Scrum es mucho más que procesos y términos extraños. Como cualquier otro marco de trabajo de negocios, se trata de las personas. Hasta que lleguemos a una era donde los robots estén construyendo cosas para otros robots, debemos disfrutar las alegrías, los retos y los altibajos de trabajar con y para otras personas. Después de todo la administración de empresas se trata más de sicología que de matemáticas.

Tal vez para este punto ya tenga un Product Owner en mente o ya lo ha discutido con esta persona. Luego sigue el Scrum Master, alguien que tenga un buen conocimiento de Scrum en una compañía existente o que esté dispuesto a tomar más entrenamiento y que idealmente haga equipo con un experto que lo ayude en el proceso de entrenamiento. Usted ya tiene su Steve Jobs y su figura de perro pastor.

Luego empieza a formar su equipo, otra vez, si pudiera tener una varita mágica sus miembros ideales serán entusiastas, curiosos, voluntarios y tendrán las habilidades necesarias para hacer un producto de principio a fin (de prototipo a pruebas). Ellos serán los que siempre dicen ¡sí! cuando son invitados a participar en un producto.

Como las fuerzas militares colombianas el equipo va a través de Scrum entrenando juntos y estiman los ítems del Product Backlog juntos, para que pasen la mayor parte de su tiempo laboral juntos, incluso si están en un ambiente virtual. Empiezan a pasar por las cuatro etapas de desarrollo de equipos de Tuckman y a formar un equipo de alto desempeño: aquí no hay cabida para las súper estrellas. Se está construyendo un equipo de acuerdo con el modelo de compromiso de alto desempeño que vimos en el capítulo cinco. Los jugadores tienen que comprar su entrada mediante el proceso de planeación del Sprint y viviendo los valores desarrollan un equipo basado en la cultura del compromiso, lo que les permite trabajar a todos por el bien de los demás.

Jugando el juego, primero deshágase de la expresión: "el ganador se lleva todo"

No hay nada mejor para mí que completar el entrenamiento de un nuevo equipo y estar ahí como entrenador ayudando en esa primera mañana de implementación cuando todos tienen un poco de incertidumbre. Todos asintieron al unísono durante el entrenamiento y sonrieron mientras hacían el ejercicio práctico en clase cuando empezaron a entender la teoría de Scrum en un nivel más profundo; pero es la práctica lo que los pone nerviosos.

La manera como se despliega varía de un cliente al otro, pero el Product Owner ha tenido el tiempo de trabajar conmigo o con el Scrum Master y el equipo antes de la primera planeación del Sprint. Si el producto es nuevo han pasado por el lienzo del experimento y han decidido el Producto Mínimo Viable para ser probado. Algunas veces están muy enfocados en mejorar un producto viejo.

Con el Product Backlog socializado parcialmente con los PBI y asumiendo que la estimación se haya llevado a cabo con el equipo (usando Planning Poker y la secuencia numérica de Fibonacci que discutimos en el capítulo seis) ellos están listos para iniciar la planeación del Sprint en tres fases. En la primera, el Product Owner propone cómo aumentar el valor del producto, y luego el equipo de scrum decide un Objetivo del Sprint basado en las prioridades del Backlog. En la segunda parte el Product Owner negocia el "qué" con los Developers. En la tercera parte, el equipo de Developers discute cómo hará el trabajo y posiciona sus tareas en un tablero para fomentar la transparencia.

Inician su trabajo y se encuentran con problemas. Cada Scrum diario (a la misma hora en el mismo lugar todos los días) los miembros del equipo contestan estas tres preguntas: ¿Qué hicieron ayer, qué harán hoy y qué impedimentos encontraron? Discutimos los impedimentos comunes que pueden hallar los nuevos equipos y como el Scrum Master (algunas veces trabajando con el patrocinador) puede mitigarlos.

Al final habrán producido algo de valor que puede ser probado. El cliente puede experimentar el producto y proveer retroalimentación durante la revisión del Sprint. Finalmente viene la retrospectiva del Sprint donde al inicio todo parece ir mal.

Luego se usan los patrones de Scrum para hacer que el equipo sea más estable, predecible y tenga un mejor desempeño. Se revisa la métrica de la felicidad y utilizando un proceso de consenso, se toma la decisión sobre cuál ítem se mejorará en el siguiente Sprint.

El proceso continúa y el incremento crece. La velocidad del equipo aumenta y comienzan a tener resultados extraordinarios.

A medida que la cultura va cambiando y Scrum le ayuda a alinear los valores de su equipo, las decisiones se pueden tomar más rápido, especialmente aquellas que son reversibles. Manteniendo baja la latencia de las decisiones las cosas siguen volviéndose más rápidas.

Tal vez a lo largo del camino el producto crece en alcance o complejidad y es necesario agregar más miembros al equipo. Usted debe decidir si quiere escalar o no. Primero revise las maneras de eliminar las interdependencias o simplificarlas, pero cuando no tiene otra opción ya tiene el conocimiento básico de Scrum@Scale (Scrum a escala) que es simplemente sincronizar para que los equipos trabajen juntos. Suena simple pero no es fácil de dominar. Scrum@Scale está creciendo y se adapta a medida que cada equipo termina un Sprint y con más casos de estudio como el de Drummond que surgen cada día, Jeff Sutherland y su equipo refinarán el marco de trabajo tal como lo han hecho con Scrum.

PRÓXIMOS PASOS

Existe una vieja historia acerca de un hombre pensionado caminando por la playa en una pequeña y cálida comunidad costera. A la distancia, el hombre ve a un niño agachado tirando objetos al mar. Mientras el hombre se acerca al niño se da cuenta de que la marea ha traído cientos de erizos de mar a la playa y el niño los está devolviendo al agua.

El hombre le dice: "Amigo, ¿qué haces?"

El niño responde: "Estos erizos de mar morirán si los dejo en la playa. Los estoy salvando".

El hombre sonríe del entusiasmo del niño, pero con la sabiduría de su edad sabe que los esfuerzos del niño son inútiles y le dice: "hijo, mira a tu alrededor, puede que haya miles de ellos, no cambiarás la situación".

El niño se detiene por un momento y mira al hombre como si estuviera pensando, luego se vuelve a agachar, recoge otro erizo y lo devuelve al agua y le dice: "Para él hice toda la diferencia del mundo".

Acabamos de repasar bastante de lo que cubrimos en el libro y de lo que usted ha aprendido con él. Es fácil ver que muchas personas se pierden en el camino con todos los matices de la implementación y la maestría. El mal Scrum no es solamente un enemigo para una empresa que lo intenta, sino que también amenaza la existencia de Scrum. Así como las personas salen de algunos cultos con paranoia hacia los líderes espirituales, los trabajadores que surgen de experiencias del mal Scrum llenan sus blogs y redes sociales de todos los males de Scrum. Tenga cuidado con los malos profetas.

Una de las bellezas de Scrum puede ser la manera como se despliega. Gracias a que Jeff y Ken creyeron en la habilidad de Scrum para lograr grandes cosas en el mundo no protegieron su nombre. Con intenciones desinteresadas compartieron gratuitamente la información básica de su trabajo y aquello funcionó. Scrum empezó en un pequeño círculo de empresas dedicadas al desarrollo de software y se esparció rápidamente como el fuego por las ramas secas de los tradicionalistas frustrados. Luego algunas personas de la industria del hardware empezaron a ver el humo y ya algunos se han incendiado también.

Pero a lo largo del camino otros han buscado beneficiarse de esta nueva ola cambiando Scrum y llamándolo diferente, registrando la marca de su nuevo monstruo y creando sus propias certificaciones.

Peor aún, existen quienes hacen publicidad de certificaciones en Scrum pero enseñan algo muy diferente a la intención original. Algunas veces enseñan mal Scrum por razones ambiciosas y otras veces puede ser solo ignorancia. Algunos de ellos se hacen llamar expertos en Scrum, entrenadores o profesores y solo predican su propio diseño. En otras palabras, la comunidad Scrum y en un sentido más amplio, la comunidad ágil, se compone de muchas personas buenas que trabajan por el beneficio de todos. Sin embargo, como en cualquier comunidad, existen aquellos que solo se sirven a sí mismos incluso a costa de los otros. Nuestra comunidad no es perfecta.

Así que cuando necesite consejos, conocimiento o educación proceda con cuidado. Yo creo que Scrum es mucho más que un marco de trabajo, más que una carrera y más que un camino para que los emprendedores y capitalistas para generar utilidades más rápido mientras agregan el beneficio de equipos felices. Yo creo que Scrum tiene el poder de cambiar el mundo.

El mundo está mejorando cada día y mucha de la maldad de los siglos pasados se ha desvanecido. Pero aún tenemos un camino muy largo por delante, muchas sociedades están todavía plagadas de corrupción y burocracia. Las ayudas para aquellos que son víctimas de desastres naturales se las llevan los tiranos disfrazados de administración y regulaciones. Yo creo que la metodología ágil y específicamente Scrum pueden cambiar estas tendencias.

Imagínese que todas las barreras pudieran ser removidas y las mejores mentes y equipos fueran capaces de trabajar en problemas como sobrevivir el calentamiento global (o tratar de mitigarlo), curar el cáncer y otras enfermedades graves como el Alzheimer, la esclerosis múltiple o las deficiencias cardiacas. También si se pudieran construir casas que resistieran un huracán, carros que no produzcan emisiones de CO2 y que las fuentes de energía renovable se obtuvieran muy baratas. Imagine un marco de trabajo que le permita alcanzar el mayor potencial de su compañía o una sociedad que le de la libertad de resolver problemas que nunca vio como problemas, porque estaba muy inmerso en su trabajo.

Ese es el poder de Scrum, ¿llegaremos a este punto? No lo sé, pero estoy trabajando en ello, con un equipo a la vez, y para aquellos equipos que me permitan ayudarles trataré de marcar toda la diferencia en el mundo. Más allá del alcance de las empresas y los negocios, Scrum es un marco de trabajo muy útil para transformar familias e individuos. Yo he usado Scrum incluso en objetivos personales como aprender muay thai.

La misión de mi vida es ayudar a las personas a ser una mejor versión de ellos mismos. Difundir la palabra de Scrum y asegurarme de que los equipos, las empresas, las organizaciones sin ánimo de lucro y las grandes corporaciones están usándolo para su total beneficio es parte de esa misión. Cuando los negocios y las empresas construyen sus equipos todos se benefician. Yo quiero que usted vea resultados que superen por mucho sus expectativas. Estos resultados vienen por medio del ciclo Scrum: solución de problemas, retroalimentación, aprendizaje y mejora continua. Como parte de mi misión mi equipo y yo estamos felices de poder discutir las posibilidades que tenemos para usted y su equipo. Si cree que lo podemos ayudar en algo por favor contáctenos.

Scrum Network
Carrera 64 No.103c-40
Bogotá, Colombia

Tel: +573223945643
ScrumNetwork.com
info@scrumnetwork.com

Preguntas frecuentes

¿Scrum es parte del agilismo?

Como lo mencioné en el libro, el agilismo es un área del pensamiento basado en valores y principios que provienen del Manifiesto Ágil. Scrum es un marco de trabajo que hace parte del pensamiento Ágil. Una metáfora que me gusta usar es que la metodología ágil es el helado y Scrum el chocolate (o cualquiera que sea su sabor preferido). Existen muchos marcos de trabajo dentro del agilismo como Kanban y la Programación Extrema (XP por su sigla en inglés) pero Scrum es el más popular con el 52 por ciento de las personas que lo han adoptado[111].

¿Es Scrum una metodología?

Esto es un malentendido común. Algunas personas no perciben que existen diferencias sutiles entre las expresiones: marco de trabajo, modelo y metodología. Scrum por su parte no es una metodología, es un marco de trabajo. Una metodología ofrece instrucciones paso a paso como lo hace una receta culinaria. Por ejemplo: si usted sigue los pasos A, B y C a la perfección le dará como resultado D. En un marco de trabajo le brinda una estructura como base para su operación, pero el *cómo* muy abierto para que se puedan desarrollar partes específicas de acuerdo con su contexto y circunstancias. No existe una receta de Scrum para seguir, usted tiene la libertad de adaptar el "*cómo*" a su situación específica.

¿Debo adquirir una certificación de Scrum Master?

El hecho de certificarse o no como Scrum Master depende del uso que usted le quiera dar. Mientras escribo este libro las habilidades de Scrum Master están siendo altamente demandadas y existe mucha competencia, así que estar certificado le puede ayudar a conseguir un empleo de calidad. Tener

---

111 VersionOne CollabNet, *13th Annual State of Agile™ Report*.

un entrenamiento de alta calidad y conseguir una certificación de buena reputación que sirva como evidencia de estas habilidades, puede significar una gran diferencia en sus expectativas salariales. Sin embargo, al igual que muchos profesionales, usted puede adquirir este conocimiento y habilidades sin necesidad de una certificación, el desafío es que es más difícil demostrar que usted los posee.

¿Cuándo y dónde se puede usar Scrum?

Scrum se puede usar en proyectos con alta incertidumbre y bajos costos de cambio o en ambientes complejos. ¿Recuerda el marco de referencia Cynefin (se pronuncia KUH-nev-in) que discutimos en el capítulo dos? Este nos ayuda a identificar la complejidad de los problemas y ayuda a las organizaciones a encontrar soluciones y a tomar decisiones para aliviar tales problemas. Utilice el marco de referencia Cynefin para determinar si Scrum es la mejor alternativa para su producto o situación.

¿Cómo puedo introducir la idea de Scrum en mi lugar de trabajo?

Ser un evangelizador de cualquier cambio es difícil. Después de convertirme a Scrum, convencer a las organizaciones de que me siguieran fue difícil. Existen muchas cosas que puede intentar para introducir Scrum. Algo que genera interés es encontrar un problema en su compañía para el cual Scrum sea una solución ideal.

Usted puede ir un paso más allá y regalarle este libro a alguien, por ejemplo, Drummond estuvo expuesto a Scrum por medio de un libro. Yo le regalo libros a las personas que creo que puedo ayudar.

¿Qué puedo hacer si Scrum no está funcionando?

Cuando me encuentro con personas que dicen que Scrum no está funcionando es normalmente porque no lo están aplicando correctamente. Si no le está funcionando, empiece por revisar el 3-5-3. ¿Está usando los tres artefactos, cinco eventos y tres roles como se describen en la guía Scrum? Cada vez que nos encontramos con un Scrum que no funciona vemos que el equipo no usa los elementos del 3-5-3 completamente. Esto es muy común y nosotros lo llamamos el "Scrumpero . . ." (Scrumbut). Las personas nos dicen: "Nosotros usamos Scrum pero tenemos un gerente de proyectos", o "usamos Scrum pero tenemos Sprints de tres meses", o "usamos Scrum pero llevamos a cabo el Scrum 'diario' una vez a la semana". Ellos no están usando Scrum, están utilizando solamente algunos elementos, pero no completamente. Es algo como FrankenScrum o Scrum mal desarrollado, no es Scrum.

¿Cuándo debemos escalar Scrum?

Primero debe definir si es necesario escalar Scrum. Muchas veces me he encontrado con empresas que están tratando de escalar Scrum incluso antes de estar listos para hacerlo o cuando no es necesario. Solamente debería hacerlo si necesita varios equipos trabajando en el mismo producto y no pueden hacerlo de manera independiente, es decir, sin interdependencias.

Muchas empresas quieren escalar rápidamente creyendo que esto les ofrecerá una solución aunque no logran resolver los problemas a nivel del equipo. Si usted tiene un solo equipo trabajando con Scrum y tiene problemas, cuando escale de igual manera lo harán los problemas. Siempre me he sorprendido con la percepción que tienen muchas personas de que un problema desaparecerá si se le agregan más personas.

Para escalar, asegúrese de que los elementos 3-5-3 están funcionando de la manera correcta con sus equipos piloto antes de pensar en escalar. Para más información acerca de escalar Scrum lea el capítulo once.

¿Existen puntos de dolor en Scrum y cómo se minimizan?

Sí, claro que existen muchos puntos de dolor en Scrum: los llamamos impedimentos. Los tres más comunes son: equipos distribuidos, equipos inestables y falta de seguridad sicológica. Vaya al capítulo nueve para más información acerca de ellos y cómo resolverlos.

¿Dónde puedo encontrar apoyo con Scrum?

No dude en contactar a mi equipo:

Scrum Network
Carrera 64 No.103c-40
Bogotá, Colombia

Tel: +573223945643
ScrumNetwork.com
info@scrumnetwork.com

¿Existe algún software o herramienta para usar Scrum?

Claro, existen muchas plataformas de software que pueden ayudar, pero yo le sugiero proceder con precaución, el software por sí solo no le ayudará a resolver sus problemas, este es solo una herramienta. Si usted por ejemplo compra un Ferrari pero no sabe conducir, el Ferrari es inservible para usted. Igual ocurre con Scrum: si usted tiene muchos problemas de implementación y compra un software sofisticado, no va a estar mejor. Va a empeorar porque todavía tiene los mismos problemas. Ahora tiene problemas y el software.

Antes de revisar las herramientas disponibles asegúrese de que domine Scrum. Dicho esto, existen muchos software disponibles. Nosotros hemos desarrollado una aplicación de Planning Póker que se denomina Planning Gorilla (www.planninggorilla.com). Adicionalmente existen otros que le pueden ayudar a usar Scrum como Trello, Microsoft Planner, AirTable o Microsoft Excel y otros que son específicos para Scrum como Jira de Atlassian (después de que alcance la maestría en Scrum).

¿Cuál es la diferencia entre las distintas entidades para certificarse?

Existen muchas entidades que ofrecen certificaciones en Scrum. La diferencia principal está en la reputación y la calidad de la misma. Primero se debe preguntar por qué quiere certificarse y la razón más común es para demostrar algún nivel de conocimiento en un tema específico. Es algo similar a elegir una universidad: si usted tiene un diploma en administración de Harvard nadie cuestionará la validez de su educación, pero si el diploma es, por ejemplo, de la Universidad Nacional de Mongolia será cuestionado ya que no existe un punto de referencia común acerca de la calidad de la educación allí (estoy seguro de que puede ser muy buena). Más o menos lo mismo sucede cuando se trata de las entidades por medio de las cuales puede obtener su certificación en Scrum.

Actualmente existen tres entidades de excelente reputación para obtener su certificación. Ellas son Scrum Alliance, la primera en ofrecer este tipo de certificaciones, Scrum Inc., fundada en 2006 con el apoyo de Jeff Sutherland, uno de los co-creadores de Scrum y finalmente Scrum.org fundada en 2009 que tiene el apoyo de Ken Schwaber co-creador también de Scrum. Las entidades mencionadas tienen la mejor reputación dentro de la comunidad Scrum y los co-creadores de Scrum no apoyan a ninguna otra entidad. En mi experiencia personal, hasta este momento no he visto otra que ofrezca la misma calidad en las certificaciones.

Agradecimientos

Ya ha leído acerca del poder de Scrum para ayudar a los equipos a crear un trabajo extraordinario. El trabajo en este libro no hubiera sido posible sin la ayuda de mi equipo; se requiere de paciencia, trabajo, investigación, editores y amigos para intercambiar ideas y grandes cantidades de motivación. Aprecio todo lo que mi equipo ha entregado.

Gracias Mónica Reyes por tu insistencia y ánimo para que escribiera este libro. También estoy agradecido con Luis Sendoya por los detalles de los casos de estudio. Gracias Maryem Romero por la traducción del libro al español para que mi trabajo pueda llegar a una audiencia más grande. Camilo Rodríguez y Joaquín Botero: gracias por revisar y editar la versión en español.

Gracias Jeff Sutherland por inspirarme acerca de Scrum y por ser mi mentor en esta área de mi vida. Estoy muy agradecido por las excelentes discusiones que he tenido con James Coplien acerca de los patrones de Scrum, por aquellas charlas con Joe Kern y Ryan Lockard acerca del agilismo y con James Grenning acerca de Planning Poker. Las conversaciones me inspiraron y ayudaron a moldear mi pensamiento. Gracias Kiro Harada por inspirarme con tu trabajo en el Grupo de Patrones Scrum (y por el whisky japonés). También quisiera extender mi profunda gratitud a Alberto García y Arnovi Viloria por ayudarme con el caso de estudio de Drummond. A todos aquellos que no mencioné, muchas gracias por su colaboración (ustedes saben quiénes son).

También quiero agradecer a todo el equipo de RTC por hacer que este libro fuera posible, especialmente a James por depurar una transcripción de 350.000 palabras en un libro fácil de leer.

Sobre el autor

Desde hace más de 20 años, Fabian Schwartz ha trabajado en la industria de tecnología como gerente de portafolio, desarrollador, en pruebas, gerente de proyectos, y entrenador. También ha enseñado informática y gestión de proyectos en universidades suramericanas y europeas durante los últimos 15 años.

Durante la última década, ha traducido su amor por la capacitación y la eficiencia en un liderazgo de pensamiento y capacidad para hablar en público y ha enseñado Scrum a más de 40.000 personas. Después de convertirse en uno de los primeros defensores del agilismo, se convirtió en un experto en todas las facetas de Scrum, siendo pionero de Scrum fuera del mundo del software.

Fabian es el cocreador de la guía Scrum para hardware y ha trabajado directamente con el Dr. Jeff Sutherland, cocreador de Scrum. Fabian tiene un MBA de la Universidad Macquarie en Australia, así como títulos de Alemania y el Reino Unido. Ha tomado cursos de educación continua de la Universidad de Stanford y Harvard Business School.

Fabian ha ayudado a muchas empresas, desde pequeñas empresas que comienzan hasta compañías Fortune 100, a mejorar su práctica ágil y alcanzar objetivos de manera más efectiva en Europa, Australia y las Américas. Fabián es el especialista líder de Scrum en Colombia y es el único entrenador certificado por las tres entidades lideres de certificación en Scrum.